BERLIN MIT KIND 2023

Alles, was ihr mit Kindern in Berlin unternehmen könnt. Natur erleben, aktiv sein, Schönes entdecken – unsere 1.000 Tipps und Ideen für jedes Alter, Wetter und Interesse.

NISCHNIJ NOWGOROD
WOLGOGRAD
BAKU
TIFLIS
ERIWAN
MURMANSK
ST. PETERSBURG
MOSKAU
HELSINKI
RIGA
TALLINN
WILNA
MINSK
KIEW
BUKAREST
SOFIA
NIKOSIA
TEHERAN +30'
BAGDAD
ADEN
SANAA
ADDIS ABEBA
MOGADISCHU
DARESSALAM
ANTANANARIVO
KUWAIT
ANKARA
ISTANBUL
ATHEN
TEL AVIV
JERUSALEM
BEIRUT
DAMASKUS
KAIRO
KAPSTADT
OSLO
KOPENHAGEN
WIEN
BERN
PRESSBURG
BELGRAD
ROM
TUNIS
KINSHASA
13
14

INHALT

160 *Naturpädagogische Angebote*

Kultur mit Kindern

Für Kinder einkaufen

Kindertipps

88 *Theater Strahl*

Natur, Sport und Fun

EDITORIAL

Liebe Leute mit Kindern,

schräge Zeiten erfordern neue Perspektiven und extraschöne Auszeiten! Daher möchten wir euch mit dieser neuen Ausgabe unseres Familien-Freizeit-Guides auf eine bunte Reise durch Berlins kinderfreundlichste Seiten nehmen. Wie im Buch lassen sich überall in der Stadt liebenswerte Wesen und Orte entdecken. Für Berlinbesucher:innen ebenso wie für langjährige Bewohner:innen – wir sind selbst immer wieder erstaunt, was es alles noch zu erkunden gibt und jedes Jahr neu entsteht. Schaut selbst, was Berlins Natur, Kultur und Kieze für Leute mit Kindern – von Baby bis Teen – zu bieten haben. Unser Team hat zahlreiche tolle neue Tipps für euch zusammengetragen. Viel Spaß damit!

Claudia Steigleder und Anja Ihlenfeld,
Herausgeberinnen

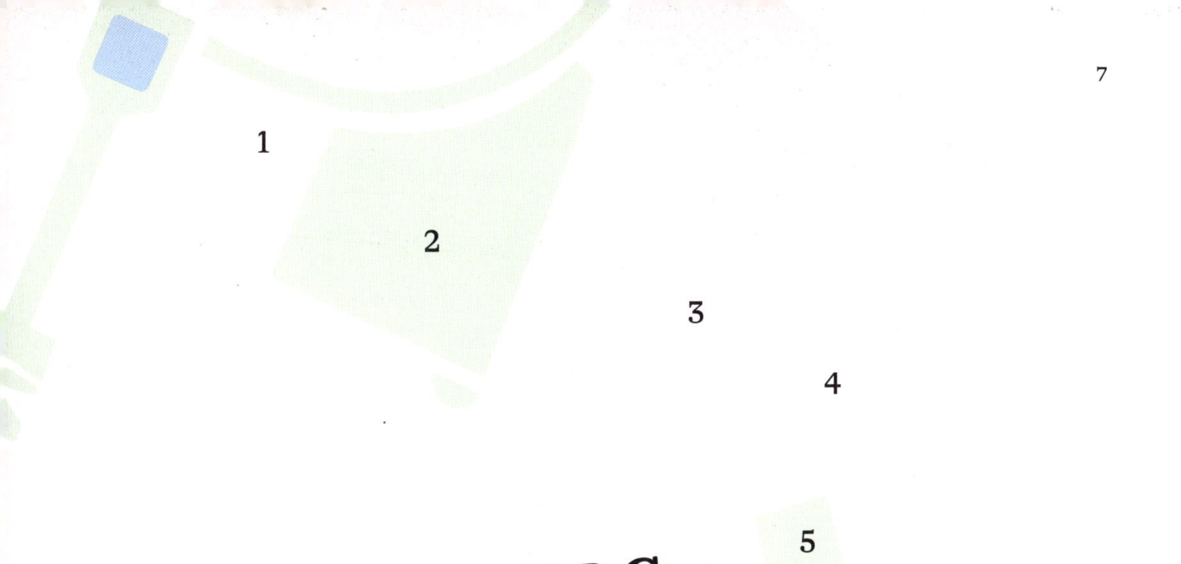

IN KREUZBERG UNTERWEGS

Elisa und ihre Kinder Ophelia und Isaak stromern gerne durch Kreuzberg. Rund um den Mariannenplatz finden sich einige ihrer Lieblingsorte – von Kinderbauernhof bis Kunstquartier.

1 Grüne Perle am Mauerplatz

Ihre Kieztour beginnt auf dem Kinderbauernhof am Mauerplatz. Diese versteckte Oase mitten in Kreuzberg entstand 1981 auf einem ehemaligen Trümmergrundstück durch die Initiative unterschiedlicher Gruppen. Die grüne Perle mitten in Berlin, keine fünf Minuten fußläufig vom Kottbusser Tor entfernt, beherbergt außer Gänse, Hühner, Enten und Ziegen auch drei Ponys und einen kleinen Spielplatz. Hier lässt es sich gut verweilen, man kann die Kinder springen lassen und bekommt gegen eine kleine Spende Eis, Kaffee oder Futter für die Ziegen. *Kinderbauernhof am Mauerplatz, Seite 166*

2 Kunst und Kulinarik am Mariannenplatz

Das ehemalige Krankenhaus, im Jahr 1846 erbaut, ist das älteste Gebäude Kreuzbergs. 1970 stillgelegt und durch Bürgerinitiativen vor dem Abriss gerettet, vom Land Berlin gekauft und unter Denkmalschutz gestellt, beherbergt es mit dem „Kunstquartier Bethanien" viele unterschiedliche Institutionen. Es ist ein einmaliger Ort für pulsierendes kulturelles und künstlerisches Leben in Berlin. Die Musikschule Kreuzberg, die historische Theodor-Fontane-Apotheke, der Kunstraum Bethanien, die Medienwerkstatt, die Druckwerkstatt und das Internationale Theaterinstitut sind nur ein Bruchteil der Akteur:innen. Neben der Kulturvielfalt gibt es auch ein kulinarisches Juwel: das Restaurant „Die drei Schwestern". Im beeindruckenden historischen Kreuzgewölbesaal wird das Essengehen zum Highlight, auch frühstücken kann man hier wunderbar am Wochenende. Der idyllische Garten im Hinterhof neben dem Freiluftkino ist vor allem im Sommer ein echtes Kleinod für Familien. Während der Woche bekommt man im Foyer des Gebäudes Snacks und Getränke beim charmanten Selbstbedienungscafé „Kleine Schwester" im Stil einer Eisdiele der 1960er-Jahre. *Kunstraum Bethanien, Mariannenplatz 2, 10997 Berlin-Kreuzberg, kunstraumkreuzberg.de; 3schwestern.com*

3 Klettern, Schaukeln und Chillen

Vom Mariannenplatz führt die Muskauerstraße zur Markthalle Neun. Auf dem Weg dorthin liegt an der Ecke zur Manteuffelstraße ein Spielplatz, an dem man mit Kindern nicht einfach so vorbeigehen kann. Mit seinen alten Bäumen, einem tollen Klettergerüst, Rutsche, den Schaukeln und der Wasserpumpe plus Bänke für die Erwachsenen, ist der Tortuga Spielplatz für Elisa, Ophelia und Isaak zu jeder Jahreszeit eine Freude. *Spielplatz Tortuga, Muskauer Str. 17, 10997 Berlin-Kreuzberg*

3
Ophelia tobt gerne durch Kreuzberg – dabei steuert die Fünfjährige am liebsten Spielplätze an.

4 Anders Einkaufen

Die Markthalle Neun hat eine lange Geschichte und ihre Existenz in der jetzigen Form ist nicht selbstverständlich. Wieder ist es dem Engagement und der Unterstützung von Anwohner:innen zu verdanken, dass hier kein gewöhnliches Supermarktcenter einzog. Stattdessen wird in der historischen Halle das Konzept vom Anders-Essen und Anders-Einkaufen im respektvollem Umgang mit Mensch, Tier und Umwelt, regional- und saisonalbetont, verbunden mit lokaler Wertschöpfung, gelebt. Neben dem Gemüse-, Obst- und Produkt-Angebot regionaler Höfe und Manufakturen findet man hier auch Spezialitäten aus aller Welt. Toll sind die wöchentlichen Street Food Thursdays und die besonderen Food-Events, die hier gelegentlich stattfinden. *Markthalle Neun, Eisenbahnstr. 42/43, 10997 Berlin-Kreuzberg, markthalleneun.de*

5 Immer etwas Neues entdecken

Zum Abschluss ihrer Tour verschlägt es Elisa, Ophelia und Isaak an den Lausitzer Platz, wo die Kinder gemütlich an ihrem Eis vom Eissalon „tanne B" schlecken können. Und gemütlich sind auch die Restaurants und die vielen Läden rundherum. Hier findet ihr den Secondhand-Laden rosenrot mit Kindersachen, die englische Buchhandlung Curious Fox, freitags einen Biowochenmarkt, das für seine leckeren Shawarmas bekannte marokkanische Restaurant Baraka und vieles, vieles mehr – man kann immer wieder etwas Neues hier entdecken. *eissalon tanne b., Eisenbahnstr. 48, 10997 Berlin-Kreuzberg, tanneb.de, rosenrot, Seite 125; Curious Fox, Lausitzer Platz 17, 10997 Berlin-Kreuzberg, curiousfoxbooks.com; Baraka, Lausitzer Platz 6, 10997 Berlin-Kreuzberg, restaurant-baraka.de*

5
Eis geht immer, findet auch der neunjährige Isaak. Erst recht, wenn es von tanne b. am Lausitzer Platz stammt.

IN NEUKÖLLN UNTERWEGS

Julia und Chris leben mit ihren beiden Söhnen Tristan und Kasper voller Freude im Schillerkiez. Kein Wunder – hier sind Familien umgeben von lauter fantastischen Grünflächen und Freizeitmöglichkeiten!

1 Gemeinsam glücklich im Grünen

Im Schillerkiez kann man nur ins Grüne stolpern – der Eingang zum Tempelhofer Feld liegt quasi vor ihrer Haustür, dementsprechend oft verbringen Julia, Chris, Tristan und Kasper Zeit dort und sind vor allem gerne am Gemeinschaftsgarten Allmende-Kontor. Doch auch die etwas weniger bekannte grüne Oase auf dem Gelände des Neuen St. Jacobi Friedhof ist ein idyllischer und lehrreicher Ort für Kinder. Dort betreibt das prinzessinnengarten kollektiv berlin das Urban Gardening-

Gelände mit Grünem Klassenzimmer, offenen Umweltbildungsangeboten, Gartencafé und Familienprogrammen. *prinzessinnengarten kollektiv berlin, Seite 152; Allemende-Kontor auf dem Tempelhofer Feld, Seite 147*

2 Kunstzentrum

Nicht nur Umweltbildung können Kinder in Neukölln erfahren, gleich auf der anderen Seite der Hermannstraße liegt das ehemalige Kindl-Brauereigelände im Rollberg-Kiez – schon das Areal an sich ist sehenswert. Darüber hinaus bietet es als Zentrum für zeitgenössische Kunst spannende Ausstellungen, zu denen es neuerdings auch ein Vermittlungsangebot für Familien gibt. *KINDL – Zentrum für zeitgemössische Kunst, Seite 70*

3 Kletterbaum an der Kirche

Die Gegend rund um den Herrfurthplatz hat sich ganz schön verändert, seit Julia und Chris 2009 hierher gezogen sind. Deutlich kinderreicher ist die Gegend geworden und es machen immer mehr kleine individuelle Läden, Cafés und Eisdielen auf. Vor allem die Gelateria Mos Eisley steht ganz oben in Tristans und Kaspers Gunst. Samstäglicher Fixpunkt ist der bunte Schillermarkt an der Genezareth-Kirche, die mit ihren Angeboten und Veranstaltungen für Kinder und Familien eher wie ein Kulturzentrum wirkt. Der erste Weg der fünf- und neunjährigen Jungs führt, seit sie laufen können, zu „ihrem“ Kletterbaum vor der Kirche. *Mos Eisley, Herrfurthplatz 6, 12049 Berlin-Neukölln, moseisley-gelateria.de; Schillermarkt, Ostseite des Herrfurthplatzes, 12049 Berlin-Neukölln, mv-perske.de/schillermarkt*

4
In den Läden im Schillerkiez lässt sich Zauberhaftes entdecken, allen voran natürlich beim Zauberkönig.

4 Zauberhafter Laden

Nicht nur Tristan und Kasper drücken sich oft die Nasen an den Zauberkönig-Schaufenstern platt. Dem Zauber, der von den grandiosen Scherzartikeln, Masken und Zubehör für kleine und große Magier:innen ausgeht, können sich auch Erwachsene nicht entziehen. Falls ihr bei eurem Ausflug knapp mit der Zeit kalkuliert habt, solltet ihr vielleicht besser einen Bogen um die Ecke Herrfurth- und Weisestraße machen, ansonsten ist es auf alle Fälle ein großes Vergnügen, diesen besonderen Laden zu durchstöbern! Zudem wartet schräg gegenüber noch ein weiterer höchst verlockender Ort: „Unser Café TO GO“ versorgt die Familie zuverlässig mit köstlichen Gute-Laune-Naschteilchen. Für Freund:innen außergewöhnlich guter hausgemachter Backwaren von Pain au Chocolat bis Sauerteigbrot lohnt sich übrigens auch ein Abstecher an die Hermannstraße zur Gorilla Bäckerei. *Zauberkönig, Seite 133; Unser Café TO GO, Weisestr. 15, 12049 Berlin-Neukölln, unser-cafe-berlin.de; Gorilla Bäckerei, Hermannstr. 211, 12049 Berlin-Neukölln, gorilla-baeckerei.de*

Was für ein Luxus, immer die Wahl zwischen kleinen Parks, Tempelhofer Feld und Hasenheide zu haben.

5 Skaten, Spielen, Schwimmen

Frisch gestärkt geht es Richtung Columbiadamm, auf dessen anderer Seite einige Lieblingsorte der Jungs liegen, die sich dort mit Rad und Roller auf der Skateanlage ausprobieren. Auch der Märchenspielplatz, das Freiluftkino und – wenn die Energie reicht, um die Hasenheide zu durchqueren – der Tierpark sind beliebte Ziele der Kinder. Näher an ihrem Zuhause liegt das Freibad, wo die Familie im Sommer vergnügte Stunden verbringt. *Skateanlage Columbiadamm 184, 10965 Berlin-Neukölln; Spielplatz „Märchen aus 1001 Nacht“, Hasenheide, 10967 Berlin-Neukölln; Freiluftkino Hasenheide, 10967 Berlin-Neukölln, freiluftkino-hasenheide.de; Tierpark Neukölln Hasenheide 82, 10967 Berlin-Neukölln, tierpark-neukoelln.berlin; Sommerbad Neukölln, Seite 177*

4

5

3
Kasper mag es bunt, beim samstäglichen Schillermarkt am Herrfurthplatz kauft die Familie aber nicht nur ihre Blumen ein.

BERLIN VON OBEN UND UNTEN

Berliner Dom

Die Größe der Stadt, Viefalt ihrer Kieze und Vielzahl der Baustellen, die nach wie vor das Gesicht Berlins wandeln, lassen sich am besten von oben in den Blick nehmen. Vor allem in der historischen Mitte hat man die Qual der Wahl, welchen Aussichtspunkt man als erstes erklimmen soll.

degewo-Skywalk

Fesselnde Aussichten

Der fest vertäute Fesselballon steigt bis auf 150 Meter Höhe. Die 15 Minuten Aussicht sind zwar kein günstiger Spaß, aber sorgen für bleibende Erinnerungen. Gleiches gilt für die Helikopterflüge, die Air Service Berlin ebenfalls im Angebot hat. *Weltballon, Zimmerstr. 100, 10117 Berlin-Mitte, berlinhelicopter.de*

Zentraler Blick

Das Berliner Wahrzeichen misst bis zu seiner Spitze stolze 368 Meter und ist damit das höchste Gebäude Deutschlands. Die Aussichtsplattform befindet sich auf 203 Metern, das Drehrestaurant Sphere auf 207 Metern. Von dort hat man einen prima Ausblick über die Stadt und die Baustellen in ihrer Mitte. *Berliner Fernsehturm, Seite 94*

Wo Drachen in die Lüfte steigen

Der höchste der Berliner Trümmerberge liegt im Grunewald. An der einstigen Abhörstation auf dem Teufelsberg hat man einen fantastischen Blick auf Berlin, ebenso wie vom benachbarten Drachenberg, der sich darüber hinaus auch prima zum Drachensteigen lassen eignet. *Teufelsberg, Teufelsseechaussee, 14193 Berlin-Charlottenburg, teufelsberg-berlin.de*

Über Marzahns Dächern

Höhenangst sollte man bei dieser Plattform nicht haben: Der kostenfrei zugängliche Skywalk hat einen Gitterboden. Zu besuchen ist er nach Anmeldung im Rahmen einer Führung. *degewo-Skywalk, Raoul-Wallenberg-Str. 42, 12679 Berlin-Marzahn, degewo.de*

Dachterrasse für alle

Der Schlossbau verfügt über eine 1.800 Quadratmeter große Dachterrasse mit spektakulärer Aussicht: Der Eintritt ist mit einem Zeitfenster-Ticket kostenfrei. *Humboldt Forum, humboldtforum.org, Seite 66*

Erhaben über Spandau

Der etwa 32 Meter hohe Juliusturm ist nicht nur das älteste erhaltene Gebäude der Stadt, sondern bietet auch einen großartigen Ausblick auf die Zitadelle Spandau und die Havel. *Juliusturm und Zitadelle Spandau, Seite 97*

Dachterrasse Humboldt Forum mit Restaurant Baret

Panoramapunkt

Perspektivwechsel sorgen für neue Einblicke und Überblick. Also schaut euch Berlin doch mal von oben an!

Berliner Blicke

Es soll der schnellste Aufzug Europas sein, der einen in zirka 20 Sekunden auf die 24 Etage des Kohlhoff Towers auf die Aussichtsplattform und zur Freiluftausstellung „Berliner Blicke" bringt. *Panoramapunkt, Potsdamer Platz 1, 10785 Berlin-Tiergarten, panoramapunkt.de*

Panorama in Mitte

In der historischen Mitte Berlins hat man die Qual der Wahl zwischen verschiedenen Aussichtspunkten, aber jeder bietet unterschiedliche Perspektiven. Der 360°-Panoramablick von der Kuppel des Doms gehört jedenfalls zu den schönsten in ganz Berlin. 270 Domstufen müsst ihr dafür erklimmen. *Berliner Dom, Seite 94*

Über Berlin gondeln

Berlins einzige Seilbahn bietet nicht nur während der Fahrt in 35 Metern Höhe zwischen Kienbergpark und Gärten der Welt herrliche Ausblicke, sondern auch beim Zwischenstopp am „Wolkenhain" auf dem Kienberg. *Seilbahn Berlin, Hellersdorfer Str. 145, 12619 Berlin-Marzahn, gruen-berlin.de*

Wolkenhain auf dem Kienberg

U-Bahn-Cabriofahrt

U-Bahn-Museum

Erkenntnisreiche Fahrt: mit dem U-Bahn-Cabrio durch Berlins Untergrund touren.

UNTER DER OBERFLÄCHE

Auch in Berlins Untergrund gibt es neue Perspektiven zu entdecken. Einst war die ganze Stadt durchzogen von unterirdischen Tunnelsystemen und Räumen. Diese „verschüttete Geschichte" zu erkunden, kann zum tieferen Verständnis der Stadt beitragen.

Rundfahrt durch den Untergrund

Einen Ausflug in die Berliner U-Bahn-Geschichte kann man in dem einst größten Hebelstellwerk Europas unternehmen, das nach seiner Stilllegung zum Museum wurde, dessen Eingang sich direkt in der Empfangshalle des U-Bahnhofs Olympiastadion befindet. Von April bis Oktober veranstaltet die BVG Freitagabends zweistündige Rundfahrten durch die Unterwelt. *U-Bahn-Museum, Rossitter Weg, 14053 Berlin-Charlottenburg, ag-berliner-u-bahn.de; Start U-Bahn-Cabriotour: U-Bahnhof Deutsche Oper, bvg.de*

In einen Spionagetunnel spähen

Der Bau eines Spionagetunnels von West- nach Ostberlin war eine der spektakulärsten Geheimdienstoperationen der Westmächte in Berlin – im Museum ist ein Original-Teilstück ausgestellt. *Alliiertenmuseum, Clayallee 135, 14195 Berlin-Zehlendorf, alliiertenmuseum.de*

Berliner Bunkerbauten

In einer ehemaligen Luftschutzanlage im Südteil des U-Bahnhofs Gesundbrunnen (U8) befindet sich das Berliner Unterwelten-Museum und der Sitz des Vereines, der das umfangreichste Programm an unterirdischen Touren zu Bunkeranlagen, Fluchttunneln und anderen

Im Untergrund des Flughafen Tempelhof

dunklen Orten der deutschen Geschichte veranstaltet. Aufgrund der teils schwierigen und belastenden Thematiken werden die Führungen erst für Achtklässler:innen empfohlen. *Berliner Unterwelten-Museum, Brunnenstr. 105, 13355 Berlin-Wedding, berliner-unterwelten.de*

Verschüttete Geschichte ausgraben

Die Hauptaufgabe des Vereins ist die Einordnung unterirdischer Bauwerke in ihren historischen Kontext. Die Touren führen unter die Erde – entlang der U-Bahnlinie 2, in alte Brauereigewöbe oder Keller. Aber auch oberirdisch werden Touren wie „Archäologie in Berlin“ angeboten, bei der die steinernen Relikte der Vergangenheit an den Ausgrabungsstellen Berlins erkundet werden. *unter-berlin.de*

Mythen auf den Grund gehen

Im Rahmen der Führung „Verborgene Orte“ kann man den Mythen rund um den Untergund des einstigen Flughafengebäudes mit seinem System aus Kellerräumen und Tunneln und deren Nutzung zu Zeiten des Nationalsozialismus auf den Grund gehen. *Flughafen Tempelhof, Seite 94*

Auf dem Wasser durch Berlin

Weder hoch oben, noch tief unten und doch völlig andere Perspektiven lassen sich vom Wasser aus erleben: Stadtrundfahrten auf Spree und Landwehrkanal bis zum Wannsee, Müggelsee oder über die Overhavelseen bieten einzigartige Ausblicke auf Stadt und Landschaft. *Bootstouren ab Seite 97*

POLITIK ZUM GREIFEN NAH

Marie-Elisabeth-Lüders-Haus im Regierungsviertel

Fridays for Future-Demo am Reichstag

Politik in Berlin: In Deutschlands Hauptstadt kann man die Wirkungsstätten der unterschiedlichsten politischen Akteur:innen und Orte der jüngeren deutschen Geschichte sehen, erleben, hinterfragen und den eigenen Standort bestimmen.

Viele dieser Orte kennt man auch als Berliner:in oft besser aus den Medien als aus eigener Anschauung. Daher lohnt es nicht nur für Berlin-Besucher:innen, sich die Orte und Prozesse der Meinungsbildung und Entscheidungsfindung mal näher anzusehen.

Besonders für die nachfolgende Fridays for Future-Generation, über deren Zukunft hier immer noch allzu oft entschieden wird, ohne ihre Belange ernst genug zu nehmen. In Berlin, zugleich Hauptstadt und Stadtstaat, lassen sich die Strukturen unserer politischen Gebilde innerhalb weniger Kilometer erkunden.

Wo die Bestimmer:innen sitzen

Der Bundestag im Reichstagsgebäude ist die erste Adresse für alle, die im wahrsten Sinne des Wortes Einblick in die politischen Prozesse bekommen möchten. Bei Touren und als Kuppelkucker:in kann man den Abgeordneten zwar nicht in, aber immerhin auf die Köpfe schauen. Die entsprechend benannte Website des Bundestages für Kinder versucht wie der Audioguide für Kinder „Mit Karlchen Adler auf die Kuppel“, Politik für Kinder verständlich zu machen. Für Führungen, Besuch des Plenarsaals oder der Kuppel muss man sich rechtzeitig anmelden – bei den speziellen Angebote für Familien mit Kindern ab fünf Jahren können auch Erwachsene noch einiges lernen. Auf der Kinderwebsite hanisauland der Bundeszentrale für politische Bildung finden sich neben vielen Informationen rund ums politische Geschehen auch Vorschläge und Infos zu Touren durchs politische Berlin, die man selbst unternehmen kann.

Deutscher Bundestag, Platz der Republik 1, 11011 Berlin-Tiergarten, bundestag.de, kuppelkucker.de; hanisauland.de

Den Sitz des Berliner Abgeordnetenhauses, das über die Geschicke des Landes Berlins entscheidet, lässt sich bei offenen oder

Im Radius weniger Kilometer können in Berlin Institutionen verschiedenster politischen Ebenen besucht werden.

spezielle Führungen erkunden oder nach Anmeldung eine Plenarsitzung besuchen. Die Arbeit der Bundesländer im Bundesrat können Schüler:innengruppen bei einem Rollenspiel simulieren, wenn sie in die Rollen der Politiker:innen schlüpfen und einen Gesetzesentwurf beraten. Auch bei den Hausführungen wird der Plenarsaal besichtigt und die Funktion des Bundesrats erläutert. Das Schloss Bellevue als Sitz des Bundespräsidenten kann bei einer Führung besichtigt werden, allerdings muss man sich dafür Monate vorher anmelden. Daher ist das jährlich stattfindende Bürgerfest eine tolle Gelegenheit, das Gebäude und Gelände mal mit eigen Augen aus der Nähe zu betrachten. Erhellende Einblicke und Programm für Kinder bieten auch die jährlichen Tage der offenen Tür der Bundesregierung und Bundesministerien im August. Auch ganz ohne Führung lohnt sich ein Spaziergang entlang des „Band des Bundes“ am Spreebogen – der Kanzlerpark ist ein recht idyllisches Fleckchen und die Dimensionen des Bundeskanzleramtes aus der Nähe zu sehen, schon recht beeindruckend. *Abgeordnetenhaus Berlin, Niederkirchnerstr. 5, 10117 Berlin-Mitte, parlament-berlin.de; Bundesrat, Leipziger Str. 3-4, 10117 Berlin-Mitte, bundesrat.de; Schloss Bellevue, Spreeweg 1, 10557 Berlin-Tiergarten, bundespraesident.de, bundesregierung.de*

„Luisenblock West“ des Bundestags

Wir als Mitbestimmer:innen

Die Berliner:innen dürfen ihr Wahlrecht 2023 wohl in einer bislang nie dagewesenen Wahlwiederholung ausüben und so erneut über die Zusammensetzung des Abgeordnetehauses bestimmen. Doch die Möglichkeiten, sich an den Meinungsbildungsprozessen zu beteiligen, sind vielfältig. In kaum einer anderen Stadt Deutschlands finden so viele Demos statt und sitzen mehr NGOs und außerparlamentarische Akteur:innen. Aber auch innerhalb der Institutionen finden sich politische Partizipationsangebote. Alle Parteien verfügen über Nachwuchsorganisationen und in jedem Bezirk gibt es ein Kinder- und Jugendbeteiligungsbüro oder Jugendparlament. Infos rund um die Beteiligungsmöglichkeiten

Reichstagskuppel

Ein- und Ausblicke: Erklimmt man die Kuppel des Reichstags mit Blick in den Plenarsaal, hat man Sicht auf das ganze Regierungsviertel.

bietet das Internet-Portal des Jugend-Demokratiefonds. Die größte jugendpolitische Veranstaltung in Berlin ist das jährliche jugendForum und das Abgeordnetenhaus veranstaltet jährlich das Jugendforum denk!mal, rund um den Gedenktag an die Opfer des Nationalsozialismus. Selber denken, nachfragen, Quellen kritisch hinterfragen, den eigenen Standort in Debatten bestimmen und danach handeln – diese Fähigkeiten Kindern und Jugendlichen zu vermitteln, soll sie darin stärken, ihren Interessen Gehör und Beachtung zu verschaffen.

stark-gemacht.de, jugendforum, denkmal-berlin.de

Vergangenheit, Gegenwart, Zukunft

Geschichte wirkt nach – die heutigen politischen Entwicklungen und Entscheidungen finden nicht im geschichtsleeren Raum statt. Um die Gegenwart besser zu verstehen und die Zukunft verantwortungsvoll mitgestalten zu können, bietet Berlin unzählige Möglichkeiten, sich mit der deutschen und europäischen, aber auch der globalen Geschichte und ihren Zusammenhängen vertraut zu machen.

AB AUF DEN SPIELPLATZ

Enno, 7 Jahre, ist fasziniert von Schlössern, Ritterburgen und historischen Gemäuern.

So vielfältig wie Berlin sind auch die Spielplätze. Diese drei wurden mit Elan und Körpereinsatz getestet und für super befunden!

Märchenspielplatz
Heinrich-Lassen-Park
Belziger Str. 53C
10823 Berlin-Schöneberg

Abenteuer im Märchenschloss

Zwischen Bäumen versteckt tauchen plötzlich Schlosstürme und rote Spitzdächer auf. Das Märchenschloss thront wunderbar verwinkelt auf dem großzügigen Sandplatz und lässt sich über Kletterstangen, eine Seilbrücke, Nischen oder Luken erobern. Drinnen angekommen wartet in jedem Turm ein anderes Märchen mit liebevollen Details zum Drauflos-Spielen und Toben. Über die Röhrenrutsche und einen Pfad aus Baumstämmen geht es weiter ins benachbarte Dorf, vorbei an einem großen Kletternetz samt Kletterfelsen. Enno genießt hier sehr gern die Aussicht und testet seine Muskelkraft. Aber auch für jüngere Kinder ist diese Märchenwelt bestens geeignet. Jedes der kleinen Häuser ist individuell eingerichtet. Insgesamt geht es hier etwas ruhiger und bodennäher zu, aber nicht weniger spannend: Das Hühnerhaus ist mit Rutsche und Seilzug ausgestattet, der Stall kann neben einer Kletterwand auch einen Spielofen aufweisen und in der Brotbackstube tanzen die Mäuse. Wie wäre es mit einem Ausritt auf dem Holzpferd? Bei jedem Besuch findet ihr bestimmt etwas Neues heraus. Wir haben den Spielplatz nach einem Besuch im Hans-Rosenthal-Schwimmbad um die Ecke entdeckt. Dieser Schöneberger Kiez ist allemal einen Tagesausflug wert.

Der riesige Spielplatz mitten im Park am Buschkrug mit den vielseitigsten internationalen Spielflächen ist eine wahre Freude für reiselustige Kinder und neugierige Erwachsene.

Europa erobern in Britz

Dracula aus Rumänien wacht über den acht Hektar großen Europaspielplatz, griechische Statuen halten Basketballkörbe und der italienische Pavillon wird von Messern und Gabeln gestützt. Und wo liegt eigentlich Spanien, wo England? Findet es heraus und erkundet zusammen die landestypischen Highlights. Deutschland ist mit einem Seilgarten vertreten, in dem auch der Fernsehturm en miniature eine tragende Rolle spielt. In Skandinavien können kleinere Kinder im Sand buddeln, durch Häuschen krabbeln und auf Holzenten toben. Und wie wäre es mit einer frischen Meeresbrise? Man könnte meinen, diese in der nachgestellten Küstenregion mit Leuchtturm und Schaukel im Zentrum der Anlage zu spüren. Das vor Anker liegende Schiff kapert Rosa jedenfalls im Nu. Besonders im Sommer bringt die Wasseranlage der nachgestellten Alpenregion mit Wasserlauf und Staudämmen Spaß und Abkühlung.

Europaspielplatz
Park am Buschkrug
Buschkrugallee 110
12359 Berlin-Britz

Um ebenfalls in Schwung zu kommen, können auch Erwachsene den sogenannten Fitnessparcours zur Schulung von Gleichgewicht und Koordination nutzen. Danach lässt sich auf der großen Rasenfläche prima ausruhen. Wer eine Stärkung braucht, findet im Café am Buschkrug leckere Snacks und Getränke wie auch eine öffentliche Toilette.

Rosa, 9 Jahre, zieht es zum Angeln in den Norden und zum Baden nach Italien.

Pettersson und Findus-Spielplatz
Klausenerplatz 3
14059 Berlin-Charlottenburg

Liebevoll entführt der Spielplatz am Klausenerplatz in die Geschichtenwelt des schwedischen Dream-Teams Pettersson und Findus.

Über einen Niedrigseilgarten aus Gummimatten, Stämmen und Seilen können schon die kleinsten Abenteurer:innen wie Jaro den Spielplatz erobern. Oder doch lieber Karussell fahren mit den Hühnern und Wippen mit den Mucklas? Ihr könnt sie sehen? Das kann doch eigentlich nur Findus ...

Spielen wie im Bilderbuch

Öffnet man die Tür zum Spielplatz, ist es, als würde man eines der wunderschönen Kinderbücher über Pettersson und seinen quirligen Kater Findus aufschlagen. Da sind sie, die etwas schiefen, schwedischen Holzhäuschen, die zum Klettern, Spielen und Verstecken einladen. Findus steht unter der Rutsche des Baumhauses und lächelt den Kindern fröhlich zur Begrüßung zu. Den alten Pettersson findet man bei seiner Werkstatt, wo es sich herrlich buddeln und mit Wasser aus der großen Wasserpumpe matschen lässt. Für die Großen gibt es einen Seilzirkus zum Klettern.

Jaro, 20 Monate alt, liebt
die Geschichtenwelt um
den kleinen Kater Findus.

BERLIN MIT MINIS

Mit kleinen Neuberliner:innen lassen sich Stadt und Umland ganz neu entdecken – unsere Tipps, wo man sich mit Babys und Kleinkindern bei Kultur, Kulinarik und Kursen wohlfühlen kann.

Spielcafé

Eine Übersicht über die Cafés, in denen ihr mit euren Minis nicht nur willkommen seid, sondern von eigens für sie eingerichteten Spielbereichen erwartet werdet, findet ihr auf unserer Website berlinmitkind.de. An dieser Stelle haben wir drei besonders schöne Tipps für euch: „Rubens Ort für Familien" ist ein entspanntes Café mit Spielbereich, Miniladen und breitem Kursangebot in Friedenau.

In unmittelbarer Nähe zum Gleisdreieckpark liegt das gemütliche „Kinder-Kultur-Café Kreuzzwerg". Auch hier findet ihr einen kleinen Ladenbereich mit Kindersachen und ein Kursangebot von Stillgruppen bis zu Musikkursen. Unweit vom Helmholtzplatz kann man im „Spielzimmer" einkehren, das ein prima Krabbel- und Kleinkinder-Indoorspielplatz ist. *Familiencafé Rubens, Rubensstr. 84, 12157 Berlin-Schöneberg, familiencaferubens.de; Café Kreuzzwerg, Hornstr. 23, 10963 Berlin-Kreuzberg, cafe-kreuzzwerg.de; Kindercafé Spielzimmer, Schliemannstr. 37, 10437 Berlin-Prenzlauer Berg, spielzimmer.berlin*

Babykino

Ins Kino mit Baby! Klingt unentspannt und nach einer ziemlichen Zumutung für die anderen Zuschauer:innen? Nun, die sind bei den Babykino-Vorstellungen ja in der gleichen Situation. Krabbeln, Stillen und Babygeräusche sind beim „KinderwagenKino" im Babylon, beim „Autokino für Eltern" im ladenkino, bei „Baby Wolfgang" im Wolf Kino und beim „IL BABYKINO" im IL KINO kein Problem, wenn dort regelmäßig bei verminderter Lautstärke und gedimmtem Licht aktuelle Filme gezeigt werden. *Babylon, Rosa-Luxemburg-Str. 30, 10178 Berlin-Mitte, babylonberlin.eu; b-ware! Ladenkino, Gärtnerstr. 19, 10245 Berlin-Friedrichshain, ladenkino.de; Wolf Kino, Weserstr. 59, 12045 Berlin-Neukölln wolfberlin.org; IL KINO, Nansenstr. 22, 12047 Berlin-Neukölln, ilkino.de*

Bilderbuchkino

Jedes Wochenende lesen Schauspieler:innen im Humboldt Forum Bilderbücher vor, die zugleich auf eine große Leinwand projiziert werden. Die Lesungen sind für Kinder ab drei Jahren gedacht, aber gelegentlich sind Geschichten dabei, die sich auch schon für kleinere eignen. Ihr könnt auch zu Hause mit

Familiencafé Rubens

Immer erfahren, was für die jüngsten Berliner: innen läuft, könnt ihr auf berlinmitkind.de und im Mini-Tipps-Newsletter.

Familie und Freund:innen oder in der Kita ein eigenes Bilderbuchkino veranstalten. Die Sets dafür könnt ihr beim Spatzenkino ausleihen oder bei Matthias Film bestellen. *Humboldt Forum, Seite 66; Spatzenkino, Obentrautstr. 55, 10963 Berlin-Kreuzberg, spatzenkino; Matthias Film, bilderbuchkino.de*

Museum mit Baby

Das Stadtmuseum Berlin richtet sich mit der „ElternzeitKultur" explizit an junge Familien und heißt auch die Allerkleinsten ausdrücklich herzlich willkommen. In der ElternzeitKultur kann die Ausstellung „BERLIN GLOBAL" im Humboldt Forum jeden Donnerstag im Monat mit Baby erkundet werden. Live-Speaker: innen vermitteln dabei in individuellen Kurzführungen spannende Hintergründe. *ElternzeitKultur in BERLIN GLOBAL, stadtmuseum.de, Buchung über humboldtforum.org, Seite 66*

Kunstinteressierte Eltern haben im Potsdamer museum FLUXUS+ die Gelegenheit, an einer eigens für Leute mit Kindern im ersten Lebensjahr konzipierten Führung teilzunehmen. „FLUXUS++Kind" findet auf Anfrage statt und dauert etwa eine Stunde. Danach kann man noch gut im Museumscafé einkehren, auf dem tollen Spielplatz um die Ecke verweilen oder noch ein wenig durch die Altstadt bummeln. *museum FLUXUS+, Seite 73*

Wer mit Baby ins Museum möchte, hat in Potsdam eine weitere tolle Anlaufstelle, wo sich spezielle Führungen ganz nach den Bedürfnissen von Eltern und ihren Babys richten. Einmal im Monat kann man im Naturkundemuseum Potsdam auf einen spannenden und gleichzeitig entspannten Rundgang gehen. *Naturkundemuseum Potsdam, Seite 74*

Theater mit Baby

In mehreren Theatern der Stadt kommen Stücke für Kleinkinder auf die Bühne – die Termine findet ihr immer in unserem Veranstaltungskalender auf berlinmitkind.de. Vor allem das kleine Theater o.N. schafft Großartiges für die Allerkleinsten und nimmt sie von Beginn an ernst. Künstlerisch wertvolle Performances und Theater schon für Babys ab sechs Monaten stehen hier regelmäßig auf dem Spielplan. *Theater o.N., Seite 92*

Babyführungen im Naturkundemuseum Potsdam

Kinderbad im Monbijoupark

Schwimmen, Singen, Sport machen – das Kursangebot mit Babys und Kleinkind ist riesig! Kurstipps findet ihr unter berlinmitbaby.de

Kurs mit Baby

Stellvertretend für die vielen tollen Kursanbieter:innen möchten wir euch einen besonders schönen Ort ans Herz legen: Im GLÜCKSMAMA Studio können sich Mütter vor und nach der Geburt fit halten, austauschen und später ihre Kinder zu Spiel-, Musik- oder Tanzkursen begleiten. *GLÜCKSMAMA Studio, Döringstr. 2, 10245 Berlin-Friedrichshain, gluecksmama.de*

Konzert mit Baby

Dem Kreuzberger Kleine Lotte Kinderkonzerthaus verdanken wir fantastische Konzerte mit Live-Musik für Babys und Kleinkinder an verschiedenen Veranstaltungsorten in der Stadt. Im Lullula Studio am Savignyplatz in Charlottenburg können bereits Babys und Kleinkinder in Kursen die Welt der Musik entdecken und erste musikalische Erfahrungen machen. Außerdem veranstaltet Lullula ebenfalls an verschiedenen Locations wundervolle „Kinderlieder"-Konzerte. Regelmäßig finden im Potsdamer Nikolaisaal klassische Konzerte für die Jüngsten statt, die für Klein und Groß ein Genuss sind. Dies gilt erst recht für die tollen Elternzeit-Konzerte im schönen Pierre Boulez Saal! Wenn die Kinder dann etwas älter sind, ist die Klangküken-Reihe für Kinder ab drei Jahren im Konzerthaus ein super Tipp! *Kleine Lotte Kinderkonzerthaus, kleine-lotte.de; Lullula Music, Goethestr. 84, 10623 Berlin-Charlottenburg, lullula-music.com; Nikolaisaal Potsdam, Pierre Boulez Saal und Konzerthaus Berlin, alle auf Seite 87*

Wasserspaß mit Baby

Bei Aquaphine kann man bereits mit ganz kleinen Babys erste Erfahrungen im Wasser machen. Auch die Schwimmschule im SCS bietet Babyschwimmkurse an. Es gibt viel Andrang, daher unbedingt frühzeitig anmelden. Im Sommer ist das explizite Kinderbad im Monbijoupark ein herrlicher Ort, um mit Kleinkindern mitten in der Stadt zu planschen. *Aquaphine, Erich-Weinert-Str. 145, 10409 Berlin-Prenzlauer Berg, aquaphine.de; Schwimmschule im SCS, Buolstr. 14, 13629 Berlin, schwimmen-berlin.de, Monbijoubad, Seite 176*

Babysachen leihen

Mit kleinen Kindern zieht so einiges an Ausstattung bei einem ein, vieles davon wird nur vorübergehend benötigt. Warum also nicht mieten statt kaufen? Das dachten sich auch die Gründer:innen von nomadi und StrollMe. Auf beiden Onlineplattformen finden Familien ausgesuchtes und schönes Spielzeug und Interior für Drinnen und Draußen zum Leihen. Außerdem gehören Fahrradanhänger, Laufräder, Kindersitze und Kinderwagen zum Angebot. Im Studio Simboo in Weißensee könnt ihr Pikler-Spielgeräte und hochwertiges Holzspielzeug, Wobbel-Boards sowie verschiedene Softbausteine mieten und damit Bewegungslandschaften für eure Kleinen temporär entstehen lassen. *nomadi.de; strollme.de; Studio Simboo, Charlottenburger Str. 87, 13086 Berlin-Weißensee, studio-simboo.de*

Kinderwagen und Ausstattung leihen bei StrollMe

GemüseAckerdemie von Acker e. V.

WENIGER IST MEHR!

Haus der Zukünfte: Futurium

Berlin versammelt viele schlaue und innovative Köpfe, die sich den drängendsten Fragen unserer Zeit widmen, die sich trotz aller aktuellen Krisen vor allem um den Klimawandel drehen. Berlin soll sich so schnell wie möglich in eine klimaneutrale Stadt verwandeln und dazu können wir alle etwas beitragen.

Mehr gute Ideen

Für eine bessere Zukunft braucht es gute Ideen und den Optimismus, dass Menschen unterschiedlichster Professionen ihre Innovationskraft darauf verwenden, diese zu entwickeln. Ein spannender Ort, an dem man der Frage nachgehen kann, wie wir in Zukunft leben möchten, ist das Futurium am Hauptbahnhof. Bei freiem Eintritt lassen sich Zukunftsoptionen entdecken, ausprobieren und diskutieren. Das „Haus der Zukünfte" hat dazu ein reichhaltiges Angebot für Kinder und Familien. *Futurium, Seite 64*

Ein weiterer inspirierender Ort befindet sich in einem ehemaligen Industriekomplex in Schöneberg: Die Malzfabrik ist nicht nur eine idyllische urbane Oase, sondern beherbergt auch innovative Macher:innen wie den Acker e.V., der nachhaltige Bildungsprogramme für Kinder weit über Berlin hinaus initiiert und mit „Black Turtle" Anbau-Sets seltener alter Gemüsesorten für Beet oder Balkon anbietet. Zukunftsträchtig ist auch die ECF Farm, die Fischzucht mit Gemüseanbau vereint, so könnt ihr frischen Hauptstadtbarsch vor Ort oder über die Marktschwärmereien kaufen.

Reichlich Input zum nachhaltigeren Leben bekommt man auch beim Umweltfestival, der Green World Tour oder dem Langen Tag der StadtNatur. *Malzfabrik, Bessemerstr. 2-14, 12103 Berlin-Schöneberg, malzfabrik.com; acker.co; black-turtle.de; ecf-farm.de; marktschwaermer.de; Umweltfestival: 04.06.2023, umweltfestival.de; Green World Tour in der Malzfabrik: 02./03.09.2023, autarkia.info; Langer Tag der StadtNatur: 10./11.06.2023, langertagderstadtnatur.de*

Am EUREF-Campus am alten Gasometer wird der Frage nachgegangen, wie eine klimafreundliche Stadt funktionieren kann. Das Stadtquartier versteht sich als Reallabor der Energiewende und kann im Rahmen des „KlimaMacher“-Projekts bei Führungen für Schulgruppen erkundet werden. *EUREF-Campus 3, 10829 Berlin-Schöneberg, euref.de, klimamacher.berlin*

fLotte – Freie Lastenräder für Berlin

Weniger Autos

Man merkt erst so richtig, wie menschenfeindlich es vor allem für die Jüngsten ist, den größten Teil des öffentlichen Raums den Bedürfnissen des motorisierten Verkehrs zu unterwerfen, wenn man ihn davon mal aussperrt. Parking Day, temporäre Spielstraßen und Projekte wie die Flaniermeile Friedrichstraße zeigen, was für ein Gewinn diese zurückgewonnenen Flächen für die Stadtgesellschaft sein können.

Auch wenn man nicht dogmatisch alle Kraftwagen aus der Innenstadt verbannen möchte, bleibt es eine einfache Gleichung: Weniger Autos gleich mehr Freiraum und Frischluft für alle. Wenn dann der öffentliche Nahverkehr bezahlbar auch die Randgebiete in vernünftiger Taktung bedient und Radwege weiter ausgebaut werden, sind wir auf einem guten Weg zu einer kindersicheren und klimagerechteren Stadt. *PARKing Day: 15.09.2023, parking-day-berlin.de, spielstraßen.de; berlin.de/friedrichstrasse*

Dafür setzen sich unter anderem der Verein Changing Cities beispielsweise mit den Kiezblock-Projekten (Wohnquartiere ohne Durchgangsverkehr) und der ADFC ein. Speziell für ein kinderfreundliches Straßenverkehrsgesetz engagieren sich die Organisator:innen der Kiddical Mass-Kinderfahrraddemos. Aporopos Radverkehr – wer über kein eigenes Lastenrad verfügt, um auch mal größere

Nachhaltige Umweltbildung und Ernährungskompetenz – die Gemüse Ackerdemie vermittelt Kindern, woher unser Essen kommt.

Höfe begrünen, Stadtbäume gießen, Saatbälle werfen, so lässt sich die Stadt bunter und grüner machen!

Einkäufe, Frachten oder Kinderscharen zu transportieren, kann bei flotteLotte kostenfrei eins ausleihen. *changingcities.de; kiezblocks.de; berlin.adfc.de; kinderaufsrad.de; fLotte – Freie Lastenräder für Berlin, flotteberlin.de*

Berlin summt

Mehr Stadtgrün

Spätestens die letzten Starkregen-Ereignisse und Hitzesommertage sollten deutlich gemacht haben, dass wir mehr entsiegelte Flächen und CO2-bindende Schattenspender brauchen. Von begrünten Hinterhöfen, Dächern, Balkonen und „Baumscheiben" am Fuß unserer Straßenbäume profitieren Menschen und Tiere. Gute Tipps und Beratung, wie ihr euch für mehr Stadgrün und insektenfreundliche Bepflanzung engagieren könnt, bekommt ihr bei der Grünen Liga, dem BUND Berlin, dem NABU oder dem Portal „Gieß den Kiez". Unverzichtbar für die Biodiversität sind Bienen, denen ihr mit entsprechender Bepflanzung Gutes tun könnt – die Projekte „Berlin summt" oder „Stadtbienen" vermitteln das entsprechende Knowhow. *Grüne Liga Berlin, Prenzlauer Allee 8, 10405 Berlin-Prenzlauer Berg, grueneliga-berlin.de; bund-berlin.de, berlin.nabu.de; giessdenkiez.de; berlin-summt.de; stadtbienen.org*

Weniger Plastik

Verpackungsmüll beim Einkaufen zu vermeiden wird einem dank der fast 100 verschiedenen Wochenmärkte, Abfüllstationen in Supermärkten, Drogerien und Bioläden und vor allem der verpackungsfreien Geschäften immer leichter gemacht. Zudem kann man dabei in den tatsächlich benötigten Mengen einkaufen und vermeidet auch so Lebensmittelverschwendung. *Original Unverpackt, Wiener Str. 16, 10999 Berlin-Kreuzberg, original-unverpackt.de; Der Sache wegen, Lychener Str. 47, 10437 Berlin-Prenzlauer Berg, der-sache-wegen.de; Erbsenzählerei – Gutes unverpackt, Kolonnenstr. 48/49, 10829 Berlin-Schöneberg,*

Berliner Label und Läden wie mamelo oder FOLK-DAYS setzen sich für nachhaltig und fair produzierte Mode und Produkte ein.

erbsenzaehlerei-berlin.de; FAIR unverpackt, Düsseldorfer Str. 12, Berlin-Charlottenburg, fair-unverpackt.de; Herbie unverpackt, Elbestr. 19, 12045 Berlin-Neukölln, herbie-unverpackt.de; unverpackt berlin, Bölschestr. 120, 12587 Berlin-Köpenick, unverpackt-berlin.com

Mehr Tausch- und Kreislaufwirtschaft

Ein sorgsamerer Umgang mit allen Ressourcen ist dringend notwendig – vieles lässt sich tauschen, teilen oder gebraucht erwerben. Im Kulturlabor Trial & Error findet ihr verschiedene Sharing Economy-Projekte wie den Tauschladen und in der ganzen Stadt tolle Secondhand-Läden und Flohmärkte. Weg von der Wegwerf-Gesellschaft kommen wir auch mit Upcycling- und Repair-Projekten, die auf der Remap Berlin verzeichnet sind. Das Haus der Materialisierung und die neuen Pionierflächen „Alexis", „Otto" und „Karla" bieten Initiativen rund um nachhaltige Ressourcennutzung und solidarischen Austausch Raum und Vernetzung. *Kulturlabor Trial & Error, Braunschweiger Str. 80, 12055 Berlin-Neukölln, trial-error.org; Secondhand-Läden ab Seite 122; remap-berlin.de; Haus der Materialisierung, Berolinastr., 10178 Berlin-Mitte, hausdermaterialisierung.org*

Der Anteil wirklich nachhaltiger Mode ist immer noch erschreckend gering – dabei gilt gerade die Textilwirtschaft als eine der schlimmsten Umweltsünder:innen. Das neue Berliner Label mamelo ist Teil von „Circular Futures" und verfolgt das Konzept der Kreislaufwirtschaft. Zum einen halten die nachhaltig produzierten Wollstrickjacken, Hosen und Sweater für Babys, Kinder und Erwachsene länger als Fast Fashion, zum anderen wird kein mamelo-Teil zu Müll, denn jedes wird zurückgenommen, gereinigt oder recycelt und kann neue kleine oder große Träger:innen finden. Den textilen Kreislauf entlastet auch das Berliner Label ForSchur, das alte Wollsachen zu schönen neuen Stücken für Kinder und Erwachsene upcycelt. Auch hier gilt: Weniger, dafür im eigentlichen Sinne wertvoller, ist mehr. *mamelo.de; circularfutures.de; forschur.com*

FAIR GEWINNT

Lisa Jaspers

Die FOLKDAYS-Gründerin und zweifache Mutter hat gemeinsam mit Naomi Ryland „Starting a Revolution“ geschrieben und „Unlearn Patriarchy„ herausgegeben. Die Politikwissenschaftlerin engagiert sich für eine gerechtere Arbeitswelt hierzulande und in Produktionsländern weltweit. FOLKDAYS, Manteuffelstr. 19, 10997 Berlin-Kreuzberg, folkdays.de

Welchen Rat gibst du Eltern, die für ihre Kinder (und sich) faire Produkte suchen?

Grundsätzlich ist es natürlich am nachhaltigsten, gebraucht zu kaufen: Ich selbst habe fast alle Kleidungsstücke, die meine Kinder tragen, entweder secondhand gekauft oder habe sie geschenkt bekommen. Sachen wie Socken oder Unterhosen kaufe ich dann bevorzugt in kleinen Läden. Grundsätzlich versuche ich, wenn ich Neuware kaufe, darauf zu achten, dass sie nicht nur aus natürlichen Stoffen, sondern auch sozial fair hergestellt werden.

Was hältst du für die größten Hürden, unsere Konsum- und Arbeitswelt fair zu gestalten?

Ich habe das Gefühl, dass wir oft nicht unbedingt neue Sachen kaufen, weil wir sie wirklich benötigen, sondern weil der Akt des Kaufens eine Ersatzbefriedigung ist. Dazu gibt es spannende Studien. Auch ich selbst habe diese Erfahrung gemacht, denn ich habe in meinem Leben am meisten konsumiert, wenn es mir am schlechtesten ging. Da hatte ich oft das Gefühl, mir „etwas Gutes tun zu wollen“, indem ich geshoppt habe. Das hat natürlich sehr wenig Effekt auf mein gefühltes Glück gehabt ... vor allem langfristig. Deshalb ist auch mein Nr. 1-Nachhaltigkeits-Tipp: Versuche ein glückliches und erfülltes Leben zu führen. Du wirst automatisch weniger kaufen.

Was können wir alle tun, um an einer besseren und gerechteren Welt mitzuwirken?

Indem wir uns regelmäßig fragen, wie wir an einen Punkt kommen können, an dem wir glücklicher und zufriedener sind, tun wir am meisten für die Nachhaltigkeit.

MIT KINDERN ESSEN GEHEN

Gastro-Tipps für Familien, die entspannen, wenn es Raum zum Spielen für die Kinder gibt. Eine kleine Sammlung unserer liebsten Lokalitäten von Biergarten bis Pizzabäckerei.

Jules B-Part am Gleisdreickpark

Pizza und Buddelkasten

Auf dem Gelände der einstigen Weißbier-Brauerei Wilner heißt das denkmalgeschützte Zollhaus mit Restaurant und Biergarten Familien ausdrücklich willkommen. Echt lecker: Die authentisch neapolitanische Sauerteig-Pizza! U-förmig um das Haus herum befindet sich der Biergarten mit einer Sommerbar im Schiffscontainer und kleinem Buddelkasten. Im Winter wird es drinnen gemütlich, während draußen Eisstockbahnen im Biergarten aufgebaut sind. *Zollhaus Pankow, Berliner Str. 80, 13189 Berlin-Pankow. zollhaus-pankow.de*

Links und rechts der Gleise

Während sich mitten in der Kleingartenanlage am westlichen Rand des Westteils das entspannte Gartencafé Eule versteckt, lockt im größeren Teil des Parks am Gleisdreieck das stylishe Jules B-Part mit seinem familienfreundlichen Beergarden. Das nachhaltige Holzgebäude beheimatet auch das Jules Café, aktuelle Kunst, einen Coworking-Space und im Außengelände die B-Part Outdoor-Sportanlage. *Café Eule im Park am Gleisdreieck, Bülowstr. 69A, erster Gartenweg links, 10783 Berlin-Schöneberg, cafe-eule-berlin.de; Jules B-Part am Gleisdreieck, Café, Canteen & Beergarden, Luckenwalderstr. 6B, 10963 Berlin-Kreuzberg, jules-cafe.de*

Puppentheater und Sonntagsbrunch

Das Café Rix im Hof des Saalbaus Neukölln ist eine schöne Anlaufstelle, um sonntags mit Kindern brunchen zu gehen und dies mit einem Besuch im Puppentheatermuseum zu verbinden. Aber auch zum alten Dorfkern am

Café am Neuen See im Tiergarten

Richardplatz, zum schönen Comeniuspark oder zu der coolen Minigolfanlage auf dem Hertzbergplatz ist es nicht allzu fern. Was sich alles unweit der trubeligen Karl-Marx-Straße entfernt verbirgt, erstaunt in „Böhmisch Rixdorf" immer wieder! *Café Rix im Saalbau Neukölln, Karl-Marx-Str. 141, 12043 Berlin-Neukölln, caferix.de*

Klassiker im Tiergarten

Schon lange ein Klassiker unter den Berliner Biergärten und top mit Kindern, die hier reichlich Platz zum Austoben vorfinden. Im Tiergarten gibt es immer etwas zu entdecken und eine Ruderboot-Tour über den See ist ein echtes Highlight. *Café am Neuen See, Lichtensteinallee 2, 10787 Berlin-Tiergarten, cafeamneuensee.de*

Sonnenuntergang auf dem Feld

Wir kommen nicht umhin, das Tempelhofer Feld immer wieder als Lieblingsort zu nennen. Ein entspannter Ort, wo ihr euch dort gut mit Speis und Trank versorgen könnt, ist der von April bis Oktober täglich bis zum Sonnenuntergang geöffnete Luftgarten in der Nähe vom Haupteingang am Columbiadamm. Dort bieten die weiten Wiesen reichlich Raum zum Spielen und (Veggie-)Bratwurst, Buletten vom Lavasteingrill, Pommes und Brezeln Abhilfe für hungrige Bäuche. Außerdem könnt ihr auf dem Feld an drei Grillplätzen eure selbst mitgebrachten Speisen zubereiten. *Luftgarten, Tempelhofer Feld, Eingang Columbiadamm, 10965 Berlin-Neukölln, luftgarten-berlin.de*

Ökologische Kulturoase

Das Café-Restaurant der ufaFabrik hat seit März 2022 unter neuem Namen wieder geöffnet. Zirkusschule, Theaterbühne, Kinderbauernhof und Spielplatz – das Kulturzentrum hat für Kinder und Eltern so einiges zu bieten. Und gemeinsam lässt es sich bei Rudi & Rosa wunderbar entspannen, besonders beim Sonntagsbrunch. *Café Rudi & Rosa, Viktoriastr. 10-18, 12105 Berlin-Tempelhof, ufafabrik.de*

Essengehen mit Extras: Von Äffchen über Kugelbahnparadies bis Zirkus gibt es etliche Cafés, Biergärten und Lokale, die mehr als leckere Speisen zu bieten haben.

Kugelrund mit Kuchen

Im Oktober 2021 eröffnet, lockt in Weißensee das Café der Kaden Kugelbahn- und Holzspielzeugspezialist:innen nicht nur mit Spielspaß, sondern auch mit hausgebackenen Kuchen, Keksen und Muffins. Spektakulär ist die Deckenkonstruktion, bei der die bunten Kugeln automatisch durch einen Lift nach oben transportiert werden, um dann quer an der Decke entlang nach unten zu rollen. Sollten die Kinder sich müde an den zahlreichen Tischspielen und Kugelbahnen gesehen und gespielt haben, gibt es noch eine kleine Bücherauswahl. *Kaden Kugelbahn Café, Charlottenburger Str. 11, 13086 Berlin-Weißensee, kugelbahncafé.de*

Mit frechen Äffchen frühstücken

Bei einem Ausflug in die City West darf ein Abstecher ins Bikini Berlin eigentlich nicht fehlen. Auch wer sich nicht für die abwechslungsreichen Läden in der Concept Mall interessiert, wird dort gerne im Spreegold einkehren. In der ersten Etage könnt ihr euch frische To Go-Produkte für euren Schaufensterbummel holen, am schönsten ist es aber auf der Dachterrasse, wo man bis zum Sonnenuntergang Frühstück, aber natürlich auch andere Spreegold-Gerichte von Bowls bis Burger, mit Ausblick auf das Affengehege im Zoo genießen kann. Highlight im Winter: die Eisstockbahnen! *Spreegold im Bikini, Budapester Str. 50, 10787 Berlin-Charlottenburg, spreegold.com*

Kaden Kugelbahn Café in Weißensee

Essen gehen mit Kindern
ist eine Freude, wenn
sie dort willkomen sind.

KINDL – Kunstzentrum mit Café und Biergarten in Neukölln

Kunst und Kaffee

Zwischen Hermannstraße und Karl-Marx-Straße liegt mit dem KINDL Zentrum für zeitgenössische Kunst ein sehenswerter Ort mit tollen Ausstellungen, die meist eher für ältere Kinder geeignet sind. Der Besuch im Café oder im Biergarten unter Platanen mit Tischtennisplatte ist aber auch mit jüngeren Familienmitgliedern schön! *Babette's Garden, KINDL – Zentrum für zeitgenössische Kunst, Seite 70*

Sommerfreuden in Schöneberg

Das einstige Bahngelände ist ein prima Ausflugsziel für Familien, die von April bis Oktober gerne in dem hübschen Café am südlichen Ende des Natur Park Südgelände einkehren. Der sonntägliche Brunch ist so beliebt, dass man unbedingt frühzeitig reservieren sollte. Von hier ist es übrigens auch nicht weit zum Planetarium und Sommerbad am Insulaner. *Café Paresüd im Natur Park Südgelände, Prellerweg 47-49, 12157 Berlin-Schöneberg, paresued.de; Natur Park Südgelände, Seite 140*

Wald- und Wasserspaß

Bereits seit dem Jahr 1723 lockt das denkmalgeschützte Traditionslokal mit seinem gemütlichen Restaurant und weitläufigen Biergarten Ausflügler:innen in den Grunewald. Nach einem Spaziergang durch den Grunewald oder einer Runde Schwimmen im Schlachtensee kann man prima mit Kindern in der Fischerhütte einkehren. Toll auch in Kombination mit einem SUP-Ausflug: Die Stehpaddler-Station am Schlachtensee bietet Ausleihe, (Anfänger:innen)kurse und Kindergeburtstage an. *Fischerhütte, Fischerhüttenstr. 136, 14136 Berlin-Zehlendorf, fischerhuette-berlin.de; Stehpaddler, Seite 176*

Entspannt am Spreeufer

2021 hat der historische Biergarten im Treptower Park wieder eröffnet – seitdem ist das Zenner einer unserer liebsten Orte in Berlin. Direkt am Spreeufer gelegen, kann man hier wunderbar lange Nachmittage und Abende mit oder ohne Kinder genießen. Highlight für Kinder ist nicht nur die zum Haus Zenner

Zenner Eisdiele im Treptower Park

In Berlin gibt es für jeden Geschmack die passende Eisdiele, von außergewöhnlich bis klassisch, von rein pflanzlich bis zu megasahnig!

gehörende Eisdiele – gleich um die Ecke wartet der tolle Weltspielplatz. Die Insel der Jugend mit ihrem eigenen Biergarten ist auch immer einen Abstecher wert. *Haus Zenner, Alt-Treptow 14, 12435 Berlin-Treptow, zenner.berlin*

Schmausen am Holzmarkt

Das Kulturgelände ist zwar nicht explizit für Kinder gemacht, dafür aber für Leute, die gerne gutes Essen, Musik und Kulturangebote genießen und dies mit ihren Kindern teilen. Im Katerschmaus lässt sich herrlich zum Lunch oder Dinner einkehren während das Café Holzmarktperle zu Kaffee, Kuchen und Kaltgetränken einlädt. Die schöne Lage mit Terrasse an der Spree und der Spielplatz tragen ihr übriges dazu bei, dass hier die ganze Familie Freude hat. *Katerschmaus und Holzmarktperle, Holzmarktstr. 25, 10243 Berlin-Friedrichshain, katerschmaus.de, holzmarkt.com*

Tapas, Toben, Tore

Tolles Tapas-Lokal direkt neben dem Kinderspielplatz an der Ecke Senefelder und Stargarder Straße, den die Eltern vom Restaurant aus immer im Blick haben können. Wissen sollte man, dass im Alois S. auch Fußballfans nicht zu kurz kommen: Hier werden regelmäßig Bundesliga- und Champions League-Spiele übertragen. *Alois S., Senefelder Str. 18, 10437 Berli-Prenzlauer Berg, aloiss.de*

Grillen an der Rummelsburger Bucht

Maritimes Flair an der Citymarina und Rummelsburger Bucht: Leckere Speisen und kühle Drinks gibt es am Kiosk auf dem Spreedeck der Hafenküche. Außerdem könnt ihr hier Picknick- und Grillboxen für einen Ausflug auf oder am Wasser bestellen oder den gut ausgestatteten Grillplatz mit Sonnensegel, Platz für zwölf Personen und Mitbenutzung des Trampolins privat buchen. *Hafenküche, Zur Alten Flussbadeanstalt 5, 10317 Berlin-Lichtenberg, hafenkueche.de, grillenamwasser.de*

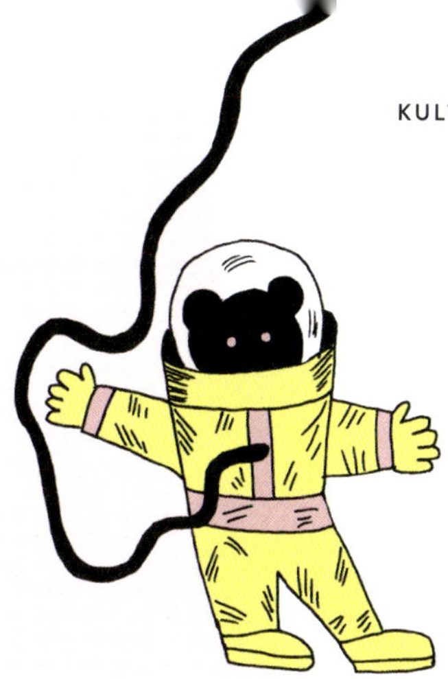

KULTUR

CH Charlottenburg, *FR* Friedrichshain, *HE* Hellersdorf
HO Hohenschönhausen, *KÖ* Köpenick, *KR* Kreuzberg
LI Lichtenberg, *MA* Marzahn, *MI* Mitte, *NK* Neukölln
PA Pankow, *PB* Prenzlauer Berg, *RE* Reinickendorf
SB Schöneberg, *SP* Spandau, *ST* Steglitz, *TE* Tempelhof
TI Tiergarten, *TR* Treptow, *WE* Wedding, *WI* Wilmersdorf
WS Weißensee, *ZE* Zehlendorf

Museen und Ausstellungshäuser

Akademie der Künste

Das kulturelle Vermittlungsprogramm „KUNSTWELTEN" der Akademie der Künste bringt Kindern und Jugendlichen die Arbeit der Akademie und die dort aufgegriffenen Themen in Führungen, Lesungen, Filmvorführungen, Gesprächen, Werkstätten und künstlerischen Aktionen näher. Auch in den Buchläden und dem Café der Akademie kann man gut Zeit verbringen. *Pariser Platz 4, 10117 Berlin-MI, T: 200571000; Hanseatenweg 10, 10557 Berlin-TI, T: 200572000, adk.de*

tipp

Alice – Museum für Kinder

Engagement und Zivilcourage brauchen Mut. Die neue Ausstellung im Museum des FEZ beschäftigt sich mit der Frage vom Hingucken und Wegschauen, damals wie heute. Im Zentrum steht die wahre Geschichte des jüdischen Mädchens Susi Collm. Von 1942 bis 1945 musste sie sich vor den Nazis verstecken. Ungewöhnliche Zugänge über Film, Ton, Licht und Architektur schaffen Raum zur aktiven Auseinandersetzung mit der NS-Zeit und zeigen aktuelle Formen von Ausgrenzung und Antisemitismus, wie auch Beispiele von Zivilcourage. Empfohlen ist die Ausstellung, welche bis Sommer 2023 zu sehen ist, für alle ab zehn Jahren. *Straße zum FEZ 2, 12459 Berlin-KÖ, T: 530710, fez-berlin.de*

Alte Bäckerei

Im Museum für Kindheit in Pankow können Besucher:innen in der Ausstellung „Vom Korn zum Brot" alles über das Bäckereihandwerk erlernen. Das frische Brot kann man in der historischen Backstube erwerben und natürlich darf man hier auch den Bäckermeister:innen über die Schulter schauen, wenn das duftende Brot aus dem Brustfeuerungsofen geholt wird. Im alten Wohnhaus, das Besucher:innen besichtigen können, sieht es übrigens noch aus wie um 1900. *Wollankstr. 130, 13187 Berlin-PA, T: 4864669, alte-baeckerei-pankow.de*

Alte Nationalgalerie

Ob Porträts, verwunschene Landschaften oder ungewöhnliche Tiere, in der Alten Nationalgalerie erfährt man so einiges über das Leben und die Träume der Menschen im 19. Jahrhundert. Mit allen Sinnen erkunden Familien im Rahmen von Veranstaltungen oder auf eigene Faust Werke der Alten Nationalgalerie und stellen Bezüge zur heutigen Lebenswelt her. Das gesamte Veranstaltungsprogramm findet ihr auf der Website. Wie für alle Häuser der Staatlichen Museen gilt: Freier Eintritt für Kinder und Jugendliche bis 18 Jahren, Zeitfenstertickets sind online buchbar. *Bodestr. 1-3, auf der Museumsinsel, 10178 Berlin-MI, T: 266424242, smb.museum*

Altes Museum

Griechische Götter, etruskische Gräber und römische Kaiser – die Welt der Antike bietet viel Stoff für spannende Geschichten. Wer ist wer in der griechischen Götter- und Heldenwelt? Wie war das eigentlich mit Cäsar und Kleopatra? Wie kleidete man sich? Worauf schrieb man? Mit welchem Spielzeug spielten damals Kinder? Kinder und Familien erkunden das Alte Museum und werden in Workshops selbst künstlerisch tätig. Alle Veranstaltungen auf einen Blick findet ihr auf der Website. Wie für alle Häuser der Staatlichen Museen gilt: Freier Eintritt für Kinder und Jugendliche bis 18 Jahren, Zeitfenstertickets sind online buchbar. *Am Lustgarten, Museumsinsel, 10178 Berlin-MI, T: 266424242, smb.museum*

Anne Frank Zentrum

Menschen aus aller Welt kennen Anne Frank. Sie ist eines der bekanntesten Opfer des Holocaust und berührt noch heute mit ihren handgeschriebenen Tagebüchern. Die Ausstellung „Alles über Anne" schafft einen sensiblen Lernort für alle ab zehn Jahren, an dem man sich mit der Geschichte des Nationalsozialismus auseinandersetzen kann. Der Gegenwartsbezug ist dabei charakteristisch für das Ausstellungskonzept, das biografisch, interaktiv und inklusiv angelegt ist. Auch das Umfeld in Mitte wird einbezogen: Den Stadtrundgang „Auf den Spuren jüdischen Lebens" kann man als reale und digitale Version für Gruppen bis zu 15 Personen buchen. *Rosenthaler Str. 39, 10178 Berlin-MI, T: 288865600, annefrank.de*

ANOHA Kinderwelt des Jüdischen Museums Berlin

Direkt gegenüber vom Jüdischen Museum befindet sich seit einiger Zeit das ANOHA, welches sofort zu einem unserer Lieblingsorte geworden ist. Die Kinderwelt des Jüdischen Museums wurde liebevoll, einfallsreich und originell rund um die Geschichte der Arche Noah gestaltet. Und das nicht nur sprichwörtlich – im Zentrum des Kindermuseums steht tatsächlich eine hölzerne Arche, die wie alle Exponate beklettert und bespielt werden darf. Zahlreiche Spielstationen und die fantastischen Tierfiguren machen den Aufenthalt hier zu einem großen Spaß für Kinder zwischen drei und zehn Jahren. *Fromet-und-Moses-Mendelssohn-Platz 1, 10969 Berlin-KR, T: 25993300, jmberlin.de/anoha*

KINDER-
TIPP

Das erste Samurai Museum Europas führt euch in die legendäre Welt japanischer Krieger:innen.

DIE SAMURAI UND IHRE TUGENDEN

Florentine
9 Jahre

Holografische Projektionen, lebensgroße 3D-Modelle und die geräuschvolle Untermalung machen den Gang durchs Samurai Museum Berlin zu einer Ganzkörpererfahrung bei der Flori schon auch mal zusammenzuckte. Kitsune, das fuchsartige Fabelwesen, taucht zwischendurch immer wieder auf, stellt Fragen und führt vorbei an kunstvollen Rüstungen, blitzenden Schwertern und geheimnisvollen Masken. Auch eine Trommelperformance und Rituale der Teezeremonie können hier erlebt werden. Der Fokus liegt allerdings klar auf der oft blutrünstigen Kriegsführung der Samurai und ihrem Einfluss auf Politik, Kunst und Kultur. *Samurai Museum Berlin, Seite 76*

tipp

Berlinische Galerie

Die Berlinische Galerie ist eine der Kulturinstitutionen, die sich besonders um die inklusive Vermittlung künstlerischer Inhalte an Kinder und Jugendliche verdient machen. Unweit des Checkpoint Charlie ist das Landesmuseum für Moderne Kunst, Fotografie und Architektur zu finden, das nicht nur mit Ausstellungen, sondern auch mit seinem vielfältigen Kinder- und Familienbegleitprogramm überzeugt. Der Aktionsraum „207 m²" steht für Workshops mit Materialien zum Experimentieren, Bauen oder Basteln bereit. Neben den wechselnden Sonderausstellungen macht bis Herbst 2026 „Aufbruch in die Moderne" ausgewählte Werke aus dem Märkischen Museum während dessen Sanierung weiterhin zugänglich. In der Dauerausstellung kann man die „Kunst in Berlin 1880-1980" und damit auch Stadt- und Kulturgeschichte entdecken. Übrigens: Die Berlinische Galerie bietet auch eine Familienmitgliedschaft an. *Alte Jakobstr. 124-128, 10969 Berlin-KR, T: 78902600, berlinischegalerie.de*

Bildung, Vermittlung, Besucherdienste der Staatlichen Museen zu Berlin

Zusammen mit Geschwistern, Eltern und Großeltern – in den Staatlichen Museen zu Berlin gibt es viel zu entdecken. Der Eintritt in die 15 Museen mit 4,7 Millionen Objekten aus den Bereichen Kunst, Kultur, Archäologie und Ethnologie ist für Kinder und Jugendliche bis 18 Jahre frei. In Ausstellungsgesprächen, Workshops und Ferienprogrammen, für die ein Kostenbeitrag erhoben wird, erkunden Kinder und ihre erwachsene Begleitung die Museen und Ausstellungen. Die gegenwärtigen Bedingungen werden in neuen Formaten und Angeboten kreativ umgesetzt. Der Newsletter für Kinder und Familien informiert regelmäßig über die Angebote und kann kostenfrei abonniert werden. *T: 266424242, smb.museum*

tipp

Bode-Museum

Wie entstehen Skulpturen? Was ist ein Mosaik und wie kommen eigentlich die vielen Münzen ins Museum? Im Bode-Museum erforschen Kinder und Familien die Skulpturensammlung, das Münzkabinett, Werke byzantinischer Kunst sowie Gemälde der Nationalgalerie. Sie lernen künstlerische Ausdrucksformen oder Techniken der Bildhauerei kennen. Die Ausstellungsreihe „Der zweite Blick" lädt dazu ein, sich mit aktuellen gesellschaftsrelevanten Themen auseinanderzusetzen. „Der zweite Blick: Frauen" nimmt bis auf weiteres die Rolle der Frau in der Geschichte, ihre Wahrnehmung in der Gesellschaft und die künstlerischen Umsetzung der auf Frauen bezogenen Bildthemen in den Blick. Das gesamte Veranstaltungsprogramm findet ihr auf der Website. Wie für alle Häuser der Staatlichen Museen gilt: Freier Eintritt für Kinder und Jugendliche bis 18 Jahren, Zeitfenstertickets sind online buchbar. *Am Kupfergraben, 10178 Berlin-MI, T: 266424242, smb.museum*

tipp

Bröhan-Museum

Gegenüber des Schloss Charlottenburg ist das Bröhan-Museum zu finden. Auf 1.000 Quadratmetern wird eine einzigartige Sammlung zu Jugendstil, Art déco und der Kunst der Berliner Secession präsentiert. Detektivische Aufgaben, Rätsel und ein abwechslungsreiches Programm mit gestalterischem Teil sorgen für einen gelungenen Familienausflug. Kinder bis 18 Jahre zahlen keinen Eintritt und jeden ersten Sonntag im Monat können auch die Eltern kostenfrei einen Einstieg in die Welt der Kunst erleben. *Schloßstr. 1A, 14059 Berlin-CH, T: 32690600, broehan-museum.de*

Brücke-Museum

Das Brücke-Museum besitzt eine der umfangreichsten Sammlungen weltweit zur expressionistischen Künstler:innengruppe „Brücke" und widmet regelmäßig Workshops, Ferienkurse und Familientage der Vermittlung deren künstlerischer Inhalte. Auch das benachbarte Kunsthaus Dahlem ist nicht nur aufgrund seines Cafés einen Besuch wert, dort gibt es ebenfalls einige tolle museumspädagogische Angebote für Kinder. *Kunsthaus Dahlem: Käuzchensteig 8, 14195 Berlin-ZE, T: 82227258, kunsthaus-dahlem.de; Brücke-Museum: Bussardsteig 9, 14195 Berlin-ZE, T: 83900860, bruecke-museum.de*

tipp

C/O Berlin

Das Museum im Amerikahaus zeigt in wechselnden Ausstellungen Werke renommierter Fotokünstler:innen und lädt Heranwachsende und Erwachsene ein, mehr über Fotografie, Film, Design und visuelle Medien zu lernen. In den Workshops des umfangreichen Education-Programms können sich Jugendliche und Kinder ab acht Jahren nicht nur Wissen aneignen, sondern auch ihre eigenen kreativen Fähigkeiten entdecken. *Hardenbergstr. 22-24, 10623 Berlin-CH, T: 284441662, co-berlin.org*

neu

COLD WAR MUSEUM

Im Herbst 2022 wird das erste Museum, das sich gezielt der Geschichte des Kalten Krieges von 1945 bis hin zur Auflösung der UdSSR 1991 widmet, in Berlin eröffnet. Zwischen Brandenburger Tor und Humboldt-Forum gelegen, präsentiert das Museum auf zwei Etagen und mehr als 1.600 Quadratmetern die unterschiedlichen Facetten des Kalten Krieges. *Unter den Linden 14, 10117 Berlin-MI, coldwarmuseum.de*

Computerspielemuseum

Ganz in der Nähe des U-Bahnhofs Weberwiese kann man auf eine Zeitreise durch 60 Jahre Gaming-Geschichte gehen. Vom legendären Pong-Automaten über den Riesenjoystick bis hin zum Tamagotchi – mehr als 300 Exponate laden zum Entdecken, Bewundern und Bestaunen ein. Der Besuch wird für Kinder ab sechs Jahren empfohlen, allerdings dürfen sie die Ausstellung erst ab 14 Jahren ohne erwachsene Begleitung erkunden. Darüber hinaus bietet das Museum Online-Workshops an, in denen Kinder und Jugendliche selbst an kleinen Spielen basteln können. *Karl-Marx-Allee 93A, 10243 Berlin-FR, T: 60988577, computerspielemuseum.de*

neu

Das kleine Grosz Museum

Im Mai 2022 eröffnete dieses kleine Museum an einem besonderen Ort in der Schöneberger Bülowstraße, und zwar in einer historischen Tankstelle. Die unmittelbare Nähe zum Nollendorfplatz ist dabei kein Zufall, denn hier war auch die Lebenswelt des politischen Künstlers George Grosz selbst. Gezeigt werden Werke aus seinem Nachlass und aus Privatsammlungen. *Bülowstr. 18, 10783 Berlin-SB, T: 22439634, daskleinegroszmuseum.berlin*

Das Klingende Museum Berlin

In diesem Museum gibt es Musik zum Anfassen, Ausprobieren und Erleben. Während die Ausstellung Kindern einen einfachen und direkten Zugang zu professionellen Orchesterinstrumenten ermöglicht, begeistern die Familienkonzerte Eltern und Kinder. Empfehlenswert sind die Open Workshops am Wochenende für Familien mit Kindern ab drei Jahren. Die Kindergeburtstagsangebote sind vielfältig und wirklich super: Man kann nicht nur im Museum feiern, sondern auch das Klingende Mobil mit Musikinstrumenten zur Party kommen lassen. *Behmstr. 13, 13357 Berlin-WE, T: 36466223, klingendes-museum.de*

neu

DAS MINSK Kunsthaus

Ende September 2022 hat im ehemaligen Terrassenrestaurant Minsk – erbaut in den 1970er-Jahren im modernistischen Stil der DDR – auf dem Brauhausberg, unweit vom Potsdamer Hauptbahnhof, ein neues Kunstmuseum der Hasso Plattner Foundation eröffnet. Zum Auftakt werden zwei Ausstellungen gezeigt: „Wolfgang Mattheuer: Der Nachbar, der will fliegen" und „Stan Douglas: Potsdamer Schrebergärten". Führungen und Workshops bringen auch Kindern die Kunstwerke aus der ehemaligen DDR näher. Unabhängig vom Ausstellungs besuch sind Cafébar, Terrasse und Foyer für die Öffentlichkeit zugänglich. *Max-Planck-Str. 17, 14473 Potsdam, T: 0331-236014699, dasminsk.de*

Eindrucksvoller Kinderspaß

Besser geht's kaum, wenn man Kinder hat, die sich bei ihrer Geburtstagsfeier kreativ mit ihren Freund:innen ausleben möchten: Die Druckwerkstatt des Kreuzberger Kinderbuchladens ist ein fantastischer Ort für Kinder ab fünf Jahren, die mit ihren Freund:innen Stoffbeutel, Kissen oder Shirts mit originellen Motiven bedrucken möchten. Auch Buttonparty, Stempelwerkstatt oder Siebdruck-Workshop für etwas ältere Kinder sind als Geburtstagsfeiern buchbar. Und natürlich ist der liebenswerte Laden am Südstern eine super Adresse, um sich mit Geschenken für alle Geburtstagskinder einzudecken. *Krumulus Kinderbuchladen, Seite 135*

Alles eine Frage der Perspektive

Optische Täuschungen, Knobelspiele und interaktive Räume sorgen im Illuseum für spannenden Spaß! Das Geburtstagspaket für bis zu zehn Personen ab sechs Jahren beinhaltet eine einstündige Führung durch das Museum, bei der die Mitarbeiter:innen kundig die Illusionen und deren Hintergründe erklären. Dazu eine Getränkeauswahl, Geburtstagskuchen und ein 30-minütiges Unterhaltungsprogramm als Überraschung. Eins ist auch sicher: Spitzenmäßige Erinnerungsfotos sind garantiert. *Illuseum Berlin, Seite 66.*

Kinderzauberin Jella

Glücklich und gesättigt

Kindern Kochkultur zu vermitteln ist nie eine schlechte Idee. Es als Kindergeburtstagsfeier aufzuziehen eine umso bessere – so sind die Kinder in den schönen Räumen der Friedenauer Kochschule gut aufgehoben, können leckere Gerichte kochen und backen lernen und dann natürlich auch verspeisen. Das Geburtstagskind darf bis zu 14 Gäst:innen ab acht Jahren dazu einladen, die Geburtstagstafel nicht nur mit Geschenken, sondern auch mit gemeinsam Gekochtem zu befüllen.

Kochmal! Roennebergstr. 14, 12161 Berlin-SB,

kochmal-berlin.de

Illuseum Berlin

KINDER-
GEBURTSTAG

FEIERN MIT SINN UND VERSTAND

Kein Hokuspokus

Manche Leute haben einfach das Talent, eine ganze Kinderbande easy bei Laune zu halten und mit ihrem Charme zu verzaubern. Im Falle von Kinderzauberin Jella ist das wörtlich gemeint, ihre Zaubershow ist ein super Highlight auf einem Kindergeburtstag. Mit ihrem Zauberkoffer und verschiedenen Kinderprogrammen kommt sie zu euch nach Hause. Wir haben es schon getestet und begeisterte Geburtstagskinder erlebt!

Kinderzauberin Jella, kinderzauberin-jella.de

Geburtstags-Kosmos

Spacige Geburtstage können an den Wochenenden in der Archenhold Sternwarte, dem Planetarium am Insulaner oder im Zeiss Großplanetarium gefeiert werden. Die Inhalte – Astro-Quiz, Basteln und Besuch einer der großartigen Planetariumsshows von „Armstrong“ bis zur „Planetentour durchs Sonnensystem“– können individuell je nach Interesse und Alter der Kinder ausgewählt werden. Das Angebot gilt für maximal 15 Kinder von 5-15 Jahren und zwei Erwachsene.

Berliner Planetarien, ab Seite 79

DDR Museum

Wer wissen möchte, wie sich das Alltagsleben in der DDR angefühlt hat, kommt in das an der Spree gelegene Museum. Mehr als 45 Themenbereiche warten mit authentischen Originalen und interaktiven Installationen auf große und kleine Besucher:innen, um ihnen auf spielerische Art und Weise ohne viel Vorwissen Geschichte zu vermitteln. Kinder unter sechs Jahren haben freien Eintritt. *Karl-Liebknecht-Str. 1, 10178 Berlin-MI, ddr-museum.de*

Deutsche Kinemathek

Schwarz-Weiß- und Stummfilme geraten zunehmend in Vergessenheit. Im Museum für Film und Fernsehen am Potsdamer Platz kann die ganze Familie in die Geschichte der bewegten Bilder von ihren Anfängen bis in die Gegenwart eintauchen. Während der Führungen und Workshops können Kinder ab acht Jahren alles über das bunte Medium Film lernen und sogar ihren eigenen Trickfilm produzieren. Das ist inzwischen auch möglich, ohne das Museum betreten zu müssen. Die Kinemathek bietet viele digitale Angebote. *Potsdamer Str. 2, 10785 Berlin-TI, T: 3009030, deutsche-kinemathek.de*

Deutsches Historisches Museum

Das Zeughaus und die Dauerausstellung zur deutschen Geschichte bleiben voraussichtlich bis Ende 2025 geschlossen. Zu den wechselnden Ausstellungen im Pei-Bau gibt es weiterhin ein Begleitprogramm für Kinder und Familien. *Pei Bau: Hinter dem Gießhaus 3, 10117 Berlin-MI, T: 203040, dhm.de*

tipp

Deutsches Spionagemuseum

Nach dem Ende des Zweiten Weltkriegs entwickelte sich Berlin im Kalten Krieg zur unumstrittenen Hauptstadt der Spione. Wer die skurrilen und raffinierten Methoden der Geheimdienstarbeit entdecken möchte, kommt in das Deutsche Spionagemuseum am Leipziger Platz. In der interaktiven Ausstellung erfahren mutige Hobbydetektiv:innen alles über spektakuläre Geheimoperationen und berühmte Agent:innen. Kinder können an vielen Mitmach-Stationen ihre Fähigkeiten als Spion:in erproben. *Leipziger Platz 9, 10117 Berlin-MI, T: 398200451, deutsches-spionagemuseum.de*

tipp

Deutsches Technikmuseum

Am Gleisdreieck erwartet euch eines der für Kinder spannendsten Museen! Wie sah der erste Computer aus? Wie gelang der Traum vom Fliegen? Ein umfangreiches Vermittlungsangebot leitet Kinder und Familien durch die Dauer- und Sonderausstellungen und somit durch die Technikgeschichte mit Exponaten von winzig klein bis riesig groß. Im „kids.digilab.berlin“, einem Ort für frühkindliche Digitale Bildung, werden Workshops für Kitagruppen, Pädagog:innen und an den Wochenenden für Familien angeboten. Da es nahezu unmöglich ist, alles im Technikmuseum an einem Tag zu erkunden, lohnt es sich, es immer wieder zu besuchen. Eines unserer Lieblingsmuseen! *Trebbiner Str. 9, 10963 Berlin-KR, T: 902540, technikmuseum.berlin*

Disgusting Food Museum

Klingt erstmal merkwürdig, aber das Museum der gemeinnützigen Gesellschaft für Wissensvermittlung stellt den Ekel als grundlegende menschliche Emotion in seinen Mittelpunkt. Universell ist Ekel aber nicht. Was für den einen Menschen köstlich ist, kann für den anderen abstoßend sein. Präsentiert werden über 90 außergewöhnliche Food-Exponate aus der ganzen Welt wie Bullenpenis, gegrillter Hund, Kuhblut oder die schwedische Fischspeise Surströmming. An der Tasting Bar kann man kleine Ekel-Kostproben erhalten und im Museumsshop Klassiker der Insektenküche wie Heuschrecken kaufen. *Schützenstr. 70, 10117 Berlin-MI, T: 23887745, disgustingfoodmuseum.berlin*

Ephraim-Palais

In dem historischen Bürgerhaus kann man in den wechselnden Sonderausstellungen die Geschichte und Kultur der Hauptstadt erleben. Im Museumslabor werden spannende Workshops und Mitmach-Aktionen für die ganze Familie angeboten. Hier sind bereits die Allerjüngsten willkommen. *Poststr. 16, 10178 Berlin-MI, T: 24002162, stadtmuseum.de*

extavium

In dem wissenschaftlichen Mitmachmuseum in Potsdam gibt es für jede:n ab drei Jahren Spannendes zu entdecken, denn hier kann sogar der Satz des Pythagoras angefasst werden. Ob Mathematik, Physik, Biologie, Ökologie, Chemie oder Informatik – das Motto „Wissenschaft begreifen“ wird hier wörtlich genommen. Zusätzlich zum Ausstellungsbesuch mit mehr als 80 interaktiven Exponaten kann in 30-minütigen Kursen unter Anleitung fachkundiger Mitarbeiter:innen zu wechselnden Themen experimentiert werden. Die abgegrenzte Wichtelwelt ist auf die Bedürfnisse der ganz Kleinen ab sechs Monaten abgestimmt. *Am Kanal 57, 14467 Potsdam, T: 0331-60127959, extavium.de*

Filmmuseum Potsdam

In der Potsdamer Innenstadt ist das älteste Filmmuseum Deutschlands zu finden. Hier können junge Cineast:innen spannende Kinderfilme schauen oder durch die Dauerausstellung „Traumfabrik – 100 Jahre Film in Babelsberg“ schlendern und sich am Museumsquiz erproben. Bis April 2023 wird die Wechselausstellung „Ich sehe was, was du nicht siehst“ von einer Vermittlungswerkstatt für Klein und Groß begleitet. *Breite Str. 1A, 14467 Potsdam, T: 0331-2718112, filmmuseum-potsdam.de*

tipp

Freilichtmuseum Domäne Dahlem

Direkt am U-Bahnhof Dahlem Dorf befindet sich dieses Museum für Landwirtschaft und Ernährung und lädt mit seinem weitläufigen Freigelände immer zu einem Familienausflug mit Bauernhof-Feeling ein. Neben herumlaufenden Nutztieren wie Hühnern, die man auch füttern darf, geht es hier um die Frage: „Woher kommt mein Essen?“. Die interaktive Erlebnisausstellung „Vom Acker bis zum Teller“ im Culinarium widmet sich der Kulturgeschichte der Ernährung von 1850 bis heute. Ein Besuch zu den jahreszeitlichen Festen und Märkten lohnt sich besonders. Neu ist das sonntägliche Kindertheater in Kooperation mit dem Galli-Theater. Dann werden neben dem Biergarten auf dem Gutshof an allen Sonntagen von Juli bis November Kindermärchen-Klassiker zum Besten gegeben. *Königin-Luise-Str. 49, 14195 Berlin-ZE, T: 6663000, domaene-dahlem.de*

tipp

Futurium

An der Spree zwischen Hauptbahnhof und Reichstagsgebäude steht das „Haus der Zukünfte", das bei freiem Eintritt dazu einlädt, sich mit den verschiedensten Fragen auseinanderzusetzen. Roboter-Menschen, begrünte Hochhäuser, gemeinschaftliche Ökonomie, Mobilität der Zukunft – im Futurium dreht sich alles um die Frage, wie wir zukünftig leben wollen. Das Futurium Lab ist ein Ort zum Ausprobieren: In kreativen Workshops können sich Jung und Alt spielerisch mit Zukunftstechnologien beschäftigen und an neuen Erfindungen tüfteln. Bausätze, Experimente und Mitmachstationen stehen bereit. Wer immer schon wissen wollte, wie ein 3D-Drucker oder ein Lasercutter funktioniert, sollte in der Werkstatt des Futurium Labs vorbeischauen. An Wochenenden finden Führungen und Workshops für Familien statt. *Alexanderufer 2, 10117 Berlin-MI, T: 40818970, futurium.de*

tipp

Gedenkstätte Berliner Mauer

Zwischen Mitte und Wedding liegt am ehemaligen Grenzstreifen der zentrale Erinnerungsort an die deutsche Teilung. Hier bieten am Originalschauplatz Tafeln Hintergrundwissen und das Dokumentationszentrum eine umfangreiche multi-mediale Ausstellung zur Mauer-Geschichte. Man kann das Gelände auf 1,4 Kilometern entlang der einstigen Grenze an der Bernauer Straße auf eigene Faust erkunden oder an einer der interessanten Führungen teilnehmen. *Bernauer Str. 111, 13355 Berlin-MI, T: 213085166, berliner-mauer-gedenkstaette.de*

Gemäldegalerie

Dürer, Rembrandt, Rubens – in der Gemäldegalerie kommen Kunstfans und Geschichtenliebhaber:innen auf ihre Kosten: Ob starke Held:innen oder Königskinder, ob schillernde Libellen oder unscheinbare Fliegen, hinter jedem Werk verbirgt sich eine spannende Geschichte. In Workshops und Ferienprogrammen erkundet ihr Gemälde und erprobt künstlerische Techniken. Die Themen wechseln. Mehrfach kommen lohnt sich! Das gesamte Veranstaltungsprogramm findet ihr auf der Website. Wie für alle Häuser der Staatlichen Museen gilt: Freier Eintritt für Kinder und Jugendliche bis 18 Jahren, Zeitfenstertickets sind online buchbar. *Matthäikirchplatz, Kulturforum Potsdamer Platz, 10785 Berlin-TI, T: 266424242, smb.museum*

Georg-Kolbe-Museum

Nach seinem Tod hat der Bildhauer Georg Kolbe verfügt, dass sein Atelier der Öffentlichkeit zugänglich gemacht werden soll. Seitdem kann man in dem Museum und seinem idyllischen Garten Werke des Künstlers und seiner Kolleg:innen begutachten. Bei Familienworkshops sind Erwachsene mit Kindern ab vier Jahren eingeladen, das Museum und die aktuelle Ausstellung in Begleitung geschulter Kunstvermittler*innen kennenzulernen und inspiriert von Kunst, Architektur und der Geschichte des Ortes gemeinsam kreativ zu werden. *Sensburger Allee 25, 14055 Berlin-CH, T: 3042144, georg-kolbe-museum.de*

Gropius-Bau

Zwischen Potsdamer Platz und Anhalter Bahnhof befindet sich eines der bedeutendsten Ausstellungshäuser Europas, das mit seinen wechselnden Schauen stets neue Erfahrungsräume zu verschiedenen Themen öffnet. JuGroBa steht für Junger Gropius Bau und widmet sich der Aufgabe, Jugendlichen mehr Zugang zu verschaffen. Ein super Tipp ist auch das Restaurant Beba im Gropius Bau von Cynthia Barcomi, Shani Leiderman und Infarm, dessen Speisekarte von traditionellen jüdischen Rezepten inspiriert ist. *Niederkirchnerstr. 7, 10963 Berlin-KR, T: 254860, gropiusbau.de*

Hamburger Bahnhof

Das alles kann Kunst sein? Zeitgenössische Kunst fasziniert und irritiert – Kinder wie Erwachsene. In gemeinsamen Streifzügen mit Mitarbeiter:innen der Bildung und Vermittlung diskutieren Kinder und ihre erwachsenen Begleitungen, ob man Kunst verstehen muss, ob Kunst schön sein muss, wann Kunst Kunst ist und was die Kinder selbst daran interessiert. Ein Ausstellungsbegleitheft leitet Kinder zum eigenständigen Erkunden ausgewählter Werke an. Das gesamte Veranstaltungsprogramm findet ihr auf der Website. Wie für alle Häuser der Staatlichen Museen gilt: Freier Eintritt für Kinder und Jugendliche bis 18 Jahren, Zeitfenstertickets sind online buchbar. *Invalidenstr. 50/51, 10557 Berlin-MI, T: 266424242, smb.museum*

tipp

Haus am Waldsee

Seit seiner Gründung 1946 bietet das Haus am Waldsee eine Plattform für zeitgenössische Kunst. Kinder werden hier immer mitgedacht: Neue Ausstellungen werden mit eigenen Kindervernissagen begrüßt und interaktive Führungen und Workshops bringen Kindern die Themen der jeweiligen Ausstellungen von Bildender Kunst über Architektur und Design bis zu Mode näher. Besonders empfehlenswert sind die Familiensamstage! Auch für kreative Kindergeburtstage ist das Haus mit seinem idyllischen Skulpturengarten ein wundervoller Ort. Der Ausflug lässt sich prima mit einem Abstecher in den Grunewald verbinden. *Argentinische Allee 30, 14163 Berlin-ZE, T: 8018935, hausamwaldsee.de*

KINDER-
TIPP

Die Berlinische Galerie macht Berlin auch für die Jüngsten als Stadt der Künstler:innen erlebbar!

SPASS AN DER (BERLINER) KUNST

Mavi
6 Jahre

Spielerisch Kunst entdecken und im Atelier Bunter Jakob selbst kreativ werden, das ist das Ziel des umfassenden Bildungsangebots im Museum für moderne Kunst. Kunstspaß für alle steht dabei im Vordergrund, sei es während einer Family Tour oder beim Werkeln im Offenen Atelier. Hier darf nach Herzenslust gemalt, gezeichnet und gebaut werden – und das Tolle ist: Farbverschmierte Finger oder Flecken und Farbkleckse gehören ganz selbstverständlich dazu, was kreative Kinder wie Mavi besonders freut. *Berlinische Galerie, Seite 58*

Haus Bastian – Zentrum für kulturelle Bildung

Mit seiner zentralen Lage bietet das Haus einen idealen Startpunkt, um in die Sammlungen der Museumsinsel auszuschwärmen und diese zu erkunden. Mit vielfältigen Materialien und Techniken finden Kinder und erwachsene Begleiter:innen eigene künstlerische Ausdrucksformen für ihre Entdeckungen. Das gesamte Veranstaltungsprogramm findet ihr auf der Website. *Am Kupfergraben 10, 10117 Berlin-MI, T: 266424242, smb.museum*

Haus der Brandenburgisch-preußischen Geschichte

Zehn bewegte Jahrhunderte brandenburgischer Geschichte kann man in der im April 2022 neu eröffneten Überblicksausstellung „Brandenburg.Austellung" erkunden. Historische Objekte, interaktive Stationen und anschauliche Modelle nehmen Land und Leute in den Blick. Dabei wird der Frage nachgegangen, was eigentlich „typisch Brandenburg" ist. An Entdecker:innen-Stationen können kleine Kinder spielerisch spannende Themen mit Puzzles, Geheimschriften, verzerrten Spiegeln und einem Stadtmodell erkunden. Für etwas ältere Kinder bietet ein Rätselheft eine spannende Schnitzeljagd durch die Ausstellung. *Am Neuen Markt 9, 14467 Potsdam, 0331-6208550, gesellschaft-kultur-geschichte.de*

tipp

Humboldt Forum

Ein Ort, an dem gleich mehrere Museen mit ihren Ausstellungen und Sammlungen Platz gefunden haben. Inzwischen sind alle Ausstellungsbereiche in dem Museumsneubau hinter historischen Fassaden eröffnet. Überall im Humboldt Forum finden drinnen und draußen diverse Angebote für Familien und Kinder verschiedenster Altersstufen statt. In der Eröffnungsausstellung des Humboldt Labors „Nach der Natur" wird der Fragestellung nachgegangen, wie Klimawandel, Artensterben und die Krise der Demokratie zusammenhängen. Im Keller kann man zu den Mauerreste des Berliner Schlosses herabsteigen und mehr über dessen Geschichte erfahren. Die interaktive Berlinausstellung BERLIN GLOBAL des Stadtmuseums wirft verschiedene Blicke auf die Stadt und ihre globale Vernetzung. Dort lädt das WELTSTUDIO zum Mitmachen und Verweilen ein, öffentliche Familienführungen greifen „Geschichten aus Berlin und der Welt" auf. Das Ethnologische Museum und das Museum für Asiatische Kunst zeigen im Westflügel auf 16.000 Quadratmetern Neupräsentationen ihrer Sammlungen, deren Geschichte im Rahmen öffentlicher Führungen und Workshops kritisch beleuchtet wird. Genau das soll das Humboldtforum sein: ein Ort des Diskurses, an dem sich möglichst viele Stimmen beteiligen. Abgesehen davon ist es ein imposanter neuer Stadtort, für dessen Erkundung man weit mehr als einen Besuch braucht. *Schloßplatz 1, 10178 Berlin-MI, T: 2659500, humboldtforum.org*

Illuseum Berlin

Hier täuschen amüsante und verblüffende Ausstellungsstücke die Sinne der Besucher:innen und führen sie hinters Licht. So schrumpfen Eltern im Ames-Raum und einfach aussehende Holzspielzeuge bringen die Köpfe zum Qualmen. Kinder können selbst Teil der optischen Täuschungen werden und lernen dabei auf eine interaktive Weise, wie leicht sich das Gehirn austricksen lässt und wie oft Dinge ganz anders sind, als sie auf den ersten Blick scheinen. Auch Kindergeburtstage können hier zelebriert werden, was auch noch für Teenager ein cooles Vergnügen ist. *Karl-Liebknecht-Str. 9, 10178 Berlin-MI, T: 25784117, illuseum-berlin.de*

Jagdschloss Grunewald

Direkt am Ufer des Grunewaldsees steht Berlins ältester Schlossbau, den Mitte des 16. Jahrhunderts der Kurfürst Joachim II. von Brandenburg errichten ließ. Während er sich dort damals nach der Jagd ausruhte, kann man heute Berlins größte Cranach-Sammlung und eine Herrschergalerie mit faszinierenden Einblicken in die Entwicklung der Porträtkunst von Renaissance bis Romantik bestaunen. Ein Besuch lohnt auch immer, wenn das Galli Theater Berlin hier Märchen für Kinder aufführt. *Hüttenweg 100, 14193 Berlin-ZE, T: 8133597, spsg.de*

James-Simon-Galerie

Die James-Simon-Galerie ist das Eingangsportal zur Museumsinsel. Neben Tickets und Informationen zu allen Häusern finden Besucher:innen hier ein Café, einen Museumsshop, ein Auditorium und einen Raum für Sonderausstellungen. Das Gebäude dient zudem als Zugang zum Pergamonmuseum und über die unterirdische Archäologische Promenade als einer von zwei Zugängen zum Neuen Museum. Café und Restaurant mit Außenterrasse sind auch außerhalb der Öffnungszeiten zugänglich. *Am Kupfergraben 10, 10117 Berlin-MI, T: 266424242, smb.museum*

Jüdisches Museum Berlin

Die Dauerausstellung präsentiert die Geschichte des jüdischen Lebens in Deutschland von ihren Anfängen bis in die unmittelbare Gegenwart interaktiv und facettenreich. Audioguides und Führungen für Schulklassen und Jugendliche vermitteln eindrucksvoll die Vielfalt der jüdischen Kultur. Auch architektonisch ist das Jüdische

Museum eindrucksvoll – an das Barockgebäude schließt sich der Zickzack-Bau aus Titanzink an, der genau wie der Glashof von Architekt Daniel Libeskind entworfen wurde. *Lindenstr. 9-14, 10969 Berlin-KR, T: 25993300, jmberlin.de*

tipp

Jugend im Museum

Der Verein, der sich seit mehr als 40 Jahren darum kümmert, Kindern und Jugendlichen mit Freude den reichen Kulturschatz der Berliner Museen- und Ausstellungslandschaft zu vermitteln, betreut auch das Atelier Bunter Jakob in der Berlinischen Galerie. Dort können Kinder jede Woche kostenlos an dem kreativen Programm teilnehmen. Ansonsten bespielt JiM eine Vielzahl von Kulturorten mit seinen tollen Workshops, Ferienkursen und Kindergeburtstagsangeboten.
T: 50590771, jugend-im-museum.de

Jugend Museum im Schöneberg Museum

Der interkulturelle Erlebnisort ermöglicht Besucher:innen zwischen zehn und 18 Jahren sowie Familien einen interessengeleiteten Zugang zu Berlins Geschichte und den Menschen, die hier leben. So können in der Ausstellung „Wunderkammern – Wunderkisten“ 27 große Kisten erkundet werden, die kostbare, wundersame als auch alltägliche Dinge in sich bergen. Familiensonntage laden zu kreativen Nachmittagen in die Kreativwerkstatt und die Ausstellungen ein. *Hauptstr. 40-42, 10827 Berlin-SB, T: 902776163, museen-tempelhof-schoeneberg.de*

neu

Käthe-Kollwitz-Museum

Nach 36 Jahren an der Fasanenstraße zog das Käthe-Kollwitz-Museum im Herbst 2022 an seinen neuen Standort, dem Theaterbau am Schloss Charlottenburg. Hier präsentiert sich der Kulturort mit einer neu konzipierten Sammlungsausstellung mit über 100 Werken der berühmten Grafikerin und Bildhauerin Käthe Kollwitz. Geburtstagskinder ab acht Jahren feiern hier super Geburtstag und entdecken, dass auch Käthe Kollwitz Feste liebte. *Spandauer Damm 10, 14059 Berlin-CH, T: 8825210, kaethe-kollwitz.berlin*

Kinderbuchmuseum im Havelland

75 Kilometer von Berlin entfernt, lädt das Kinderbuchmuseum ebenso wie das benachbarte Spielzeugmuseum Besucher:innen ab fünf Jahren zum Eintauchen in die Kinderwelt vergangener Zeiten ein. Zu sehen sind Beispiele aus der Anfangszeit des Bilderbuchs und zauberhaft illustrierte Jugendstil-Exemplare. Auch ABC-Bücher und Fibeln aus rund 200 Jahren Kinderbuchgeschichte gehören zum Bestand. *Schulweg 1, 14728 Kleßen, T: 033235-29311, kinderbuchmuseum-havelland.de*

TOLL, WENN BESUCH KOMMT

Berlin ist immer eine Reise wert! Stimmt, und so kommen Familie und Freundeskreis häufiger mal zu Besuch. Und wir spielen doch liebend gerne Touris in der eigenen – sich immer noch stetig wandelnden – Stadt!

1 Kultur und Kommerz

Kaum ein Areal hat in den letzten 30 Jahren eine derartige Verwandlung durchgemacht wie Potsdamer und Leipziger Platz. Aktuell werden die Potsdamer Platz Arkaden zu „The Playce" mit Food Mall und Familien-Entertainment-Center „Mission Play!" umgestaltet. So lassen sich dort und in der Mall of Berlin ausgiebige Shoppingbummel mit Besuchen im LEGOLAND Discovery Centre, Studio of Wonders, in den Museen am Kulturforum, bei der Blue Man Group oder einem Konzert in der Philharmonie verbinden – da ist für jeden Geschmack was dabei! *potsdamerplatz.de; mallofberlin.de; Legoland Discovery Centre, Seite 191; Studio of Wonders, Seite 194; Museen am Kulturforum, Seite 64, 70, 74; Stage BLUEMAX Theater, Seite 89; Berliner Philharmoniker, Seite 81*

2 Schippern und Sights

Vom Wasser aus sieht man Berlin, seine neuen und alten Bauten und Sehenswürdigkeiten an den Ufern von Spree und Landwehrkanal aus anderen Perspektiven. Und das an der frischen Luft, ohne sich selbst fortbewegen zu müssen. Angenehm für alle, besonders diejenigen, die nicht mehr so gut zu Fuß sind. *Bootstouren ab Seite 97*

3 Schmausen und Schauen

Auch am Alexanderplatz soll sich in Zukunft einiges in puncto Wolkenkratzer tun. Was bleibt, ist der super Blick über Berlin und seine Baustellen vom Fernsehturm aus. Im Drehrestaurant Sphere frühstücken, Kaffee trinken oder essen zu gehen, bleibt garantiert allen Familienmitgliedern und Besucher:innen im Gedächtnis. *Fernsehturm, Seite 94*

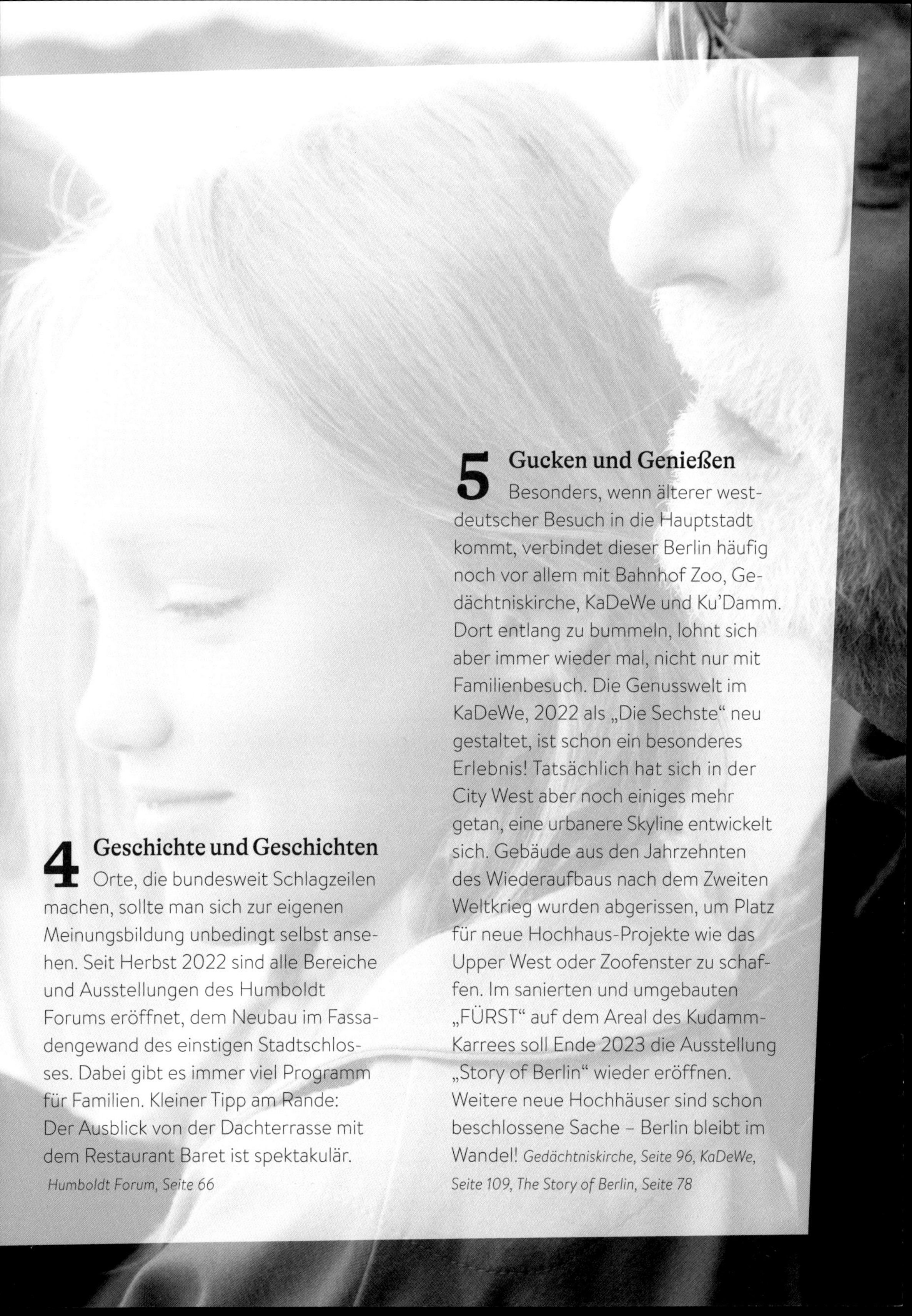

4 Geschichte und Geschichten

Orte, die bundesweit Schlagzeilen machen, sollte man sich zur eigenen Meinungsbildung unbedingt selbst ansehen. Seit Herbst 2022 sind alle Bereiche und Ausstellungen des Humboldt Forums eröffnet, dem Neubau im Fassadengewand des einstigen Stadtschlosses. Dabei gibt es immer viel Programm für Familien. Kleiner Tipp am Rande: Der Ausblick von der Dachterrasse mit dem Restaurant Baret ist spektakulär.

Humboldt Forum, Seite 66

5 Gucken und Genießen

Besonders, wenn älterer westdeutscher Besuch in die Hauptstadt kommt, verbindet dieser Berlin häufig noch vor allem mit Bahnhof Zoo, Gedächtniskirche, KaDeWe und Ku'Damm. Dort entlang zu bummeln, lohnt sich aber immer wieder mal, nicht nur mit Familienbesuch. Die Genusswelt im KaDeWe, 2022 als „Die Sechste" neu gestaltet, ist schon ein besonderes Erlebnis! Tatsächlich hat sich in der City West aber noch einiges mehr getan, eine urbanere Skyline entwickelt sich. Gebäude aus den Jahrzehnten des Wiederaufbaus nach dem Zweiten Weltkrieg wurden abgerissen, um Platz für neue Hochhaus-Projekte wie das Upper West oder Zoofenster zu schaffen. Im sanierten und umgebauten „FÜRST" auf dem Areal des Kudamm-Karrees soll Ende 2023 die Ausstellung „Story of Berlin" wieder eröffnen. Weitere neue Hochhäuser sind schon beschlossene Sache – Berlin bleibt im Wandel! *Gedächtniskirche, Seite 96, KaDeWe, Seite 109, The Story of Berlin, Seite 78*

KinderKünsteZentrum

tipp

Ein wenig versteckt hinter dem Stadtbad Neukölln findet man Kunst von Kindern für Kinder. In Workshops arbeiten Kitas mit Künstler:innen zusammen und präsentieren anschließend ihre Werke in großartigen Mitmach-Ausstellungen – 2023 wird es dort beispielsweise um das Experimentieren mit Kunst und Mathematik gehen. Das schöne Gebäude mit dem idyllischen Garten ist auch Spielort von Familienkonzerten für Kinder ab zwei Jahren. *Ganghofer Str. 3, 12043 Berlin-NK, T: 89390730, kinder-kuenste-zentrum.de*

Kindermuseum unterm Dach

In der Alten Mälzerei erwartet euch die Erlebnis-Mitmach-Ausstellung „Iss dich schlau – Von Apfel bis Zimt". Kinder können dort zu „Essperten" werden und einiges über gesunde Ernährung, Nachhaltigkeit und Lebensmittelproduktion lernen. Die Sonderausstellung „Ich bin Meer" vermittelt Kindern ab vier Jahren Wissen über die „Welt der Meere" und wie man sie von Müll und Plastik befreien kann. Jedes Wochenende und an Donnerstagnachmittagen finden im Museum kostenlose Aktionen für Kinder statt. *Steinstr. 41, 12307 Berlin-TE, T: 90277-3788, kindermuseum-unterm-dach.berlin*

KINDL Zentrum für zeitgenössische Kunst

tipp

Das ehemalige Brauereigelände mitten in Neukölln hat sich in ein spannendes Zentrum für zeitgenössische Kunst mit wechselnden Ausstellungsprojekten verwandelt. Man kann diese regelmäßig bei öffentliche Führungen erkunden. Neu seit November 2022 bietet das Kunstvermittlungsteam des KINDL alle zwei Monate einen kostenfreien Workshop für Familien mit Kindern ab drei Jahren an. Das Café Babette und Babette's Garden sorgen für einen gelungenen Abschluss des Kunstausflugs oder man macht noch einen Abstecher aufs nicht allzu weit entfernte Tempelhofer Feld. *Am Sudhaus 3, 12053 Berlin-Neukölln, T: 832159120, kindl-berlin.de*

KLAX Kinderkunstgalerie

In der Kinderkunstgalerie wurde bis Oktober 2022 die immense Schöpfungskraft von Kindern in vielen Austellungen und Mitmachprojekten gewürdigt. Es bleibt zu hoffen, dass das wertvolle Programm 2023 wieder aufleben kann. *Schönhauser Allee 58A, 10437 Berlin-PB, T: 34745346, klax.de*

KÖRPERWELTEN im Menschen Museum

In dem Museum am Fuße des Fernsehturms gehen Neugierige ab sechs Jahren auf eine kindgerechte Reise durch die Komplexität des menschlichen Körpers. Warum brechen Knochen? Und was passiert, wenn wir tief Luft holen? Hier erfährt Groß und Klein alles über die lebenswichtigen Funktionen und faszinierenden Fähigkeiten des eigenen Körpers und entdeckt spannende Gemeinsamkeiten und Unterschiede zwischen der Anatomie von Mensch und Tier. *Panoramastr. 1A, 10178 Berlin-MI, koerperwelten.de*

Kunstgewerbemuseum

Warum gibt es in diesem Museum neben Schätzen auch ganz alltägliche Objekte wie beispielsweise Plastikstühle? Was ist Design? Ist Mode Kunst? Auf Streifzügen durch das Museum erkunden Kinder und ihre erwachsene Begleitung außergewöhnliche und alltägliche Objekte und hinterfragen deren Funktionalität, Schönheit oder Zweckmäßigkeit. Das gesamte Veranstaltungsprogramm findet ihr auf der Website. Wie für alle Häuser der Staatlichen Museen gilt: Freier Eintritt für Kinder und Jugendliche bis 18 Jahren, Zeitfenstertickets sind online buchbar. *Matthäikirchplatz, Kulturforum Potsdamer Platz, 10785 Berlin-TI, T: 266424242, smb.museum*

Labyrinth Kindermuseum

tipp

In dem alten Fabrikgebäude an der Osloer Straße ist das Kindermuseum zu finden, in dem noch bis Sommer 2023 die Erlebnisausstellung „Natürlich heute! Mitmachen für morgen" Kinder ab drei Jahren einlädt. In einer Entdeckungsreise durch sechs kreative Landschaften können Kinder auf spielerische Weise Umweltschutz und Nachhaltigkeit mit ihrem Alltag verknüpfen. Kleine Geburtstagskinder dürfen hier eine Wilde-Welt-Party feiern: Enthalten ist in jedem Fall die Erkundung der Ausstellung, viel Wissensgewinn und Spaß rund um Umweltschutz und Nachhaltigkeit. Toll sind auch immer die Ferienangebote, in dem einzigartigen Kindermuseum, das 2022 seinen 25. Geburtstag feiern konnte. *Osloer Str. 12, 13359 Berlin-WE, T: 800931150, labyrinth-kindermuseum.de*

Liebermann-Villa am Wannsee mit Garten

Inspiriert vom idyllischen Garten seines Sommerhauses am Ufer des Wannsees schuf Max Liebermann mehr als 200 Gemälde und eine Vielzahl an Pastellen und Grafiken. Eine Auswahl der Gartengemälde kann man in der Dauerausstellung entdecken, daneben finden auch stets interessante Sonderausstellungen statt. Die traumhafte Lage macht das Künstlerhaus zu einem schönen Familienausflugsziel. Bei der Kinder-Rallye können alle ab vier Jahren Museum und Garten erkunden und dabei spielerisch mehr über den Künstler erfahren. *Colomierstr. 3, 14109 Berlin-ZE, T: 80585900, liebermann-villa.de*

KINDER-
TIPP

EVOLUTION HAUTNAH

Nicht nur Dinosaurierfans kommen im Museum für Naturkunde Berlin ins Staunen!

Sich auf eine eigene Forschungsreise begeben und Evolution in Aktion erleben, das ist hier möglich, nicht nur für Kinder mit großer Entdecker:innenlust wie Alma. Die einzigartige Sammlung umfasst mehr als 30 Millionen Objekte aus Zoologie, Paläontologie, Geologie und Mineralogie. Auge in Auge mit den riesigen Echsen staunen alle Besucher:innen. Spektakuläre neue Dinosaurierfossilien im Original sind übrigens noch bis Ende 2023 in einer Sonderausstellung zu bewundern.

Museum für Naturkunde Berlin, Seite 73

Alma
8 Jahre

tipp

MACHmit! Museum für Kinder

Der Name ist seit 30 Jahren Programm, denn hier kann alles ausprobiert werden, was die kleinen Besucher:innen ab drei Jahren in die Hände bekommen. Das unbestrittene Highlight in dem ehemaligen Kirchengebäude ist das sieben Meter hohe Kletterregal, mit dem inzwischen ganze Generationen aufgewachsen sind. „Spielen ist Leben" lautet das Motto des Kindermuseums, das seit seiner Gründung 1992 darin bestrebt ist, außerschulische nonkonforme Selbstbildungsprozesse voranzutreiben. So sind das Mitmachprogramm und die interaktiven Sonderausstellungen immer Garanten für eine gute Zeit mit Kindern, die zugleich Bewegungshunger und Wissensdurst stillt. Die aktuelle Ausstellung „Bücher sind Lebensmittel" läuft noch bis Juni 2023, dazu werden monatlich wechselnde MACHmit!-Aktionen angeboten. *Senefelderstr. 5, 10437 Berlin-PB, T: 74778200, machmitmuseum.de*

Märkisches Museum

Das Märkische Museum und das benachbarte Marinehaus werden zum Zentrum des neuen Museums- und Kreativquartiers am Köllnischen Park ausgebaut. Zum Jahreswechsel 2022/23 schließt das Museum daher für eine umfassende Sanierung vorübergehend. Nach der Wiedereröffnung, die für 2025/26 geplant ist, wird das Märkische Museum – mit seinem dann erstmals seit dem Zweiten Weltkrieg wieder zugänglichen Turm – Räume für eine Dauerausstellung zur Geschichte Berlins, für Sonderausstellungen sowie für Vermittlungs- und Beteiligungsangebote bieten. Im Marinehaus sollen Werkstätten, Veranstaltungsräume sowie ein erweitertes gastronomisches Angebot entstehen. *Am Köllnischen Park 5, 10179 Berlin-MI, T: 24002162, stadtmuseum.de*

Monsterkabinett

Das Monsterkabinett entführt in einen sinnlich erfahrbaren Kunstraum der besonderen Art: Alle Besucher:innen ab sechs Jahren erwartet ein „Gesamtkunstwerk" der Berliner Künstler:innengruppe Dead Chickens, das der Technik Leben einhaucht. Kinetische, pneumatische und digital gesteuerte Objektkunst werden mit theatralen Mitteln und Musikkompositionen in Szene gesetzt. Kunstbegeisterte, Freund:innen der Erfinder:innenkunst, Berlin-Interessierte wie auch Manga- und Anime-Fans kommen hier voll auf ihre Kosten – bei den Führungen kann man in den charmant monströsen Berliner Underground abtauchen. *Rosenthaler Str. 39, 2. Hinterhof, 10178 Berlin-MI, monsterkabinett.de*

Museum Barberini Potsdam

Ausgehend von den Werken der Sammlung des Stifters und Mäzens Hasso Plattner präsentiert das Museum wechselnde Ausstellungen mit Themen, die von den Alten Meistern bis zu zeitgenössischer Kunst reichen. Es gibt es Führungen für Familien, Workshops für Kinder und Angebote für Eltern mit Babys. Für 2023 sind unter anderem die Ausstellungen: „Sonne. Die Quelle des Lichts in der Kunst" und „Munch. Lebenslandschaft" geplant. *Humboldtstr. 5/6, Alter Markt, 14467 Potsdam, T: 0331-236014499, museum-barberini.com*

Museum Charlottenburg-Wilmersdorf in der Villa Oppenheim

Die Gründerzeitvilla an der Charlottenburger Schloßstraße ist heute Sitz des Museums für die hiesige Bezirksgeschichte, welches auch eine beachtliche Kunstsammlung beherbergt. Regelmäßig stehen spannende Rallyes, interessante Workshops oder tolle Stadtspaziergänge für

Kinder und Familien auf dem Programm. *Schloßstr. 55, 14059 Berlin-CH, T: 902924106, villa-oppenheim-berlin.de*

Museum Europäischer Kulturen

Was hat die Mode des letzten Jahrhunderts mit mir zu tun? Kinder und Familien sind eingeladen die Alltagskultur und Lebenswelten in Europa vom 18. Jahrhundert bis heute zu erkunden. Die Ausstellungen und Angebote stellen dabei stets einen Bezug der historischen Sammlung zu aktuellen Themen her. Noch bis Mai 2024 läuft die Ausstellung „ALL HANDS ON: Flechten" mit tollen Mitmachangeboten für Kinder. Das gesamte Veranstaltungsprogramm findet ihr auf der Website. Wie für alle Häuser der Staatlichen Museen gilt: Freier Eintritt für Kinder und Jugendliche bis 18 Jahren, Zeitfenstertickets sind online buchbar. *Arnimalle 25, 14195 Berlin-ZE, T: 266424242, smb.museum*

tipp

Museum FLUXUS+

Der Name der in den 1960er-Jahren entstandenen Kunstrichtung Fluxus bezeichnet einen fließenden Übergang von Kunst und Leben. Ihre Vertreter:innen setzten sich für ein neues Kunstverständnis sowie für Demokratie und Menschenrechte ein. Das Potsdamer Museum präsentiert eine Vielzahl ihrer Werke und möchte auch in seinen Familienprogrammen das Verständnis für zeitgenössische Kunst erweitern. Für Eltern mit Babys gibt es nach Anmeldung eine spezielle Führung durch das Kunsthaus. *Schiffbauergasse 4F, 14467 Potsdam, T: 0331-6010890, fluxus-plus.de*

tipp

Museum für Kommunikation

Einer der Kulturorte, den wir immer wieder gerne empfehlen. Denn in diesem Museum versteht man es, die Geschichte, Gegenwart und Zukunft der Kommunikation spannend und kreativ zu vermitteln. Vom Faustkeil bis zum Smartphone, vom Briefkasten bis zur Mailbox werden alle Meilensteine beleuchtet. An Familiensonntagen dürfen rätselhafte Codes entschlüsselt und unsichtbare Briefe geschrieben werden. Die Dauerausstellung ist ebenso sehenswert wie die Sonderausstellungen. Bis Sommer 2023 können in „STREIT. Eine Annäherung" die Entwicklungen, Herausforderungen und die Relevanz von Streit aus historischer, kommunikativer, politischer und persönlicher Perspektive untersucht werden. *Leipziger Str. 16, 10117 Berlin-MI, T: 202940, mfk-berlin.de*

tipp

Museum für Naturkunde

Es zählt bei Kindern und Familien zu den beliebtesten Museen der Stadt – und das völlig zu Recht, bietet es doch vielseitige Formate wie Kindersonntage, Ferienprogramme und Führungen zu den unterschiedlichsten Themen von Artenschutz bis Mineralien. Highlights sind natürlich der Dinosauriersaal und die Wand der biologischen Vielfalt mit mehr als 3.000 verschiedenen Tierarten und Mineralien. Richtig tolle Erlebnisse bieten auch Taschenlampenführungen und – besonders begehrt, daher lange im Voraus zu planen – Kindergeburtstagsfeiern im Museum. Es gibt große Planungen für die Zukunft des Museums als Teil eines neuen Wissenschaftscampus und gute News: Das berühmte Dinosaurierskelett Tristan Otto ist aus Kopenhagen zurück und Teil der neuen Sonderausstellung „Dinosaurier! Zeitalter der Riesenechsen". *Invalidenstr. 43, 10115 Berlin-MI, T: 8891408591, museumfuernaturkunde.berlin*

Museum in der Kulturbrauerei

Die Dauerausstellung zur Alltagskultur in der DDR kann kostenfrei besucht werden. Kindern lernen, womit in der Deutschen Demokratischen Republik gespielt und Freizeit verbracht wurde. Familien gehen auf Spurensuche durch die Historie der DDR und erkunden zusammen, wie der Alltag für die Menschen aussah. Empfehlenswert ist auch der Kiezspaziergang „Geschichte(n) für Groß und Klein" für Familien durch Prenzlauer Berg. Wer Lust hat, kann auch am zweiten Standort vorbeischauen, dem Tränenpalast am Bahnhof Friedrichstraße. Auch dort gibt es viele spannende Angebote für Kinder und Familien! *Knaackstr. 97, 10435 Berlin-PB, Tränenpalast: Reichstagsufer 17, 10117 Berlin-MI, T: 467777911, hdg.de*

Museum Knoblauchhaus

Hir kann man in die Welt des Biedermeier eintreten. Sorgsam rekonstruierte Wohnräume zeigen, wie hier vor 200 Jahren die Familie Knoblauch lebte und ihr Unternehmen betrieb. So lernt man anschaulich die damalige Wohnkultur und das Lebensgefühl kennen. Im neuen Ausstellungsbereich „Berliner Salon" kann man zudem befreundeten Personen der Familie Knoblauch begegnen: darunter so berühmte Menschen wie der Baumeister Karl Friedrich Schinkel und die Gelehrten Wilhelm und Alexander von Humboldt. Ab Frühjahr 2023 wird es auch zwei Kindergeburtstagsprogramme geben: „Zu Besuch bei Henriette Knoblauch" und „Carl und die Geheimbotschaft". *Poststr. 23, 10178 Berlin-MI, T: 24002 162, stadtmuseum.de/knoblauchhaus*

Museum Nikolaikirche

Seit fast 800 Jahren ziert die Nikolaikirche das Berliner Stadtbild. Wer hierher kommt und die Stufen in das aus Feldstein gemauerte Untergeschoss des Doppelturms hinabsteigt, der entdeckt die wohl ältesten Räume

Berlins. Die im Museum beherbergte Dauerausstellung gibt Einblicke in die Geschichte des Bauwerks sowie die des benachbarten Nikolaiviertels. *Nikolaikirchplatz, 10178 Berlin-MI, T: 24002161, stadtmuseum.de*

tipp

Museumsdorf Düppel

In dem saisonal geöffneten Freiluftmuseum dreht sich alles um das Leben im Mittelalter. Von Ostern bis Anfang November gehen große und kleine Besucher:innen auf eine wahre Zeitreise und entdecken mittelalterliche Lebensweisen sowie spannende Handwerkstechniken. An Wochenenden und in den Ferien locken tolle Mitmach-Aktionen. Zwei Themeninseln beleuchten die Lebenswelt der Bienen und das umfassende Thema der Biodiversität. *Clauertstr. 11, 14163 Berlin-ZE, T: 8026671, dueppel.de*

Musikinstrumenten-Museum

Mittlerweile kann das Museum des Staatlichen Instituts für Musikforschung rund 3.600 Instrumente der europäischen Kunstmusik vom 16. bis zum 21. Jahrhundert zu seinem Besitz zählen. Dabei beherbergt das Museum in seinem virtuellen Kuriositätenkabinett Seltsames wie das Wurstfagott oder das Nähtischklavier. Regelmäßig finden öffentliche Führungen durch die Schausammlung mit Klangbeispielen oder Kinderworkshops statt. Jeden zweiten Freitag können Kinder ab fünf Jahren bei „Probier's aus!“ im MiM-Kids Lab verschiedene Instrumente ausprobieren und herausfinden, welches zu ihnen passt. Auch die Familienführungen und Familienkonzerte sind empfehlenswert! *Tiergartenstr. 1, Eingang: Ben-Gurion-Str., 10785 Berlin-TI, T: 25481178, simpk.de*

tipp

Naturkundemuseum Potsdam

Das Naturkundemuseum in Berlins Nachbarschaft ist ein toller Tipp für kleine und große Naturfreund:innen und Forscher:innen. Im ehemaligen Ständehaus der Zauche direkt in der historischen Innenstadt können Familien die bunte Tierwelt Brandenburgs entdecken – vom Adler bis zum Wolf. Euch erwarten spektakuläre Tierpräparate, nachgestellte Lebensräume in verschiedenen Dioramen und zahlreiche Angebote. Noch bis zum August 2023 läuft die Sonderausstellung „SUS100 – Mensch verändert Schwein“ zur Schweinezucht der letzten 100 Jahre, in der auch erklärt wird, warum Schweine rosa aussehen! Kinder entdecken die Ausstellung mit dem Ferkel Susi, das auf den Info-Tafeln zu finden ist. Im Museum werden Ferienaktionen, Familienführungen, Kunstkurse sowie Taschenlampenführungen angeboten und Kindergeburtstage gefeiert. Eltern mit kleinen Babys können sich monatlich in einer Führung für die künftigen Fragen ihrer Kinder schlau machen! Für blinde und seheingeschränkte Kinder ab sechs Jahren werden die Exponate des Museums in einer Spezialführung erfahrbar. Voraussichtlich Mitte 2023 soll auch die Aquarienanlage nach ihrer umfassenden Sanierung wieder eröffnet werden. *Breite Str. 13, 14467 Potsdam, T: 0331-2896707, naturkundemuseum-potsdam.de*

Neue Nationalgalerie

Seit August 2021 nach sechsjähriger Sanierungszeit wiedereröffnet, könnt ihr Mies van der Rohes Architekturikone und die dort ausgestellte Kunst besuchen. Neben aktuellen Sonderausstellungen lockt die neue Sammlungspräsentation mit über 250 Werken hochrangiger Künstler:innen aus der Zeit von 1900 bis 1945. Ob in Veranstaltungen oder auf eigene Faust mit dem Ausstellungsbegleiter für Familien – vermesst das Gebäude, untersucht die Kunstwerke und macht die Neue Nationalgalerie zu eurer Bühne! Das gesamte Veranstaltungsprogramm findet ihr auf der Website. Wie für alle Häuser der Staatlichen Museen gilt: Freier Eintritt für Kinder und Jugendliche bis 18 Jahren, Zeitfenstertickets sind online buchbar. *Potsdamer Str. 50, Kulturforum Potsdamer Platz, 10785 Berlin-TI, T: 266424242, smb.museum*

Neues Museum

Hatte Nofretete Kinder? Wie liest man Hieroglyphen? Wie präpariert man Mumien? Welche Geschichte steckt hinter dem „Elch am Hansaplatz“ oder dem „Neandertaler von Le Moustier“? Kinder und Familien können die facettenreiche Ausstellung im Neuen Museum entdecken. Die Themen der Veranstaltungen wechseln, Mehrfachkommen lohnt sich also! Das gesamte Veranstaltungsprogramm findet ihr auf der Website. Wie für alle Häuser der Staatlichen Museen gilt: Freier Eintritt für Kinder und Jugendliche bis 18 Jahren, Zeitfenstertickets sind online buchbar. *Bodestr. 1-3, 10178 Berlin-MI, T: 266424242, smb.museum*

Oderbruch Museum Altranft

Das Umland hat eine Menge zu bieten – Naturlandschaften und einige kulturelle Highlights wie dieses Kleinod im Oderbruch. Kinder kommen hier auf ihre Kosten, denn das ganze Museum ist zum Anfassen konzipiert. So auch die riesige Murmelbahn, welche die Wasserläufe in der Kulturlandschaft darstellt. In der Museumswerkstatt im Schloss können sich Kinder und Jugendliche bei Workshops ausprobieren und der Talk Walk führt durch das einstige Fischer:innendorf und lässt einen an verschiedenen Hörstationen die Kulturlandschaft Oderbruch mit ihrem einmaligen Wassersystem, ihren Menschen und

Kulturorten entdecken. Für die kleine Geburtstagsgesellschaft gibt es eine Koch-, Stempel und Hörspielwerkstatt. *Am Anger 27, 16259 Bad Freienwalde OT Altranft, T: 03344-333911, oderbruchmuseum.de*

PalaisPopulaire

Das Vermittlungsangebot des Ausstellungshauses widmet sich der Kunst, Musik und Literatur, wobei die kostenlose Förderung der Kreativität groß geschrieben wird. Jeden ersten Sonntag im Monat stehen hier Kinder ab sechs Jahren im Mittelpunkt: Mal gibt es beim SundayPopulaire Kunst, Musik oder eine Kinderbuchlesung. Parallel dazu können Eltern an Überblicksführungen gratis teilnehmen. *Unter den Linden 5, 10117 Berlin-MI, T: 2020930, db-palaispopulaire.com*

Pergamonmuseum

Tempel, Tore und Paläste – Kinder und Familien erkunden am Wochenende gemeinsam das Pergamonmuseum auf der Museumsinsel. Mal stehen die großen antiken Bauwerke im Mittelpunkt, mal wird der Blick auf Tierdarstellungen oder orientalische Muster gelenkt, mal geht es auf Entdeckungsreise in den Orient oder nach Mesopotamien. Die Teppichsäle im Museum für Islamische Kunst, Antike Architekturen und Islamische Kulturen sind nur drei der vielfältigen Dauerausstellungen. Wie für alle Häuser der Staatlichen Museen gilt: Freier Eintritt für Kinder und Jugendliche bis 18 Jahren, Zeitfenstertickets sind online buchbar. *Am Kupfergraben 5, Museumsinsel, 10117 Berlin-MI, T: 266424242, smb.museum*

Pergamonmuseum. Das Panorama

Das Studio des Künstlers Yadegar Asisi hat für das besondere 360-Grad-Ausstellungsprojekt das Panorama einer besonderen antiken Stadt wieder aufleben lassen. Es führt die Besucherinnen und Besucher zurück in das Jahr 129 n. Chr. und zeigt ihnen die antike Stadt Pergamon an der kleinasiatischen Westküste. Zudem werden etwa 80 der wichtigsten Werke der Antikensammlung gezeigt. Wie für alle Häuser der Staatlichen Museen gilt: Freier Eintritt für Kinder und Jugendliche bis 18 Jahren, Zeitfenstertickets sind online buchbar. *Am Kupfergraben 2, 10117 Berlin-MI, T: 266424242, smb.museum*

Potsdam Museum

Das Stadtmuseum in Potsdams historischer Mitte präsentiert vielfältige Objekte. In der ständigen Ausstellung begeben sich Besucher:innen auf einen Spaziergang durch über 1.000 Jahre Potsdamer Geschichte und entdecken, wie sich die Stadt im Laufe der Zeit gewandelt hat. Für Kinder und Jugendliche gibt es ein abwechslungsreiches museumspädagogisches Angebot. Die Führung „KIDS ON BOARD“ richtet sich an Eltern mit Babys und Kleinkindern und bietet die Gelegenheit, sich nach einem Rundgang durch die Ausstellung beim gemeinsamen Kaffeetrinken im Museumscafé „Café Central“ auszutauschen. *Am Alten Markt 9, 14467 Potsdam, T: 0331-2896868, potsdam-museum.de*

Puppentheater-Museum Berlin

Ein Anliegen des Museums ist es, über die Geschichte des Puppentheaters zu informieren, vergangene Spielformen aufzuzeigen und so Interesse zu wecken für das Puppen-und Figurentheater von heute. In jährlich wechselnden Ausstellungen werden immer neue Themen vermittelt. Spielerische Führungen sowie Puppentheateraufführungen, Märchenerzählungen, Lesungen und Workshops für Kinder ab drei Jahren und Erwachsene ergänzen das Programm. Das Workshop-Angebot bietet dem Alter und den individuellen Fähigkeiten angepasstes, gemeinsames kreatives Arbeiten. Gerne werden im Museum und dem kleinen dazugehörigen Café auch Kindergeburtstage gefeiert. *Karl-Marx-Str. 135, 12043 Berlin-NK, T: 98378131, puppentheater-museum.de*

Sammlung Scharf-Gerstenberg

Das Gebäude der Sammlung ist wie das gegenüberliegende Museum Berggruen ein klassizistischer Stüler-Bau und vervollständigt das Ensemble am Schloss Charlottenburg, das kunst- und geschichtsinteressierte Familien lockt. Lesende Esel, verrückte Kühe, tanzende Stiere – in der Sammlung Scharf-Gerstenberg steht die Welt Kopf! Was dachten sich die Künstler:innen dabei? Was denken Kinder darüber? Auf welche verrückten Ideen bringen die Werke Kinder? Das gesamte Veranstaltungsprogramm findet ihr auf der Website. Wie für alle Häuser der Staatlichen Museen gilt: Freier Eintritt für Kinder und Jugendliche bis 18 Jahren, Zeitfenstertickets sind online buchbar. *Schloßstr. 70, 14059 Berlin-CH, T: 266424242, smb.museum*

neu

Samurai Museum Berlin

Jahrhundertelang prägten die Samurai die Geschichte Japans, sowohl auf dem Schlachtfeld als auch am kaiserlichen Hof. In der Dauerausstellung bringen über 1.000 Objekte Lebensweise, Kunst und Traditionen des feudalen Japans nahe. Multimediale Installationen, Touchscreens, Gigapixelaufnahmen, CT-Scans und drehende Vitrinen bieten in dem im Mai 2022 neu eröffneten Museum einzigartige Einblicke in das Leben und Handwerk der legendären Kriegselite. Toll gemacht, für Kinder und Teens mit Japan- und/oder Ninja-Faible ein absolutes Highlight. Aber es braucht unbedingt eine Begleitung, es ist durchaus an mancher Stelle etwas gruselig und im Fokus stehen kriegerische und damit teilweise grausame Handlungen. *Auguststr. 68, 10117 Berlin-MI, T: 62975635, samuraimuseum.de*

Schloss Biesdorf

Schon von Weitem ist das Kleinod der Berliner Denkmallandschaft dank seines achteckigen Turms zu erkennen. Wer hier die Pforten durchschreitet, bekommt bei freiem Eintritt die wechselnden Ausstellungen zur zeitgenössischen Kunst und des kulturellen Erbes sowie eine kleine Dauerausstellung zur Geschichte des Hauses zu sehen. Das Labor M bietet ein künstlerisches Vermittlungsprogramm für Kinder und Familien. Auch ein Rundgang durch den idyllischen Schlosspark sowie das Café Schloss Biesdorf sind empfehlenswert. *Alt-Biesdorf 55, 12683 Berlin-MA, T: 516567790, schlossbiesdorf.de*

Schloss Köpenick

Wie viele Personen wohnten hier? Wer hat das Schloss eingerichtet? Das teure Porzellan, das funkelnde Gold, die schweren Gardinen und exotischen Hölzer waren einst moderner Luxus. Wie wirkt Schloss Köpenick heute auf uns? Wie würde ein Schloss heute gebaut und eingerichtet werden? Das gesamte Veranstaltungsprogramm findet ihr auf der Website. Wie für alle Häuser der Staatlichen Museen gilt: Freier Eintritt für Kinder und Jugendliche bis 18 Jahren, Zeitfenstertickets sind online buchbar. *Schlossinsel 1, 12557 Berlin-KÖ, T: 266424242, smb.museum*

tipp

Schloss und Gutshof Britz

Das prachtvolle Gebäude im Süden Neuköllns wurde Anfang des 18. Jahrhunderts gebaut. Zu dem Gesamtensemble zählen auch ein gepflegter Schlossgarten sowie der Gutshof mit den historischen Gebäuden. Im restaurierten Pferdestall ist das Museum Neukölln mit seiner ständigen Ausstellung „99 x Neukölln“ zu finden. Highlight des Ausflugs mit Kindern sind sicher die Tiere, welche auf dem Gutshof zu Hause sind. Pferde, Kühe, Schafe, Ziegen, Hühner und Co. kann man einen Besuch abstatten und gleichzeitig etwas über die historische Haltung von Nutztieren lernen. Besonders lohnenswert ist der Besuch zu den zahlreichen Events auf dem idyllischen Gutshofgelände – zu den Höhepunkten zählen das Jazzfestival der dort ansässigen Musikschule, das historische Gutshof-Fest zu Pfingsten, das Sommerfest, Sommeroper, das historische Apfelfest im Herbst und natürlich der Weihnachtsmarkt unter dem Motto „Nordische Märchenweihnacht“. *Alt-Britz 73-81, 12359 Berlin-NK, schloss-gutshof-britz.de*

KINDER-TIPP

Bei Kinderopern, Konzerten und exklusiven Backstage-Angeboten können Kinder in die Welt des Musiktheaters eintauchen.

Lore
6 Jahre

GROSSE BÜHNE FÜR ALLE

Einmal vom Musiktheaterfieber angesteckt, lässt es einen so schnell nicht mehr los. So geht es Lore seit dem ersten Besuch in der Komischen Oper. Weil Vermittlungsarbeit bei den kleinsten Zuschauer:innen wie ihr beginnt, wird darauf besonders viel Wert gelegt. Die Kinderkonzertreihe „Große Töne für junge Leute" nimmt bereits Kitakinder ab vier Jahren ernst, Familienführungen und Workshops ermöglichen Blicke hinter die Kulissen und das weitere Bühnen- und Vermittlungsprogramm „Jung und jeder" begleitet die jungen Musiktheaterbegeisterten bis ins Erwachsenenalter.

Komische Oper Berlin, Seite 87

tipp

Spielzeugmuseum im Havelland

Es lohnt sich immer, mal über den Berliner Tellerrand hinauszuschauen und sich vom Umland locken zu lassen. Wen es ins Havelland zieht, findet dort einen besonderen Ort vor, der bei Älteren nostalgische Erinnerungen weckt und Kinder von Heute fasziniert. Von Puppen bis Baukästen, von der Eisenbahn bis zur Spielzeugnähmaschine – das Spielzeugmuseum zeigt Tausende von Spielzeugen, die aus den letzten 150 Jahren stammen. Das absolute Highlight für große und kleine Besucher:innen ist die Vorführung der Eisenbahnanlage. Nehmt euch Zeit mit, die kann man dort schnell vergessen beim Eintauchen in vergangene Kinderwelten. Und wenn ihr schon dort seid, schaut auch beim benachbarten Kinderbuchmuseum vorbei. *Schulweg 1, 14728 Kleßen, T: 033235-29311, spielzeugmuseum-havelland.de*

Stasimuseum

Das ehemalige Ministerium für Staatssicherheit (MfS) der DDR in Lichtenberg beherbergt heute das von einem gemeinnützigen Verein betriebene Stasimuseum, in dem sich Geschichtsinteressierte auf drei Etagen über die Funktion und Arbeitsweise der Stasi in der SED-Diktatur und deren Auswirkungen auf die Gesellschaft informieren können. Kern der Ausstellung stellen die historischen Diensträume des damaligen Ministers Erich Mielke dar, die seit 1990 weitestgehend im Originalzustand erhalten sind. Das Areal des MfS zwischen Normannenstraße, Magdalenenstraße, Frankfurter Allee und Ruschestraße wird zum Campus für Demokratie als institutionenübergreifendes Forum für die diskursive Auseinandersetzung mit Geschichte entwickelt. *Ruschestr. 103, 10365 Berlin-LI, T: 5536854, stasimuseum.de; campus-für-demokratie.berlin*

The Story of Berlin

Die Wiedereröffnung der neu gestalteten Erlebnisausstellung mit Multimediashow zur Geschichte Berlins ist für Herbst 2023 im neuen Gebäudekomplex „FÜRST", der an Stelle des Ku'damm-Karrees entsteht, geplant. *Kurfürstendamm 207-208, 10719 Berlin-CH, T: 88720100, the-story-of-berlin.de*

The Wall Museum

Das Museum ist direkt an der Berliner Mauer im ehemaligen Wachturm Mühlenspeicher zu finden. Hier wird in 13 thematisch gestalteten Räumen mit originalen Ausstellungsstücken, multimedialen Präsentationen und Originalbeiträgen berühmter Persönlichkeiten die ereignisreiche Geschichte vom Bau der Berliner Mauer bis zu ihrem Fall im Jahr 1989 präsentiert. *Mühlenstr. 78, 10243 Berlin-FR, T: 94512900, thewallmuseum.com*

neu

TimeRide

„Eine Stadt – zwei Welten": Mehr als 30 Jahre nach dem Mauerfall kann man hier auf Zeitreise in das geteilte Berlin der 1980er-Jahre gehen. Virtual-Reality-Technik erweckt Vergangenes zum Leben, sodass Besucher:innen die Geschichte hautnah miterleben können. An vier spannenden Stationen entdecken die Zeitreisenden ab sechs Jahren den berühmten Grenzübergang Checkpoint Charlie, werfen einen Blick durch die Mauer und erleben persönliche Geschichten von Zeitzeug:innen. Neu seit Oktober 2022 sind die Virtual-Reality-gestützten Stadtführungen durch Berlin „TimeRide GO". Bei den geführten Touren mit VR-Brillen kann man eine spannende Zeitreise durch das 20. Jahrhundert von der Kaiserzeit bis hin zum Fall der Mauer erleben. *Zimmerstr. 91, 10117 Berlin-MI, T: 31011300, timeride.de*

Tränenpalast

Der Tränenpalast hat seinen Namen nicht von ungefähr. Zu Zeiten der Mauer gab es hier einen Grenzübergang. Ein Wiedersehen der Westverwandtschaft, die nach dem Ostbesuch ausreiste, war ungewiss und der Abschied tränenreich. Heute beherbergt der Palast die Dauerausstellung „Ort der Deutschen Teilung". Kinder ab acht Jahren können an einem spielerischen Rundgang teilnehmen und am Ende ein Westpaket öffnen. *Reichstagufer 17, 10117 Berlin-MI, T: 467777911, hdg.de*

Urban Art Kids

Die zeitgenössische Galerie für Kinderkunst im Herzen Charlottenburgs widmet sich jungen Besucher:innen und gibt den Heranwachsenden einen Ort, an dem sie ihre Kreativität ausleben und ihrer Fantasie freien Lauf lassen können. In wechselnden Ausstellungen werden die Werke von lokalen und internationalen Künstler:innen präsentiert. Verschiedene Workshops für Kinder ab vier Jahren beleuchten die Kunst in all ihren Facetten. Wie man richtig kunstvolle Kindergeburtstage feiert, weiß das Künstler:innenteam natürlich auch. *Sesenheimer Str. 7, 10627 Berlin-CH, T: 0173-2034030, urbanartkids.com*

tipp

URBAN NATION

Diese Sammlung verlegt die Straße buchstäblich ins Gebäude. So zeichnet die interaktive Ausstellung im Museum für Urban Art die Entstehungsgeschichte einer Kunstströmung nach, die zu einer der erfolgreichsten der Gegenwart gehört. Doch nicht nur im Ausstellungshaus sind spannende Street Art-Werke zu bestaunen, hier werden auch die Architektur und Oberflächen des Gebäudes zum Bildträger, sodass das Haus selbst ein Kunstwerk ist. Die aktuelle Ausstellung „TALKING & OTHER BANANA SKINS" ist bunt und lebendig und fordert provokant einen Dialog heraus, um die drängendsten Fragen unserer Zeit zu besprechen. Der Eintritt ins Museum und zu Veranstaltungen ist kostenfrei. *Bülowstr. 97, 10783 Berlin-SB, T: 32295989, urban-nation.com*

Werkbundarchiv – Museum der Dinge

Rund 40.000 Dinge gibt es hier an der Oranienstraße mitten in Kreuzberg zu entdecken. Darunter kleine, große, leichte, schwere, unsinnige, aber auch nützliche sowie alte Dinge. Jeden Sonntag könnt ihr an einer der kostenfreien öffentlichen Führungen durch die Dauer- und Sonderausstellungen teilnehmen. Feinsinnig sind die Workshops für Kinder, die sich immer anderen Themen widmen. Und wer hier Geburtstag feiern möchte, geht auf Sachensucher:innen-Rallye. *Oranienstr. 25, 10999 Berlin-KR, T: 92106311, museumderdinge.de*

Technik und Naturwissenschaften

tipp

Archenhold-Sternwarte

Die älteste und größte Volkssternwarte Deutschlands, die auch das längste bewegliche Fernrohr der Welt, das 1896 gebaute Treptower Riesenfernrohr, beherbergt, bringt kleinen und großen Sternenliebhaber:innen den Himmel ein Stückchen näher. Auf dem Außengelände stehen weitere leistungsstarke Teleskope und Instrumente zur Himmelsbeobachtung bereit. Dazu zählen u.a. das Cassegrain-Spiegelteleskop, das Coudé-Teleskop und das Sonnenphysikalische Kabinett. Im Planetarium finden regelmäßig Shows für Kinder und Familien statt. Astronomisches Grundwissen wird auf spielerische Art und Weise auch im himmelskundlichen Museum im Treptower Park vermittelt. *Alt-Treptow 1, 12435 Berlin-TR, T: 536063719, planetarium.berlin*

Besucherbergwerk F60

Wer in das knapp zwei Stunden von Berlin entfernte Lichterfeld fährt, trifft auf einen Giganten der Technik. Hier steht die alte Abraumförderbrücke F60, die mit 502 Metern Länge, 204 Metern Breite, 80 Metern Höhe und einem Gewicht von 10.000 Tonnen ein wahrer Koloss ist. Früher trug die riesige Maschine Braunkohle ab, heute können mutige Besucher:innen sie erklimmen und gleichzeitig etwas über die Geschichte und die

Gegenwart des Braunkohleabbaus in der schönen Lausitz erfahren. Verschiedene Führungen vermitteln Hintergrundwissen. *Bergheider Str. 4, 03238 Lichterfeld, T: 03531-60800, f60.de*

Good Lab

Ein Ort, an dem Kinder und Jugendliche an einer nachhaltigeren Welt tüfteln können: 2021 hat das GoodLab der „Jungen Tüftler" im Aufbauhaus am Moritzplatz eröffnet. Hier werden digitale Technologien der Öffentlichkeit zugänglich, erlebbar und erlernbar gemacht. Dabei können die Besucher:innen der offenen Werkstatt ihre Ideen mit zeitgemäßen Technologien wie Lasercutting, 3D-Druck und Virtual Reality umsetzen. *Prinzenstr. 85D, 10969 Berlin-KR, T: 235976120, good-lab.org*

HABA Digitalwerkstatt

Es war schon vorher sichtbar, doch die Corona-Pandemie hat uns die Notwendigkeit und Vorteile der Digitalisierung klar vor Augen geführt. In der HABA Digitalwerkstatt werden Kinder zwischen sechs und zwölf Jahren auf anschauliche Art und Weise an einen kreativen und vor allem bewussten Umgang mit den digitalen Möglichkeiten herangeführt. *Linienstr. 121, 10115 Berlin-MI, T: 28874107, digitalwerkstatt.de*

Orbitall Raumfahrt im FEZ-Berlin

Wer schon immer mal wie echte Astronaut:innen den Flug ins Universum wagen wollte, kommt ins Orbitall. Während in der futuristischen Schleuse Tipps für die Expedition gegeben werden, machen sich angehende Raumfahrer:innen in der Trainingshalle mit Drehsessel, Taumelscheibe und Rhönrad körperlich fit fürs All. Familien können an den Wochenenden gemeinsam auf Weltraummissionen gehen. *Straße zum FEZ 2, 12459 Berlin-KÖ, T: 530710, orbitall.fez-berlin.de*

Parkeisenbahn Wuhlheide

Einmal mit der Eisenbahn durch den Park Wuhlheide düsen und mit eigenen Augen sehen, wie so eine Dampflok eigentlich funktioniert – das können Kinder in Köpenick erleben. Zu Nikolaus, Weihnachten oder Ostern gibt es spannende Sonderfahrten, die nicht nur den Kleinen Spaß machen. *An der Wuhlheide 189, 12459 Berlin-KÖ, T: 53892660, parkeisenbahn.de*

tipp

Science Center Spectrum

In dem zum Deutschen Technikmuseum gehörenden Angebot eröffnet sich für Kinder ab vier Jahren eine Welt der Experimente. Über 150 interaktive Stationen in acht Themenbereichen laden auf vier Etagen dazu ein, spielerisch die Welt der Naturwissenschaft und Technik zu erkunden. „Spielen und Staunen", „Anschauen und Ausprobieren" sowie „Lachen und Lernen" stehen dabei im Mittelpunkt. *Möckernstr. 26, 10963 Berlin-KR, T: 902540, technikmuseum.berlin*

neu

Urania Planetarium Potsdam

Im Holländischen Viertel Potsdams befindet sich das Planetarium, das seit der Wiedereröffnung im Juni 2022 als erstes weltweit mit einem neuen ASTERION-Projektor der Firma ZEISS ausgestattet ist. So kann der Sternenhimmel zur Freude aller Astronomiefreund:innen deutlich brillanter und kontrastreicher in die Kuppel projiziert werden. Für Kinder ab vier Jahren werden regelmäßig verschiedene Shows rund um die Welt der Sterne gezeigt. *Gutenbergstr. 71/72, 14467 Potsdam, T: 0331-2702721, urania-planetarium.de*

Wilhelm-Foerster-Sternwarte mit Planetarium am Insulaner Berlin

Selbst Sterne mit dem Teleskop von der Sternwarte aus beobachten und sich von den Veranstaltungen im Planetarium unter dem Sternenhimmel verzaubern lassen – beides können Kinder ab drei Jahren am Insulaner-Hügel in Schöneberg durch die einzigartige Verbindung von Sternwarte und Großplanetarium. *Munsterdamm 90, 12169 Berlin-SB, T: 42184510, planetarium.berlin*

tipp

Zeiss Großplanetarium

Das Großplanetarium kann sich stolz Europas modernstes Wissenschaftstheater nennen. Hier faszinieren 360-Grad-Fulldome-Programme aus der Welt der Astronomie, Wissenschaft und Kultur. Kinder ab vier Jahren können verschiedene spannende astronomische Programme erleben. *Prenzlauer Allee 80, 10405 Berlin-PB, T: 42184510, planetarium.berlin*

Bühnen

Astrid-Lindgren-Bühne im FEZ-Berlin

So wie es ihre Namensgeberin Astrid Lindgren gewollt hätte, wird das junge Publikum auf der Bühne mitten im FEZ-Berlin in eine fantasievolle Welt aus Abenteuer, Poesie und Musik entführt. Aufgeführt werden nicht nur eigene Stücke nach Astrid Lindgren, es kommen auch immer viele Künstler:innen zu Musik-, Tanz- und Puppentheater-Gastspielen in das Familienzentrum in der Wuhlheide. *Straße zum FEZ 2, 12459 Berlin-KÖ, T: 53071111, astrid-lindgren-buehne.fez-berlin.de*

neu

ATZE Musiktheater

Das bekannte und beliebte Berliner Musiktheater für Kinder bringt Erstaunliches, Ergreifendes, Lustiges und Tiefgründiges, in jedem Fall Musikalisches für Kinder ab drei Jahren auf seine Bühnen. Kinderbuchklassiker werden ebenso ins Musiktheater übersetzt wie eigens entwickelte Geschichten mit Tiefgang und Unterhaltungswert. Frisch installiert kann man sich 2023 auf die tolle neue Open-Air-Bühne freuen: das Luftschloss Tempelhofer Feld. Hier erwarten euch von April bis September Theater, Musiktheater, Chöre, Bands, Singer-Songwriter, DJs und DJanes, Lesungen, Artistik, regionale und politische Diskussionsrunden und alles, was man sich noch auf einer Open Air Bühne vorstellen kann. *Luxemburger Str. 20, 13353 Berlin-WE, Open-Air-Bühne „Luftschloss Tempelhofer Feld": Tempelhofer Damm, 12101 Berlin-TE, T: 81799188, atzeberlin.de*

Ben Blus Illusionstheater

Seit Anfang 2020 kann man in den Shows des Illusionisten Ben Blu in die Welt der Magie eintauchen. Für junge Zauberfreund:innen ab vier Jahren stehen mit „Simsalabim" und „Simsalabuuh!" extra Kindershows auf dem Spielplan. Dort können sie auch zaubern lernen und Kindergeburtstag feiern. *Meinekestr. 24, 10785 Berlin-CH, T: 75942882, illusionstheater-berlin.de*

Berliner Philharmoniker

Bei den Berliner Philharmonikern sind alle willkommen, auch die Kleinsten. Wer eines der klangvollen Familien- oder Mitmachkonzerte besucht, erhält die Möglichkeit, ein Orchester live zu erleben und lässt sich für eine Stunde in musikalische Welten befördern. Im Zusammenarbeit mit dem Musikinstrumenten-Museum kann man beide Häuser bei den gemeinsamen Familienführungen erkunden. *Herbert-von-Karajan-Str. 1, 10785 Berlin-TI, T: 254880, berliner-philharmoniker.de*

tipp

CABUWAZI

Die gelb-roten Zirkuszelte sind überall in der Stadt zu finden. Dort gibt es alles, was das kleine Artist:innenherz begehrt. Balancieren, Springen, Rollen, Laufen und Strecken gehören zu den artistischen Grundlagen und können in den Nachmittagskursen geübt werden. Regelmäßig finden Shows statt, die zur Teilnahme an den Kursen motivieren. *Wiener Str. 59H, 10999 Berlin-KR, T: 54469094; Columbiadamm 84, 10965 Berlin-TE, T: 959994890, Bouchéstr. 74, 12435 Berlin-TR, T: 60969563; Otto-Rosenberg-Str. 2, 12681 Berlin-MA, T: 32669750; Venusstr. 90, 12524 Berlin-KÖ, T: 22197660; Wartenberger Str. 175, 13053 Berlin-HO, cabuwazi.de*

ICH UND DIE KUNST – DIE KUNST UND ICH

Die Kunstvermittlungsorganisation Ephra macht Kunst als Erfahrungsraum und als Ausdrucksform für alle Kinder zugänglich.

Ephra
Heidestr. 54
10557 Berlin-MI
ephra.de

Was wäre, wenn wir mal von den Kindern aus denken würden? Welche Geschichte bringen sie mit, welche Fragen – an die Kunst, an die Künstler:innen? Rebecca Raue und ihr Team schaffen mit der gemeinnützigen Organisation Ephra einen Ort für genau das. Schon im Alter von 16 Jahren hatte die Künstlerin die Vision, dass alle Menschen Kunsträume wie Galerien oder Museen als Orte wahrnehmen, an denen sie willkommen sind. Nach ihrem Studium an der UdK begann sie, ihre Ideen dazu umzusetzen. Sie gründete 2018 die Kunstvermittlungsorganisation Ephra und benannte sie nach ihrer Urgroßmutter Marion Ephraimson.

Ephra verfolgt das eigens entwickelte Konzept einer „emotionalen Bildung“ und richtet sich vor allem an Kinder, für die die Schwellen zu Kunst durch strukturelle Gegebenheiten zu hoch sind. „Die Kinder sollen merken, dass sie in der Kunst auch vorkommen und wissen, dass sie jederzeit dorthin dürfen, wo Kunst ist. Es soll sich warm und sicher für sie anfühlen“, so Rebecca Raue. Mit vielen Berliner Schulen kooperiert Ephra bereits und auch für große Häuser wie den Gropius Bau entwickelt das Team aus Kunsthistoriker:innen, Medienwissenschaftler:innen und Künstler:innen Vermittlungsformate.

„Früher dachte ich immer, die Welt hat nichts mit mir zu tun. Seit ich bei dem Projekt mitmache, weiß ich, dass die Welt sehr viel mit mir zu tun hat.“

Kind aus Ephra unterwegs

In einem Boot: Maxi, Rebecca und das ganze Ephra-Team verfolgen die Vision einer Kunstvermittlung, die von der Lebenswelt der Kinder ausgeht.

„Der Schlüssel zu unserer Arbeit ist, den Kindern zuzuhören, wer sie sind und was ihre Vision von der Welt ist“, erklärt Rebecca Raue. Die Schüler:innen besuchen im Projekt „Ephra unterwegs“ Künstler:innen in ihren Ateliers. Es geht darum, das „Dahinter“ der Arbeit zu begreifen und die Biografie hinter dem Namen mitzudenken. Hier lassen sich Brücken zur kindlichen Welt und Perspektive schlagen – zum Beispiel wenn Kind und Künstler:in bemerken, dass sie dieselbe Erstsprache sprechen. Im Ephra-Studio darf mit den neu gewonnenen Eindrücken weitergedacht und selbst erschaffen werden. So entsteht ein ganz eigener Zugang zur Kunst, der so individuell ist, wie jedes einzelne Kind, das mitmacht.

In neuen Räumen im Haus Kunst Mitte wird Ephra noch weiter wachsen. Öffentliche Formate wie Talks und Ausstellungen soll es hier bald geben, damit die Vision noch mehr Menschen erreicht.

Circus Schatzinsel

Im Zirkus am Spreeufer können Kinder ab sechs Jahren künstlerische Zirkusshows vom Training bis zur Premiere gestalten und kreatives Miteinander erleben. Am Trapez, auf dem Einrad oder mit den Jonglierbällen wird die Schwerkraft überwunden und Erfolge werden als Team in der Manege gefeiert. *May-Ayim-Ufer 4, 10997 Berlin-KR, T: 22502461, circus-schatzinsel.de*

Coq au Vin

Das Kindertheater holt den Zirkus ins Theater und das Theater in den Zirkus. Phantasievoll, spektakulär und garantiert lustig kredenzt es Kindergeschichten rund um den Zirkus und sorgt damit für generationsübergreifenden Theaterspaß. Die Inszenierungen sind an Spielorten wie dem Pfefferberg Theater oder im Saal des Kreuzberger Biergarten Jockel zu sehen. *T: 50183340, coqauvin.de*

Das Weite Theater

Fast täglich werden hier Theaterstücke für Kinder und am Wochenende für Familien gezeigt, aber auch Jugendliche und Erwachsene kommen im WEITEM THEATER bei ausgewählten Abendveranstaltungen auf ihre Kosten. Sogar für die Allerkleinsten ab zwei Jahren ist eine Inszenierung geplant. Das Ziel im WEITEM THEATER ist es, Schau- und Puppenspiel und Musik auf der Bühne miteinander zu verbinden und zu gleichberechtigten ‚Darstellern' werden zu lassen. Dabei werden künstlerische Wege fernab bekannter Konventionen eingeschlagen und kein Experiment gescheut: Auf eine Überraschung kann man sich also eigentlich schon verlassen. *Storkower Str. 207, 10369 Berlin-LI, T: 9917927, das-weite-theater.de*

Deutsche Oper Berlin

Im Herzen Charlottenburgs ist Berlins größtes Opernhaus zu finden, das bereits die Allerkleinsten begeistert. Das vielfältige Programm reicht von Babykonzerten über Familienführungen bis hin zu innovativ inszenierten Klassikern. Der Nachwuchs kann bei den Opernmäusen oder im Kinder- bzw. Jugendclub aktiv werden. *Bismarckstr. 35, 10627 Berlin-CH, T: 34384343, deutscheoperberlin.de*

tipp

FELD Theater für junges Publikum

Um es mit den eigenen Worten des Theaters zu sagen: Tanz, Theater, Performance, Musik, Puppen- und Objekttheater – nicht das Genre ist dem Theaterteam wichtig, sondern alle Formen der darstellenden Kunst, an denen kleine und große Menschen Spaß haben und durch die sie in den Austausch miteinander kommen. Auch in der kommenden Spielzeit sind wieder partizipative Projekte und Workshops geplant. Teil des FELDs ist das neue Café: Coffee Cult by FELD. Auf Anfrage kann dort die ein oder andere Kindergeburtstagsparty steigen. *Gleditschstr. 5, 10781 Berlin-SB, T: 92124150, jungesfeld.de*

Felicio

Das kleine Prenzlauer Berger Puppentheater ist ein Ein-Mann-Betrieb. Dort können sich alle Besucher:innen für eine Zeit zu Hause fühlen, den Kristallleuchter an der Decke und den roten Samtvorhang bestaunen sowie vor allem die herrlich inszenierten Puppenspiele von Karsten Ackermann. Für Kinder ab drei Jahren gibt es altbekannte Märchen und wundersame Geschichten zu sehen. *Schivelbeiner Str. 45, 10439 Berlin-PB, T: 44673530, felicio.de*

tipp

Figurentheater Grashüpfer

Schon in längst vergangenen Zeiten war es ein Ritual, am Feuer zu erzählen. Das Figurentheater im Treptower Park führt diese Tradition mit gemütlichen Märchenabenden in der Jurte fort. Ob traditionelles Handpuppenspiel in der Guckkastenbühne, freie Animation von Objekten, kunstvolles Marionetten- oder Schattenpuppentheater oder offenes Spiel- und Mitspielpuppentheater – alle künstlerischen Formen des Genres werden hier gepflegt und dargeboten. Familiennachmittage bieten die Gelegenheit rund ums Puppenspiel kreativ zu werden. Das Figurentheater Grashüpfer ist dabei einer der Kulturorte in Berlin, an dem alle Altersklassen unterhalten werden. Auch die hier stattfindenden Festivals sind Highlights! *Puschkinallee 16A, 12435 Berlin-TR, T: 53695150, theater-grashuepfer.de*

Fliegendes Theater

Durchschreitet man die Toreinfahrt in der Urbanstraße, entdeckt man schnell das ehemalige Fabrikgebäude, in dem das Fliegende Theater mit modernen Figuren- und Objektinszenierungen zu finden ist. Seit 1978 werden hier Stücke für Kinder und Erwachsene erarbeitet und inszeniert. Das Repertoire umfasst vielfältige Stücke für Kita- und Schulkinder, die am Wochenende und in den Ferien auch für Familien zu sehen sind. *Urbanstr. 100, 10967 Berlin-KR, T: 6922100, fliegendes-theater.de*

Friedrichstadt-Palast Berlin

Seit fast 100 Jahren ist der Palast Berlin mit seiner imposanten Theaterbühne die erste Adresse für Unterhaltung. Die aufwendig inszenierten Shows sind musikalisch, tänzerisch und akrobatisch. In der aktuellen Young Show „Im Labyrinth der Bücher" spielt, singt und tanzt das Junge Ensemble für Kinder ab fünf Jahren wieder ab November 2022 in einem neu überarbeiteten Bühnenbild. *Friedrichstr. 107, 10117 Berlin-MI, T: 23262326, palast.berlin*

Galli Theater

Im Theater in den schönen Heckmannhöfen werden die Märchen von den Bremer Stadtmusikanten, Rotkäppchen oder Aschenputtel für Kinder ab vier Jahren zum Besten gegeben. Auf dem Abendspielplan steht dann Unterhaltsames für Erwachsene. Aber man kann man nicht nur zuschauen, sondern auch selbst in Rollen schlüpfen. Bei Geburtstagsfeiern, in Theaterkursen und bei Ferienangeboten können Kinder ihr Talent erproben. *Oranienburger Str. 32, in den Heckmann-Höfen, 10117 Berlin-MI, T: 27596971, galli-berlin.de*

neu

Globe Berlin

Das Globe Berlin wird aus Bauteilen des ehemaligen Globe Theaters an der Sömmeringstraße in Charlottenburg neu entstehen. Bis der (Wieder)Aufbau beginnt, dient ein ringförmiger Laufsteg aus gestapelten hölzernen Bauteilen als „Open-O-Bühne“. Die Vision hatte Christian Leonard, der sich in Berlin bereits als Gründer, Leiter, Regisseur und Übersetzer der Shakespeare Company Berlin einen Namen machte. Das Globe ist bereits der dritte Kulturschauplatz, den er in der Hauptstadt eröffnet hat. Schauspiel, Wortkunst und Weltmusik – all das wird hier auf die Bühne in dem besonderen Ambiente an der Spree gebracht. *Sömmeringstr. 15, 10589 Berlin-CH, T: 84108909, globe.berlin*

tipp

Grips Theater

Inzwischen untrennbar zu Berlin gehörend, ist die renommierte Bühne darauf ausgerichtet, durch Theater Kinder und Jugendliche zur Mitsprache zu ermächtigen und sie an kritisches Hinterfragen heranzuführen. Dabei werden Stücke aus den 1970er-Jahren wie „Bella, Boss und Bulli“ (ab sechs Jahren) auch mal neu inszeniert. Auch für die jüngsten Theaterzuschauer:innen finden sich Stücke wie „Vier bei dir“ auf dem Spielplan, der jede Spielzeit durch neue Inszenierungen und Uraufführungen bereichert wird. Gespielt wird an zwei Standortenn: in Mitte und am Hansaplatz. *Altonaer Str. 22, 10557 Berlin-TI; Grips Podewil, Klosterstr. 68, 10179 Berlin-MI, T: 39747477, grips-theater.de*

Hans-Otto-Theater

Im Potsdamer Kulturquartier findet man dieses produktive Schauspielhaus. Neben einem reichhaltigen Erwachsenenprogramm spielt es für Kinder ein umfang- und abwechslungsreiches Repertoire und tollen Premieren in jeder Saison. Für 2023 ist wieder eine Tanztheaterproduktion geplant, bei der Klassisches Ballett auf HipHop und Tanz auf Schauspiel trifft. Traditionell werden Profi-Tänzer:innen und Schauspieler:innen gemeinsam mit Kindern und Jugendlichen auftreten, die sich ein Jahr lang darauf vorbereiten, einmal auf einer großen Bühne vor Publikum zu stehen. *Schiffbauergasse 11, 14467 Potsdam, T: 0331-98118, hansottotheater.de*

Hexenberg Ensemble

Das Hexenberg Ensemble begeistert von Anfang November bis Ende Februar mit tollen Stücken im Saal des Pfefferberg Theaters und präsentiert auf eindrucksvolle Weise Grimms Märchen im erprobten Format von zwei halbstündigen Märchen je Vorstellung. Neben Hans im Glück, Frau Holle, Schneewittchen und Rapunzel gibt es den Froschkönig, Dornröschen und weitere zu erleben. Nachmittags sind die Märchen kindgerecht, während abends Eltern spannendere Theaterstoffe gespielt werden. *Schönhauser Allee 176, 10119 Berlin-MI, T: 939358555, hexenberg-ensemble.de*

Komische Oper Berlin

Wie überaus faszinierend Musiktheater sein kann, zeigt die Komische Oper bereits ihren jüngsten Zuschauer:innen. Junge Opernfreund:innen zwischen vier und 18 Jahren können an spannenden Workshops, Führungen oder dem Kinderchor teilnehmen. In der Spielzeit 2022/23 können sich Familien wieder auf einige tolle Produktionen rund um die Abenteuer von Pippi Langstrumpf oder Huckleberry Finn und Tom Sawyer freuen. Hier faszinieren das Orchester, der Kinderchor und vielleicht sogar so manches Tier auf der Bühne. *Behrenstr. 55-57, 10117 Berlin-MI, T: 47997400, komische-oper-berlin.de*

tipp

Konzerthaus Berlin

Ob Musiktheater oder Instrumentenvorstellung – im Junior-Programm des Konzerthauses ist fast alles zum Anfassen und Mitmischen. Denn das macht doch viel mehr Spaß als einfach nur still auf dem Platz zu sitzen. In der aktuellen Saison gibt es wieder ein vielfältiges Angebot für Kinder und Jugendliche, das KlangKüken-Programm richtet sich bereits an Kinder ab drei Jahren, es gibt Tonspur-Konzerte ab sechs Jahren und vieles mehr für musikbegeisterte Familien! *Gendarmenmarkt, 10117 Berlin-MI, T: 203092101, konzerthaus.de/fuer-familien*

tipp

Nikolaisaal Potsdam

Das moderne Konzert- und Veranstaltungshaus im historischen Gebäude in Potsdams Innenstadt ist ein fantastischer Ort für musikbegeisterte Familien, ganz besonders für jene, die schon mit kleinen Kindern in den Genuss klassischer Live-Musik kommen möchten. Die Familien-, Baby- und Kleinkinder-Konzerte locken auch Berliner Familien in die Nachbarstadt. *Wilhelm-Staab-Str. 10/11, 14467 Potsdam, T: 0331-2888828, nikolaisaal.de*

Pfefferberg Theater

Im historischen Ambiente heißt das Theater seine Besucher:innen willkommen. Im Winter kommen hier die Märchendarbietungen des Hexenberg Ensembles auf die Bühne. Auch Veranstaltungen im Rahmen von Literatur LIVE finden am Pfefferberg statt, der vor oder nach dem Kulturgenuss auch mit Braugasthaus und Biergarten lockt. *Schönhauser Allee 176, 10119 Berlin-PB, T: 9393585555, pfefferberg-theater.de*

tipp

Pierre Boulez Saal

Ein Konzert zu erleben und die Freude an der Musik miteinander zu teilen, ist ein wunderbares Abenteuer für alle. Der schöne Konzertsaal in Mitte ist immer eine gute Wahl für kinderfreie Abende, aber auch als frischgebackene Eltern kann man dort Musik genießen: Mit den Elternzeit-Konzerten bietet der Pierre Boulez Saal Eltern mit Babys jeweils 45-minütige Auszüge des aktuellen Programms in ungezwungener und gemütlicher Atmosphäre. *Französische Str. 33D, 10117 Berlin-MI, T: 47997411, boulezsaal.de*

Prenzlkasper

Der Prenzlkasper Uli und gastierende Puppenspieler:innen inszenieren für Kinder ab drei Jahren spannende Märchen und Geschichten rund um Kaspers Abenteuer am Meer, auf dem Bauernhof, mit der Feuerwehr oder mit dem Krokodil. *Marienburger Str. 39, 10405 Berlin-PB, T: 21791060, prenzlkasper.de*

Puppentheater Firlefanz

Die Puppen und Marionetten des Theaters sind in Handarbeit angefertigt und werden seit der Eröffnung 1982 gehegt und gepflegt. Das Repertoire umfasst

KINDER-
TIPP

Die grandiosen Masken-Beatboxer:innen und Schauspieler:innen des Theater Strahls haben endlich ein eigenes Haus!

BEWEGUNG IN DER BERLINER BÜHNENWELT

Theresa
13 Jahre

Coole Inszenierungen für junge Schauspiel-Begeisterte wie Theresa: Das Theater Strahl zählt seit 30 Jahren zu den wichtigsten Ensembles, die anspruchsvolles Theater für junges Publikum auf die Bühnen bringen. Mit dem eigenen Haus am Ostkreuz können sie seit Oktober 2022 nun gleich drei Orte in Berlin mit Schauspiel, Masken-Beatbox-Theater, Tanztheater und interaktiven Stücken bespielen – in der warmen Jahreszeit auch Open Air. *Theater Strahl, Seite 92*

Kinderklassiker wie „Der Froschkönig", „Aschenputtel oder „Das tapfere Schneiderlein". *Sophienstr. 10, 10178 Berlin-MI, T: 2833560, puppentheater-firlefanz.de*

Rundfunk-Sinfonieorchester Berlin

Das RSB ist für seine liebevoll inszenierten Familien- und Kinderkonzerte bekannt. Die Konzertreihe „Rapauke macht Musik" für Kinder von drei bis sechs Jahren erfreut sich immer großer Beliebtheit. Die vier Konzerte bauen aufeinander auf und können als Abo gebucht werden. Mit dem Format „Tubadur im Konzert" bietet das RSB auch für Kinder im Grundschulalter Konzerte im kammermusikalischen Rahmen. *Charlottenstr. 56, 10117 Berlin-MI, T: 20298715, rsb-online.de*

Schaubude Berlin

Der Spielplan der Schaubude vereint unterschiedliche ästhetische Handschriften des zeitgenössischen Puppen-, Figuren- und Objekttheaters. Beim jährlichen Festival „Theater der Dinge" geben nationale und internationale Gastspiele ihre Stücke zum Besten. Darüber hinaus werden hier ein kreatives Kinder- und Abendprogramm und in den Ferien spannende Workshops geboten. *Greifswalder Str. 81-84, 10405 Berlin-PB, T: 4234314, schaubude.berlin*

Schlossplatztheater

Auf dem aktuellen Spielplan des charmanten Köpenicker Theaters stehen Produktionen für Kinder, Jugendliche und Erwachsene. Musiktheaterproduktionen haben sich dabei zum künstlerischen Schwerpunkt entwickelt. Eigene Theaterstücke mit Musik für Kinder von vier bis zehn Jahre stehen ebenso auf dem Spielplan wie Gastspiele und Koproduktionen mit anderen Theatergruppen. Zum Programm gehört auch das „Junge Schlossplatztheater", mit theaterpädagogischen Projekten. *Alt-Köpenick 31, 12555 Berlin-KÖ, T: 6516516, schlossplatztheater.de*

Staatsoper Unter den Linden

Das vielfältige Programm der Jungen Staatsoper lädt Kinder und Jugendliche ein, die Oper während spezieller Familienvorführungen klassischer Opern von „Tosca" bis „Zauberflöte" und bei Kinderkonzerten zu erleben. Im Opernkinderorchester lernen junge Instrumentalist:innen im Alter von sieben bis 13 Jahren hautnah den Orchesterbetrieb kennen. Hinter die Kulissen des Opernbetriebs kann man auch im Rahmen der angebotenen Führungen schauen. Zudem veranstaltet die Staatsoper einmal im Jahr im Sommer unter freiem Himmel die „Staatsoper für alle" auf dem Bebelplatz. *Unter den Linden 7, 10117 Berlin-MI, T: 203540, staatsoper-berlin.de*

Stage BLUEMAX Theater

Am Potsdamer Platz erklingt seit 18 Jahren der Sound der Blue Man Group – die knallbunte Show „The Beat of Berlin" begeistert auch kleine Zuschauer:innen mit Musik und faszinierenden Effekten. *Marlene-Dietrich-Platz 4, 10785 Berlin-TI, T: 0180-54444, stage-entertainment.de*

Stage Theater des Westens

Der schöne Theaterbau an der Kantstraße beherbergt noch bis zum Februar 2023 das Musical „Ku'Damm 56" nach der erfolgreichen Fernsehserie. Ab März 2023 kommt dann das Musical „Romeo und Julia" dort auf die Bühne. *Kantstraße 12, 10623 Berlin-CH, T: 0180-54444, stage-entertainment.de*

tipp

Theater an der Parkaue

Das Junge Staatstheater zählt zu den spannendsten Theaterorten der Stadt. Aufgrund aufwendiger Sanierungen werden in den kommenden zwei Jahren nur die Bühne 3 und die neue Bühne 4 auf dem Vorplatz des Hauses bespielt. Das soll aber der kreativen Kraft des Ensembles keinen Abbruch tun. Ganz im Gegenteil: In der Spielsaison 2022/23 werden einige spannende Premieren gefeiert: Unter anderem „Das Spiel" und „Kompost-Horror". Das Repertoire umfasst noch viele weitere sehenswerte Stücke für Teens, Grundschul- und Kitakinder. *Parkaue 29, 10367 Berlin-LI, T: 55775252, parkaue.de*

Theater der kleinen Form

Die familiären Räume des Kindertheaters in Friedrichshain sind ein feiner Ort für Kitakinder, um die Welt des Puppentheaters kennenzulernen. An den beeindruckenden Inszenierungen wie „Das sehr unfreundliche Krokodil", „Die Nachtigall" oder „Die Zuckerfee" für Kinder ab drei Jahren haben auch Erwachsene ihre helle Freude. Neben Vorstellungen bietet das Theater zudem musikalische Kurse und Kindergeburtstage. *Gubener Str. 45, 10243 Berlin-FR, T: 29350461, theater-der-kleinen-form.de*

tipp

Theater Jaro

Die Theatergruppe bringt ausschließlich eigene Stücke auf die Bühne und begeistert damit Zuschauer:innen von zwei bis zehn Jahren. Schauspieler:innen, Puppen und viel Musik erzählen liebevolle Geschichten von Dinosauriern, Feen und fliegenden Kamelen. Neben den beliebten Jaro-Stücken für Kleinkinder wie „Ein Dinosaurier im Kühlschrank" oder „Waschtag bei Familie Clown" gibt es auch Inszenierungen für etwas ältere Kinder wie etwa „Klima-Fieber und Lea und Karl sehen Grün" oder ganz neu „Zaubertatzes Wunderworte". *Schlangenbader Str. 30, 14197 Berlin-WI, T: 3410442, theater-jaro.de*

KULTUR FÜR KLEINES GELD

Kulturelle Teilhabe sollte nicht am Geldbeutel scheitern – es gibt zahlreiche kostenlose oder kostengünstige Möglicgkeiten, um Kunst, Kultur und kreative Angebote wahrzunehmen.

Kinderkarneval der Kulturen
Pfingsten 2023, kma-ev.de

Fête de la Musique
21.06.2023, fetedelamusique.de

Lange Nacht der Familie
Herbst 2023, familiennacht.de

KinderKulturMonat
Oktober 2023, kinderkulturmonat.de

So dürfen am jeweils ersten Sonntag im Monat alle Besucher:innen kostenlos in die meisten Berliner Museen. Immer gratis ist der Eintritt ins Museum in der Kulturbrauerei, im Tränenpalast und im Dokumentationszentrum Berliner Mauer. Das ganze Jahr über wird allen Kultur- und Geschichtsinteressierten unter 18 Jahren freier Eintritt in den Staatlichen Museen zu Berlin gewährt. Gleiches gilt für die Museen der Stiftung Stadtmuseum wie den Ephraim-Palais, das Museum Nikolaikirche oder das Museumsdorf Düppel.

Berliner FamilienPass und Super-Ferien-Pass
jugendkulturservice, Seite 98

Atelier Bunter Jakob
Berlinische Galerie, Seite 58

Museumssonntag
Jeden ersten Sonntag im Monat, museumssonntag.berlin

Immer freier Eintritt für alle
Tränenpalast, Seite 79,
Museum in der Kulturbrauerei, Seite 73
Dokumentationszentrum Berliner Mauer, Seite 64

Freier Eintritt unter 18 Jahren
Ephraim-Palais, Seite 63
Museum Nikolaikirche, Seite 73
Freilichtmuseum Düppel, Seite 74
Staatliche Museen zu Berlin, Besucherservice, Seite 58
Ab 15:00 Uhr kostenlos: Deutsches Technikmuseum, Seite 62, Science Center Spectrum, Seite 80

Schüler:innen bis 18 Jahre können ab 15:00 Uhr kostenlos im Deutschen Technikmuseum und im Spectrum Science Center die spannenden Ausstellungen erkunden, Kinder bis sechs Jahre haben dort immer Gratiseintritt. Einer der besonders in der Kunstvermittlung engagierten Berliner Institutionen ist die Berlinische Galerie. Der Besuch der Angebote für Kinder und Familien lohnt sich wirklich immer. Darüber hinaus können diese hier regelmäßig Mittwoch nachmittags kostenfrei im Atelier Bunter Jakob kreativ werden. Einen ganzen Monat lang locken alljährlich im Oktober beim KinderKulturMonat zahlreiche kostenlose Kultur- und Kreativangebote und die Familiennacht stellt im Herbst ebenfalls ein großartiges – kostenloses oder zumindest kostengünstiges – Programm für Kinder und Familien auf die Beine. Musikfreund:innen kommen in Berlin auch nicht zu kurz: Zum Sommeranfang spielen bei der Fête de la Musique stadtweit Musiker:innen kostenlos Open Air und der Kinderkarneval zu Pfingsten ist immer ein bunter Spaß. Absolutes Must-Have für alle Berliner Familien sind jedes Jahr FamilienPass und Super-Ferien-Pass!

Theater Mirakulum

Mirakulum bedeutet Wunderwerk. Als künstlerisches und unternehmerisches Allroundtalent leitet Thomas Mierau das Theater, welches bei Berliner Kindern und Erwachsenen für seine Individualität und kreative Atmosphäre sehr geschätzt wird. Seit 1991 werden dort Märchenadaptionen, Fabelbearbeitungen und Alltagsgeschichten in den Spieltechniken Marionette, Handpuppe, Farbschemen und Schattenspiel dargeboten. *Brunnenstr. 35, 10115 Berlin-Mi, T: 4490820, mirakulum.de*

tipp

Theater o.N.

Das kleine großartige Theater mitten im Kollwitzkiez hat sich nicht zuletzt durch das alle zwei Jahre stattfindende FRATZ Festival einen Namen mit seiner Theaterarbeit für das jüngste Publikum gemacht: Die künstlerisch anspruchsvollen und abwechslungsreichen Inszenierungen für die Kleinsten ab sechs Monaten zeugen davon. Da sich die Stücke für das jüngste Publikum durch ein körperbetontes Spiel und Arbeiten auszeichnen und nicht sprachbasiert sind, eignen sie sich auch für nichtdeutschsprachige Kinder und Eltern. Für 2023 ist eine Tanzperformance für die Jüngsten ab drei Jahren geplant, das im Dock11 Premiere feiern wird. *Kollwitzstr. 53, 10405 Berlin-PB, T: 4409214, theater-on.com*

neu

Theater Strahl

Als eine der wichtigsten Berliner Bühnen für anspruchsvolles Theater für junges Publikum bespielt das Theater gleich drei Orte in Berlin mit Schauspiel, Masken-Beatbox-Theater, Tanztheater und interaktiven Stücken – in den warmen Monaten auch Open Air. Die Stücke und Angebote richten sich an Zuschauer:innen ab zwölf Jahren. Jugendliche werden dabei in die Stückfindung und -entwicklung einbezogen. So finden ihre Perspektiven und Themen in vielfältigen ästhetischen Formen Resonanz auf der Bühne. Mit dem Ziel, möglichst viele Jugendliche aus allen Lebensbereichen anzusprechen, bietet Strahl ein umfangreiches theaterpädagogisches Programm. *Kulturcentrum DIE WEISSE ROSE: Martin-Luther-Str. 77, 10825 Berlin-SB; Kulturhaus Schöneberg: Kyffhäuserstr. 23, 10781 Berlin-SB; Ostkreuz, Marktstr. 9-12, 10317 Berlin-LI, T: 69599222, theater-strahl.de*

Varia vineta

Theaterfans ab drei Jahren können in dem gemütlichen Pankower Theater mit Stücken rund um die bekannten Figuren Schneewittchen, Rapunzel, Frau Holle oder Hänsel und Gretel und in den Theater-Schnupperkursen in die Welt der Märchen eintauchen. *Berliner Str. 53, 13189 Berlin-PA, T: 43723244, stadttheaterpankow.de*

Wintergarten – Das Varieté

Dunkler Samt, edles Holz und der Sternenhimmel bilden eine Atmosphäre, die Vorfreude weckt. Pünktlich zur besinnlichen Zeit des Jahres setzt der Wintergarten immer von November bis Januar seine beliebte Familienveranstaltungsreihe „Zimt & Zauber“ in Zusammenarbeit mit CABUWAZI fort – dieses Mal widmet sich die Show der Geschichte von Peterchens Mondfahrt. *Potsdamer Str. 96, 10785 Berlin-TI, T: 588433, wintergarten-berlin.de*

Zimmer 16 – camera dell' arte

Sowohl Spielstätte für Theater, Comedy, Musik und Film als auch Ausstellungsraum für Malerei und Fotografie ist diese Kleinkunstbühne. Das Angebot des Kindertheaters im Zimmer 16 richtet sich mit vielen Gastspielen an junge Zuschauer:innen zwischen zwei und acht Jahren. Es zeichnet sich durch seine Diversität vom traditionellen Puppentheater über das Marionettentheater bis hin zu Mitspieltheater und Kinderkonzerten aus. *Florastr. 16, 13187 Berlin-PA, T: 48096800, zimmer16.com*

Kulturzentren

Alte Möbelfabrik

Unter Einbeziehung verschiedener künstlerischer Ausdrucksformen und professioneller Anleitung entwickeln hier Kinder ihre eigenen Stücke zu lebensnahen Themen, die im Schlossplatztheater auf die Bühne gebracht werden. Außerdem gibt es einen offenen kreativen Bereich zum Malen, Gestalten, Theater spielen, Bewegungen ausprobieren und gemeinsam Neues entdecken. *Karlstr. 12, 12557 Berlin-KÖ, T: 6516516, alte-moebelfabrik.de*

Berlin Global Village

Das Eine-Welt-Zentrum konnte mit 50 entwicklungspolitischen und migrantisch-diasporischen NGOs im März 2021 in den Neubau auf dem Gelände einziehen. Dabei ist das Berlin Global Village deutlich mehr als die Summe einzelner Organisationen und Gruppen und lebt gleichzeitig durch deren Engagement und Arbeit. Ausstellungen, Veranstaltungen, Projekte und zivilgesellschaftliche Diskurse finden hier Raum. *Am Sudhaus 2, 120537 Berlin-NK, T: 49966400, berlin-global-village.de*

Die gelbe Villa

Die Kreuzberger Villa ist immer Schauplatz des Familienfests im Rahmen des internationalen literaturfestivals berlin im September. Das ganze Jahr über können Kinder zwischen sechs und 16 Jahren hier zudem ein umfangreiches Angebot wahrnehmen, das handwerkliche und künstlerische Workshops beinhaltet. *Wilhelmshöhe 10, 10965 Berlin-KR, T: 76765021, die-gelbe-villa.de*

tipp

FEZ-Berlin

Das größte gemeinnützige Kinder-, Jugend- und Familienzentrum in Europa befindet sich mitten in einem erholsamen Waldpark und verfügt über 170.000 Quadratmeter Outdoor- sowie 13.000 Quadratmeter Indoor-Fläche. Auch wenn man das FEZ schon zu kennen glaubt, kann man es immer wieder neu für sich entdecken. Einzigartig sind die inhaltlichen Angebote zu den Schwerpunkten globales Lernen und Bildung zur nachhaltigen Entwicklung. Außerdem findet man dort die Astrid-Lindgren-Bühne, das Alice-Kindermuseum, das Orbitall Raumfahrtzentrum, die Öko-Insel mit eigenem Mini-Regenwald, eine Schwimmhalle sowie einen Badesee mit Sandstrand. *Straße zum FEZ 2, 12459 Berlin-KÖ, T: 530710, fez-berlin.de*

HANGAR1

Seit 2017 betreibt die Tentaja Soziale gGmbH den HANGAR1 im ehemaligen Flughafen Tempelhof, einen Ort der Begegnung mitten in Berlin. Der HANGAR1 ist eine 6.000 Quadratmeter große Plattform für zivilgesellschaftliches Engagement. Tagtäglich bieten hier eine Vielzahl unterschiedlicher Träger, Organisationen, Vereine und Ehrenamtlicher ein vielfältiges Angebot in den Bereichen Sport, Kultur, Bildung und Beratung – kostenfrei für alle, die Lust haben. Ob jung oder alt, neu- oder alteingesessen, alleine oder als ganze Familie. *Columbiadamm 10 im Hangar 1 des ehemaligen Flughafen Tempelhof, 12101 Berlin-TE, 0176-24392821, hangar1.de*

Haus der Kulturen der Welt

Das Haus widmet sich in seinen Ausstellungen und Veranstaltungen den komplexen Fragen der Welt. Es ist ein Schmelztiegel für Kunst, Wissenschaft und Gesellschaftspolitik, der auch ein spannendes Bildungs- und Workshop-Programm für Kinder und Jugendliche bietet. Tipp am Rande: Im Weltwirtschaft-Restaurant und Biergarten lässt sich herrlich einkehren. *John-Foster-Dulles-Allee 10, 10557 Berlin-TI, T: 397870, hkw.de*

Kulturhaus Spandau

Im Herzen der Spandauer Altstadt ist das Kulturhaus zu finden. Nicht nur im Sommer begeistert hier die Freiluftbühne an der Zitadelle mit Kinderkonzerten und -theaterstücken, auch im Winter ist das Kulturhaus mit den Theatervorstellungen einen Besuch wert. *Mauerstr. 6, 13597 Berlin-SP, T: 3334022, kulturhaus-spandau.de*

Schwartzsche Villa

Galerie, Konzertsaal, Atelier, Proberäume, Druckwerkstatt – die Schwartzsche Villa ist all das in einem. Besonders spannend ist das Kindertheaterprogramm, das Kindertheatermacher:innen und mobilen Bühnen Raum für Gastspiele gibt. Dementsprechend abwechslungsreich sind die Aufführungen in der Villa. *Grunewaldstr. 55, 12165 Berlin-ST, T: 902992212, schwartzsche-villa.de*

ufaFabrik

tipp

Seit gut 40 Jahren können große und kleine Besucher:innen der ufaFabrik kulturelle Vielfalt erleben. Auf mehr als 8.000 Quadratmetern werden in der ökologischen Kulturoase in Tempelhof vom Musikgarten bis zur Babymassage, von der Tierpflege auf dem eigenen Bauernhof bis hin zum Beatboxmusical für Kinder tolle Programme geboten. *Viktoriastr. 10-18, 12105 Berlin-TE, T: 755030, ufafabrik.de*

Urania

Nahe des Wittenbergplatzes wird in der Urania seit mehr als 100 Jahren eine Schnittstelle zwischen Wissenschaft und Stadtgesellschaft geschaffen. Es lohnt sich, das Programm regelmäßig zu checken, wann dort wieder Kindermusicals und Familienkonzerte veranstaltet werden. *An der Urania 17, 10787 Berlin-SB, T: 2189091, urania.de*

YAAM

Im YAAM an der Spree ist vor allem im Sommer jeden Tag etwas los. Kleine Berliner:innen können sich im Kidscorner kreativ entfalten und bei zahlreichen kulturellen und sportlichen Aktivitäten auspowern. Das Angebot reicht von allerlei Workshops bis hin zu urbanen Sportangeboten und natürlich vielen tollen Konzerten. *An der Schillingbrücke 3, 10243 Berlin-FR, T: 6151354, yaam.de*

Sehenswürdigkeiten

Berliner Dom

Wer einmal einen spektakulären Panoramablick über Berlin haben möchte, kann das von der Domkuppel aus tun. Auch die Besichtigung des monumentalen Kirchengebäudes lohnt sich und ist für Kinder kostenlos. Die Hohenzollerngruft ist wegen Umbau- und Sanierungsarbeiten voraussichtlich bis zum Frühjahr 2024 geschlossen. Eindrucksvoll sind auch die Familienkonzerte, die dort zu besonderen Anlässen wie St. Martin oder zu Weihnachten stattfinden. *Am Lustgarten, 10178 Berlin-MI, T: 20269136, berlinerdom.de*

Berliner Fernsehturm

Der 368 Meter hohe Turm, der vor allem durch seine Silhouette das Berliner Stadtbild prägt, ist eine der bedeutendsten Sehenswürdigkeiten, gilt er doch als höchstes Bauwerk Deutschlands. Von hier aus erhalten Besucher:innen einen spektakulären Ausblick über die ganze Stadt. *Panoramastr. 1A, 10178 Berlin-MI, T: 247575875, tv-turm.de*

Denkmal für die ermordeten Juden Europas

Zwischen Brandenburger Tor und Potsdamer Platz liegt das Holocaust-Mahnmal. Das Stelenfeld besteht aus 2.711 Betonblöcken unterschiedlicher Höhe. Unterirdisch befindet sich der „Ort der Information", der über die Entrechtung, Verfolgung und Ermordung der jüdischen Menschen Europas aufklärt. Mit Zeugnissen individueller Lebensgeschichten wird an die Opfer erinnert. *Cora-Berliner-Str. 1, 10117 Berlin-MI, T: 28045961, holocaust-denkmal-berlin.de*

Deutscher Bundestag

tipp

Für die Besichtigung der beeindruckenden Kuppel und der Dachterrasse des Reichstagsgebäudes muss man sich vorher beim Besucher:innenservice anmelden. Man kann auch Führungen buchen, um mehr über die Geschichte und Architektur des Ortes zu erfahren. Kindern erklärt der Audioguide „Mit Karlchen Adler auf die Kuppel" auf spielerische Art, was im Bundestag passiert. *Platz der Republik 1, 11011 Berlin-TI, T: 22732152, bundestag.de*

Eastside Gallery

Insgesamt 155 Kilometer war sie lang, die Berliner Mauer, die die Stadt Jahrzehnte in Ost und West teilte. Das noch längste erhaltene Teilstück ist in Friedrichshain unweit der Oberbaumbrücke zu finden. Dank Street Art-Künstler:innen wurde sie zu einer riesigen Galerie für Urban Art und einem beliebten Fotomotiv. *Mühlenstr. 3-100, 10243 Berlin-FR, eastsidegallery-berlin.com*

Flatowturm im Park Babelsberg

Wer bis zum Zinnenkranz des Turms hinaufklettert, durchquert sehenswerte Schlossräume. Oben belohnt schließlich ein herrlicher Panoramablick. Überhaupt ist das UNESCO-Welterbe Park Babelsberg stets einen Besuch wert. *Park Babelsberg 12, 14482 Potsdam, T: 0331-9694200, spsg.de*

Flughafen Tempelhof

Das unter Denkmalschutz stehende Gebäude spiegelt die wechselvolle Geschichte Berlins wider. Der nationalsozialistische Bau diente im Zweiten Weltkrieg der Rüstungsproduktion durch Zwangsarbeiter:innen. Doch als Symbol der Freiheit wurde der Flughafen durch die Luftbrücke von 1948/49 weltberühmt. Auf Rundgängen kann man das

KINDER-TIPP

KLEINE GROSSSTADT GESCHICHTE

Am Wahrzeichen der Stadt findet man die prägenden historischen Ereignisse Berlins in Miniaturen dargestellt.

Wie oft läuft man am Fernsehturm vorbei, ohne zu ahnen, dass sich in seinem Fuß ein spannendes Miniatur-Berlin verbirgt? Der Rundgang durch die Geschichte der Stadt von ihren mittelalterlichen Anfängen über ihre technischen und gesellschaftlichen Revolutionen bis zur Wiedervereinigung ist mit seinen interaktiven Elementen überraschend aufschlussreich, nicht nur für historisch interessierte Heranwachsende wie Victor. *Little Big City, Seite 191*

Victor
13 Jahre

Gebäude mit einer Fläche von 300.000 Quadratmetern erkunden. Die Führung „Verborgene Orte" führt auch in den Untergrund. *CHECK-IN Besucherzentrum, Platz der Luftbrücke 5, 12101 Berlin-TE, thf-berlin.de*

Gendarmenmarkt

Mit seinen monumentalen Baudenkmälern gilt er als schönster Platz Berlins. Französischer Dom und Deutscher Dom flankieren das Konzerthaus. Musikfreund:innen kommen auch beim alljährlichen Classic Open Air auf ihre Kosten und in der Adventszeit beherbergt der Platz einen der stimmungsvollsten Weihnachtsmärkte der Stadt. *Gendarmenmarkt, 10117 Berlin-MI*

Kaiser-Wilhelm-Gedächtniskirche

Die Kirche mit ihrer Turmruine, die heute als Mahnmal für den Frieden gilt, können Interessierte in täglichen Führungen besichtigen, dort an Familiengottesdiensten oder Konzerten teilnehmen und von Ende April bis Anfang Oktober bei speziellen Wochenendführungen das Innere der Turmruine erkunden. *Breitscheidplatz, 10789 Berlin-CH, T: 2185023, gedaechtniskirche-berlin.de*

Neue Synagoge

Der prächtige Bau war einst die größte Synagoge Deutschlands. Heute ist es der Sitz des Centrum Judaicums, in dem die Herausforderungen kultureller Vielfalt und Differenzen sowie die verschiedensten Ausprägungen des Jüdischseins thematisiert werden. Jüdische Geschichte in Berlin ist hier ein Beispiel dafür, Geschichte überhaupt aus verschiedenen Perspektiven zu sehen. *Oranienburger Str. 28-30, 10117 Berlin-MI, T: 88028316, centrumjudaicum.de*

Nikolaiviertel

Hier kommt man sich vor wie in einer anderen Stadt und Zeit – die Häuser zwischen Spree und Rotem Rathaus wurden im Vorfeld der Feierlichkeiten zur 750-Jahr-Feier Berlins von 1981 bis 1987 nach historischem Vorbild neu errichtet. Die namensgebende doppeltürmige Kirche trägt in ihrem Gemäuer Spuren aller Epochen und zeigt in Miniaturmodellen die Geschichte des Viertels. *Rund um den Nikolaikirchplatz, 10178 Berlin-MI*

Olympiastadion

Wer sich auf die Spur der deutschen Sport- und Architekturgeschichte begeben möchte, besucht das Olympiastadion. Ihr könnt das Gelände auch auf eigene Faust erkunden, mehr erfährt man aber bei den Führungen, wenn man hinter die Kulissen schauen darf. Bei der Lichterlebnis-Tour, kann man die weltweit einmalige

LED-Lichtanlage mit einer spektakulären Lightshow erleben. Bei verschiedenen Führungen können auch die Spielerkabinen, die unterirdische Aufwärmhalle oder die historische Multifunktionsarena besichtigt werden. Wer möchte, kann hier auch grandios Geburtstag feiern. *Olympischer Platz 3, 14053 Berlin-CH, T: 30688100, olympiastadion.berlin*

Schloss Charlottenburg

Früher residierte die preußische Königin Sophie Charlotte in dem für sie erbauten Prachtbau. Heute beherbergt das Schloss Ausstellungen, in denen unter anderem die Schätze aus der Silberkammer der Hohenzollern oder der Residenz ihres Enkels Friedrich des Großen gezeigt werden. Führungen durch die Gemächer und das Lustwandeln im barocken Park garantieren royalen Spaß für die ganze Familie. *Spandauer Damm 10-22, 14059 Berlin-CH, T: 320910, spsg.de*

Schloss Schönhausen

Das Barockschloss Schönhausen in Pankow hat sich vom Sommersitz der preußischen Königin über ein Kunstdepot während des Nationalsozialismus und bis zum Amtssitz des DDR-Präsidenten einer starken Wandlung unterzogen. In kaum einem anderen preußischen Schloss ist die Zeitgeschichte Deutschlands so ablesbar wie in Schönhausen. Heute beherbergt das Schloss wechselnde Veranstaltungen in den prächtigen Zimmern. *Tschaikowskistr. 1, 13156 Berlin-PA, T: 4039492625, spsg.de*

tipp

Schloss und Park Sanssouci

Ein Familienausflug nach Potsdam ist immer eine gute Idee und dann steht das weltbekannte Parkensemble meist ganz oben auf der Wunschliste. Hier können Besucher:innen die von Eleganz geprägten Räume oder den Schlosspark zwischen der Orangerie, dem Chinesischen Teehaus und den berühmten Weinbergterrassen erkunden. Auch ein Besuch des westlich gelegenen Neuen Palais lohnt sich, ebenso wie die Teilnahme am vielseitigen Veranstaltungsprogramm für Familien! *Maulbeerallee, 14469 Potsdam, T: 0331-9694200, spsg.de*

Siegessäule

Etwa 20 Minuten spaziert man vom Brandenburger Tor bis zur verkehrsumtosten Siegessäule auf dem Großen Stern. 1864-1873 ursprünglich vor dem Reichstag erbaut, wurde sie während des Nationalsozialismus auf ihre heutige Höhe von 67 Metern erhöht und im Rahmen der Planungen für die „Reichsstadt Germania" versetzt. Geziert wird die Säule von der Figur der römischen Siegesgöttin Viktoria. Wer genug Kondition aufbringt, erklimmt die im Inneren gelegene Wendeltreppe mit ihren 285 Stufen und erhält von der Aussichtsplattform auf rund 51 Metern einen fantastischen Panoramaausblick. *Großer Stern, 10557 Berlin-TI*

tipp

Zitadelle Spandau

Die Renaissancefestung beherbergt das älteste Gebäude Berlins, den Juliusturm. Familien können jedoch nicht nur spannende Führungen, sondern auch Open-Air-Konzerte, Workshops oder das Stadtgeschichtliche Museum besuchen. Und dann gibt es ja noch die Fledermäuse, die einen im Keller erwarten. Neben dem regulären Familiensonntag am erstem Sonntag im Monat bietet die Zitadelle Spandau auf dem alljährlichen Museumskinderfest ein buntes, kostenfreies und abwechslungsreiches Workshop- und Kreativangebot an. *Am Juliusturm 64, 13599 Berlin-SP, T: 3549440, zitadelle-berlin.de*

Stadtführungen

Bärentouren

Geschichtsliebhaber:innen ab vier Jahren, die mehr von Berlins historischer Seite sehen wollen, gehen gemeinsam mit Ritter Johann auf eine spannende Erkundungstour. Zu Fuß entdecken sie interessante Orte, während der eindrucksvolle Guide von der aufregenden Stadtgeschichte erzählt: Entdeckt mit Johann den alten Turnierplatz vor dem Schloss, hört wie frevelnde Raubritter 1410 die Berliner Kuhherde stahlen, seht, wo sich seinerzeit die Stadtmauertore in Berlin befanden und erkundet, wie die Doppelstadt Cölln und Berlin im Jahre 1448 ausgesehen hat. *T: 34787407, baerentouren.de*

Berliner Wassertaxi

Berlins schönste Seiten kann man auf dem Wasserweg entdecken, denn zum Glück liegen die meisten Berliner Sehenswürdigkeiten direkt an der Spree. Während der einstündigen Schiffsrundfahrt schippert man vorbei an Fernsehturm, Nikolaiviertel, Berliner Dom, ARD-Studio, Reichstag, Regierungsviertel und Siegessäule. *T: 65880203, berlinerwassertaxi.de*

Foxtrail

Super Mix aus Schnitzeljagd, Sightseeing und Outdoor-Escape Game: Die Jagd nach dem schlauen Tier führt in kleinen Teams von zwei bis sechs Personen ab zehn Jahren quer durch die Bezirke. Um dem Fuchs auf die Spur zu kommen braucht es keine App, sondern Köpfe, Hände, alle Sinne und Teamgeist. *T: 55578686, foxtrail.de*

lialo

Als Familie zeitlich unabhängig und entspannt durch die Berliner Kieze geführt werden, das geht mit dem Smartphone auf über 50 lialo Touren – viele davon sind kostenfrei. An den Stopps warten abwechslungsreiche Aufgaben. Mit lialo kann zudem jede:r einfach seine eigene Smartphone-geführte Tour mit Aufgaben erstellen. *T: 629346500, lialo.com*

Pindactica

Mit den Entdecker:innenheften des gemeinnützigen Bildungsvereins können Kinder ab sechs Jahren alleine, gemeinsam mit der ganzen Familie oder mit dem Pindactica-Team auf Outdoor-Entdeckungstouren gehen, beobachten, sammeln, rätseln, malen oder kartografieren. *T: 34083124, pindactica.de*

Reederei Riedel

Wer Berlin vom Wasser aus erkunden möchte, der kann auf der„Berlin Hauptstadt Spreefahrt" entspannt zurückgelehnt die Highlights der Stadt an sich vorbeiziehen lassen, unter Brücken hindurch schippern und Spannendes über Stadt und Bewohner:innen erfahren. *T: 62933194, reederei-riedel.de*

Stadt im Ohr

Die Familienhörspiele zum Mitlaufen bekommt man als Download auf der Website oder im App-Store. So entdecken Kinder ab neun Jahren gemeinsam mit dem weit gereisten Kater Socks vom Helmholtzplatz den geschichtsträchtigen Prenzlauer Berg oder folgen der Audiotour „Zwischen den Welten" über die Oberbaumbrücke zwischen Kreuzberg und Friedrichshain. *T: 20078841, stadt-im-ohr.de*

Stadtspiel Schnitzeljagd Berlin

Bestens geeignet für Familien, die Berlin mit Kindern und Spaß erkunden möchten, ist die Schnitzeljagd „Berlins Mitte für Kinder". In zwei bis drei Stunden erkundet man dabei die bekanntesten Sehenswürdigkeiten und Attraktionen von Fernsehturm bis Potsdamer Platz und erfährt ganz nebenbei viel über Berlins Geschichte. *T: 0351-2136800, stadtspiel-berlin.de*

StattReisen Berlin

Kinder zwischen acht und zwölf Jahren können gemeinsam mit ihren Eltern an den öffentlichen Kindertouren teilnehmen und auf spielerische Weise Berlin entdecken. Sieben verschiedene Kindertouren hat das BTeam im Repertoire, die ihr auch für einen Kindergeburtstagsausflug buchen könnt. *T: 4553028, stattreisenberlin.de*

Stern und Kreisschifffahrt

Sightseeing vom Wasser aus – die verschiedenen Schiffstouren führen durch Berlins historische Mitte und durchs Regierungsviertel oder über die Seen der Umgebung. Durch die City, über die Havel oder die Spree – Wasserbegeisterte erleben die Geschichte Berlins und entdecken die Stadt gleichzeitig aus einer ganz neuen Perspektive. *T: 5363600, sternundkreis.de*

Streetart-Führungen

tipp

Caro Eickhoff bringt in ihren Graffiti- und Streetart-Führungen Familien die hiesige Welt der Straßenkunst nahe. Dabei geht sie mit Teilnehmer:innen ab acht Jahren zwei Stunden spazieren und gibt Hintergrundinfos anhand vieler praktischer Beispiele sowie viel Raum für Fragen und Beobachtungen. Seit einiger Zeit werden auch virtuelle Touren angeboten: „Live aus der Stadt" und „Live aus dem Studio". *T: 01577-1567869, streetart-fuehrungen.de*

Your City Quest

Flexibler als mit den Smartphone-Stadtrallyes geht es kaum. Nach der Buchung erhaltet ihr einen Code (gültig für zehn Spieler:innen bzw. Geräte), mit dem ihr die jeweilige Mission starten könnt, wann ihr möchtet. Ihr könnt das Abenteuer auch unterbrechen und später weiterspielen, wenn euch beispielsweise ein Regenguss überrascht. *yourcityquest.de*

Vergünstigungen

Berliner FamilienPass und Super-Ferien-Pass

Der Familienpass des Jugendkulturservices ist jedes Jahr aufs Neue eine lohnenswerte Anschaffung, enthält er doch zahlreiche Vergünstigungen für echte Highlights. Auch der Super-Ferien-Pass für neun Euro, der unzählige Rabatte, Verlosungen, freien Eintritt in die Bäder der Berliner Bäderbetriebe und zig Ideen für die schulfreien Zeiten liefert, ist ein Must-Have. *jugendkulturservice.de*

Familienpass Brandenburg

Der Familienpass 2022/2023 bietet über 400 rabattierte Angebote aus den Bereichen Freizeit, Bildung, Sport und Spaß vom Badeerlebnis im Freizeitbad, über spannende Museumsführungen bis zu Action und Abenteuer im Naturpark. Der Pass ist bis Ende Juni gültig und lohnt sich für alle, die häufiger Ausflüge ins Umland unternehmen. *familienpass-brandenburg.de*

SHOPPING

CH Charlottenburg, *FR* Friedrichshain, *HE* Hellersdorf
HO Hohenschönhausen, *KÖ* Köpenick, *KR* Kreuzberg
LI Lichtenberg, *MA* Marzahn, *MI* Mitte, *NK* Neukölln
PA Pankow, *PB* Prenzlauer Berg, *RE* Reinickendorf
SB Schöneberg, *SP* Spandau, *ST* Steglitz, *TE* Tempelhof
TI Tiergarten, *TR* Treptow, *WE* Wedding, *WI* Wilmersdorf
WS Weißensee, *ZE* Zehlendorf

Baby und Schwangerschaft

9 Monate Berlin

Wenn der Babybauch wächst, schwindet schnell die Anzahl der passenden Anziehsachen. Es lohnt sich, etwas fürs eigene Wohlbefinden zu tun und sich für die Schwangerschaftsmonate gemütliche und ausgehtaugliche Sachen zu gönnen. 9 Monate Berlin kleidet Schwangere und Stillende in schönste Gewänder. Eigens für den Shop produzieren zahlreiche verschiedene Hersteller:innen in Europa. *Schivelbeiner Str. 41, 10439 Berlin-PB, T: 44036604, 9monateberlin.de*

tipp

abricot coco

abricot coco, das sind Rebecca und Paula, Designerinnen und selbst Mamas. Ihre Idee, stilvolle und nachhaltige Mode für Schwangere zu kreieren, haben sie in die Tat umgesetzt. Die Stücke ihrer Kollektion sind so wandelbar konzipiert, dass sie auch nach der Schwangerschaft weiter getragen werden können. Wer sich eine persönliche Beratung wünscht, ist im Store vor Ort gut aufgehoben. *Choriner Str. 32, 10435 Berlin-PB, T: 41717016, abricot-coco.com*

ANGELCAB Brandstore

Im Brandstore von Angelcab findet ihr wahre Alleskönner. Die braucht es auch, schließlich ist ein Kinderwagen in den ersten Monaten oft im Dauergebrauch und muss ganz unterschiedliche Situationen mitmachen. Die Kinderwagen sind jedoch nicht nur funktional, sondern auch super schick, frei von Schadstoffen und fair produziert. So überzeugen Materialien wie Rhabarberleder oder Schafschurwolle im alltäglichen Gebrauch. Auch Babytragen stellt das Label aus Biobaumwolle her und führt eine feine Auswahl an Babyspielsachen. *Wörther Str. 27, 10405 Berlin-PB, T: 41209555, angelcab.de*

Babybox and Family

Die beiden Gründerinnen von Babybox and Family unterstützen Eltern beim Start, indem sie für die richtige Erstausstattung sorgen. Dabei legen sie Wert auf die Art und Herkunft der hochwertigen Materialien. Der Store bietet neben ausgewählten Einzelteilen auch Geschenksets und Erstlings-Boxen, die mit viel Feingefühl und Know-How zusammengestellt werden. Die „Mummy Boxen“ enthalten tolle Dinge, welche die Zeit von Schwangerschaft, Geburt und Wochenbett verschönern. *Fehrbelliner Str. 24, 10119 Berlin-MI, T: 0170-2200471, babyboxfamily.com*

baby-walz

Der Fachmarkt hat es sich zur Aufgabe gemacht, die ersten Jahre des Nachwuchses professionell zu begleiten. Werdende Eltern sind hier gut beraten, denn der Laden hat die gesamte Erstausstattung zu bieten. Zudem findet ihr hier ein ganzes Areal des Labels Cybex. Auf 60 Quadratmetern kann das Sortiment aus Kinderwagen, Autositzen und Babytragen ausprobiert werden. *Knesebeckstr. 59-61, 10719 Berlin-CH, T: 8871680, baby-walz.de*

BabyOne

Die Liste ist lang für Neu-Eltern. Um mit einem Mal die benötigte Ausstattung zu besorgen, lohnt sich die Fahrt in einen BabyOne Fachmarkt. Gleich vier Filialen gibt es in Berlin, in denen man fachkundige Beratung zu den Produkten für Kinder bis drei Jahren bekommt. *Bundesallee 17, 10717 Berlin-WI, T: 8833007; Pankower Allee 47, 13409 Berlin-RE, T: 49989450; Nonnendammallee 117, 13629 Berlin-SP, T: 33006030; Alboinstr. 18-24, 12103 Berlin-TE, T: 75687120, babyone.de*

Bugaboo Brand Store

Auch wenn es sich um den Bugaboo unter den Kinderwagen handelt, empfiehlt es sich, das neue Gefährt zuallererst zu testen und herauszufinden, welches Modell und Zubehör am besten zu einem passt. Der Brand Store in Mitte bietet sich dafür ganz besonders an. Auch Autokindersitze und ab Frühjahr 2023 der Giraffe Hochstuhl zählen zum bugaboo-Sortiment. *Alte Schönhauser Str. 3, 10119 Berlin-MI, T: 54777038, bugaboo.com*

tipp

Die Zwergperten

Bei den Zwergperten erhält man gute Beratung rund um das Thema Mobilität mit Baby und Kind. In den hellen Räumen findet sich ein breites Sortiment an Babyschalen, Reboardern und Kindersitzen fürs Auto und Fahrrad. Zudem kann hier allerlei Zubehör gleich mitgeshoppt werden. Ob Trittschutz, Kühlmatte oder Regenschutz – wer mit Kind unterwegs ist, muss schließlich vorbereitet sein. *Prenzlauer Promenade 26, 13089 Berlin-WS, T: 29777222, zwergperten-shop.de*

tipp

Familie Bär

Der erste Roadtrip mit Nachwuchs erfordert viel Vorbereitung. Familie Bär hilft bei der Wahl des passenden Kindersitzes und berät umfassend zu Babyschalen und speziell zu Reboardkindersitzen. Auch für Flugreisen stattet der Laden aus und bietet seine Expertise an. Von der Schwangerschaft bis zum Ende der Kindersitzpflicht wird man hier optimal begleitet. *Heinersdorfer Str. 23, 12209 Berlin-ST, T: 81052832, familiebaer.com*

ABENTEUER-LUST

Gretas Schwester
Accessoires, Bücher, Papeterie aus Berlin
gretasschwester.de

Illustratorin und Outdoorfan Sarah Neuendorf entdeckt gerne mit Kindern und ihrem ganz eigenen Blick die Welt. Davon zeugen ihre „Tiny Adventures“-Bücher und Accessoires.

Firlefanz

Mehr als 500 Kinderwagen warten bei Firlefanz darauf, den Nachwuchs sicher durch Berlin zu bringen. Ein durchdachtes Beratungskonzept sorgt dafür, dass das richtige Gefährt gewählt wird. Gibt es dann mal Reparaturbedarf, hilft der Werkstatt-Service. Und auch auf der Suche nach Tragesystemen, Babysachen und Spielzeug könnt ihr hier fündig werden. *Grevesmühlener Str. 30-32, 13059 Berlin-HO, T: 88001222, firlefanz.club*

Girasol

Die Babytragen von Girasol entstehen in verantwortungsbewusster Handarbeit in kleinen Kooperativen in Guatemala. Dabei sind die Grundpfeiler der Produktion: fair, nachhaltig und ergonomisch korrekt. Im Berliner Laden kann man die Produkte bestaunen, ausprobieren und natürlich käuflich erwerben. Egal, ob Tuch oder Tragehilfe – hier gibt es eine fachkundige Beratung. *Eisenacher Str. 71, 10823 Berlin-SB, T: 7811584, girasol.de*

tipp

Hug & Grow

Man merkt dem Laden an, dass es dem Team nicht nur um den Verkauf geht, sondern vor allem um die ganzheitliche Begleitung von Kindern und Familien. Das Kursangebot zu Themen wie Tragen, Stoffwindeln oder Babymassage sorgt inhaltlich für Input. Babys, Kinder oder Teenager könnt ihr in Moabit und im Onlineshop mit nachhaltiger Kindermode einkleiden. Auch Tragehilfen, Stoffwindeln und Holzspielzeug sowie Rucksäcke, Brotdosen und Naturkind-Kinderwagen findet ihr dort. *Kirchstr. 20, 10557 Berlin-TI, T: 75569769, hug-and-grow.de*

Hula Hup

Bei Hula Hup wird Beratung groß geschrieben und eine vielfältige Auswahl an Umstands- und Stillmode angeboten. Ob stilvolle Fest- und Brautmode, Business Wear, gemütliche Freizeitkleidung oder Stillwäsche – das Sortiment ist breit gefächert. In ruhiger Atmosphäre kann das neue Outfit ausgewählt werden. *Uhlandstr. 131, 10717 Berlin-WI, T: 8737924, berlin-umstandsmode.de*

tipp

Kleine Fabriek

Zwei Stores füllt die Kleine Fabriek mit schönen und praktischen Dingen fürs Kinderzimmer und den Kleiderschrank. Hier wird fündig, wer sich für Design aus Skandinavien begeistert. Vom Kinderwagen über mitwachsende Kindermöbel und Deko bis hin zum Laufrad beweisen die Inhaber:innen Geschmack. Gute Beratung orientiert sich hier an dem, was Familien wirklich brauchen. *Gotenstr. 64, 10829 Berlin-SB, T: 549058890, Kastanienallee 63, 10119 Berlin-MI, T: 692015130, kleinefabriek.de*

Knuddelkind Berlin

Wer einen fahrbaren Untersatz für den Nachwuchs sucht, findet diesen bei Knuddelkind. Kinderwagen, Buggys, Autositze und Hochstühle hat der Laden im Sortiment. Für Leute, die gerne mit leichtem Gepäck unterwegs sind, sind die ultrakompakten Buggys interessant. *Margaretenstr. 3, 12203 Berlin-ST, T: 55220123, knuddelkind.berlin*

Madame Jordan

Madame Jordan bietet hervorragende Tragelösungen, die den Bedürfnissen von Eltern und Kind gerecht werden. Babytragen gibt es von Ergobaby, Tula, Manduca, und einigen anderen Hersteller:innen. Aber auch Ringslings und Tragetücher sind beliebt und sollten als Variante in Betracht gezogen werden. Es lohnt sich, eine individuelle Trageberatung zu vereinbaren. *Pappelallee 44, 10437 Berlin-PB, T: 44312217, madamejordan.com*

MamaMotion

Wer den Nachwuchs ganz nah am Körper tragen möchte, sollte sich um eine rückenschonende Trage bemühen. Das Familienunternehmen berät kompetent und markenübergreifend. Die modulare Babytrage MaMo wurde eigens von MamaMotion entwickelt. Genauso wie die Jackenerweiterung Kumja, welche sowohl Träger:in als auch Tragling trocken hält. Stets gibt es hier neue, optimierte Modelle aus der eigenen Produktion. *Chodowieckistr. 32, 10405 Berlin-PB, T: 40500511, mamamotion.de*

tipp

Milchwiese

Rund ums Stillen versorgt die Milchwiese Eltern und ihre Säuglinge. Wenn Stillprobleme auftreten, ist gute Beratung und manches Mal rasche Hilfe wichtig. In dem Berliner Shop haben stillende Mamas Priorität, in Notlagen sogar außerhalb der Öffnungszeiten. Der Milchpumpen-Verleih beispielsweise liefert gegen ärztliches Rezept noch am selben Tag. Im Onlineshop gibt es zudem allerlei Schönes zum Verschenken. *Kaiserdamm 19, 14057 Berlin-CH, T: 89402044, milchwiese.de*

mother

Schönes für die Allerkleinsten gibt es im Laden im Bötzowkiez. Die vorrätigen Marken, unter anderem Bench, Minymo, Noppies, Sanetta, Sterntaler und Kikkid, kommen aus Skandinavien und den Niederlanden. Auch die werdende Mutter findet hier Schwangerschaftsmode. Und wenn die Kinder älter werden, ist der Laden noch lange die richtige Adresse. Die schönen Teile von mother bringen den nötigen Coolnessfaktor mit und genügen dennoch den elterlichen Ansprüchen. *Hufelandstr. 30, 10407 Berlin-PB, T: 40393290, mother-shop.de*

Punkt und Pünktchen

Unweit des Savignyplatzes findet man bei Punkt und Pünktchen Schwangerschafts- und Stillmode für Business, Freizeit und festliche Anlässe in großer Auswahl. Die kompetente und individuelle Beratung von werdenden Mütter ist den beiden Inhaberinnen sehr wichtig. Auch Kleidung für Säuglinge und Kinder bis acht Jahren von Loud und Proud, Petit Bateau und anderen Marken werden hier geführt. *Schlüterstr. 28, 10629 Berlin-CH, T: 3247890, umstandsmoden-berlin.de*

sexymama

Die Mode bei sexymama ist bequem und kommt zugleich in schönsten Designs daher. Die Auswahl ist groß, denn das Sortiment des Shops umfasst Stücke von über 30 verschiedenen Labels wie Mamalicious, Fragile oder Seraphine. Die Kleidung ist erschwinglich und oft gibt es auch das ein oder andere reduzierte Teil zu erwerben. Wie gut, dass man viele der Pullover, Kleider und Jacken nach der Geburt als praktische Stillmode weiterhin tragen kann. *Lychener Str. 52, 10437 Berlin-PB, T: 54714338, sexy-mama.de*

StiLLLounge

Die StiLLLounge ist ein Ort zum entspannten Informieren, Shoppen und Genießen. Die enge Zusammenarbeit mit dem Geburtshaus Schöneberg macht es möglich, dass die Regale vor allem mit erprobten und für sinnvoll erachteten Produkten wie der Snugglebundl gefüllt sind. Zum Angebot gehören neben tollen Produkten auch Beratungsangebote zu den Themen Trage und Stoffwindeln oder Kurse zur Geburtsvorbereitung und Rückbildung sowie zur Babymassage. *Dominicusstr. 25, 10823 Berlin-SB, T: 78719266, stilllounge-berlin.de*

Kinderkleidung

360° Outdoor

360° stattet Abenteuerwütige rundum aus. Der Fokus liegt auf hochwertiger Ausrüstung, die hier in Form von führenden Marken wie Fjällräven, Icebreaker, Woolpower und vielen anderen über den Tresen geht. *Oranienstr. 164, 10969 Berlin-KR, T: 79789449, 360-outdoor.de*

Bölschelino

Ob gefütterte Leggings, gemütliche Schlafanzüge, sportliche Sweater oder bequeme Jeans – das beliebte Friedrichshagener Geschäft deckt Kinder mit schöner Mode in den Größen 56 bis 164 ein. Bölschestr. *106, 12587 Berlin-KÖ, T: 12021595, boelschelino.jimdofree.com*

C37

tipp

Seit vielen Jahren eine verlässliche Adresse, wenn es um die Ausstattung von Kids und Teens geht. Dem Team liegt Qualität und Nachhaltigkeit am Herzen, deshalb werden hier vor allem kleine und regionale Design- und Modelabels unterstützt. Damit die Auswahl mit Nachwuchs stressfrei verläuft, können die Sachen zur Anprobe auch mal mit nach Hause genommen werden. Super Spielwaren und Wohnaccessoires gibt es ebenfalls. *Choriner Str. 37, 10435 Berlin-PB, T: 41725741, c-37.de*

Camp4

Bei Camp4 wird mit Leidenschaft ausgerüstet, denn wer hier berät, ist selbst auf den Gebieten Klettern, Wandern, oder Paddeln versiert. Ob Wanderschuhe oder Kletterbekleidung – hier findet ihr die passende Ausstattung. *Karl-Marx-Allee 32, 10178 Berlin-MI, T: 3229660, camp4.de*

d.nik

Der Concept Store am Kollwitzplatz beherbergt jede Menge schöner Dinge rund ums Kind. Das Sortiment umfasst Mode, Möbel und Dinge fürs Kinderzimmer, die zu Bewegung und Kreativität anregen. Marken wie Petit Bateau, Ocra oder Mini Rodini verknüpfen Nützlichkeit und Ästhetik. Junge Designs und bekannte Kindermöbel-Klassiker gibt es von Marken wie Kalon Studios, Angelpoise oder marimekko. *Wörther Str. 14, 10405 Berlin-PB, T: 30648628, dnik-berlin.de*

tipp Der Aussteiger KIDS

Ob Südamerika, Afrika, Australien oder die Sächsische Schweiz – wen es hinaus in die wilde Welt zieht, sollte sich darauf gut vorbereiten. Die Kids-Filiale des Aussteigers hat sich auf den Abenteuerdrang kleiner Entdecker:innen bis 15 Jahren spezialisiert. Vom Krabbelkäferpflaster für die ersten Schnitzversuche über den Trekking-Rucksack sowie Mikroskop und Teleskop bis hin zur wetterfesten Regenkleidung findet sich im Shop jede Menge Nützliches für die Welt da draußen. *Danziger Str. 28, 10435 Berlin-PB, T: 38107180, der-aussteiger.de*

Dollyrocker

Genauso wie bei ihrem eigenen gleichnamigen Upcyclinglabel legen Gabi Hartkopp und Ina Langenbruch auch beim restlichen Dollyrocker-Sortiment den Schwerpunkt auf Kreativität und Nachhaltigkeit. So befindet sich nichts in den Regalen, was die Inhaberinnen des schönen Ladens am Boxhagener Platz nicht auch selbst kaufen würden. Das Ergebnis ist eine feine Auswahl skandinavischer Kindermode, Teilen aus Wolle und Seide sowie Accessoires für Kinder und nachhaltige Papeterie. *Gärtnerstr. 25, 10245 Berlin-FR, T: 54719606, dollyrocker.de*

Emil & Evelinchen

Ob Baby- oder Kinderbekleidung, Bademode oder Buddelhose – von Schneeanzug bis Sonnenhut übernimmt Emil & Evelinchen die Komplettausstattung. Unter den vielen Label im Sortiment sind Petit Bateau, Scotch & Soda, Sterntaler und Käthe Kruse. *Reichsstr. 93, 14052 Berlin-CH, T: 3059993, evelinchen.net*

Erdbeerengel

In seinen hellen Räumen präsentiert der Laden schöne Mode für Kinder bis zwölf Jahren von skandinavischen Marken wie Elkline, Done by Deer, Name It oder Minymo. Wer treu einkauft, profitiert von der Family Card des Erdbeerengel: Je größer und häufiger der Einkauf, desto mehr Rabatt gibt es beim nächsten Mal. *Heinsestr. 27, 13467 Berlin-RE, T: 40502400, erdbeerengel.de*

tipp finkid Store

Immer wieder ist es die finnische Mode, die im Nu überzeugt. Das Design der finkid-Kinderkleidung ist schlicht, schön und orientiert sich an dem, was funktional ist. So hat sich die Marke fürs Stadt- und Naturleben einen Namen gemacht und ist aus Berliner Kinderkleiderschränken gar nicht mehr weg zu denken. Der Store rüstet zudem mit Kinderschuhen aus. Viele der Gummisohlen sind ökologisch aus Naturkautschuk produziert. *Bundesallee 117, 12161 Berlin-WI, T: 85757645, finkid.de*

tipp finkid- & finside-Outlet Store

Robuste Winterjacken, wärmende Pudelmützen, wetterfeste Zip In-Jacken oder wasserfest Boots – wer auf der Suche nach den farbenfrohen und outdoorfesten finkid-Kindersachen ist, findet im Outlet-Store tolle Angebote. Auch für Frauen gibt es dank der finside-Kollektion schöne Kleidungsstücke zu günstigen Preisen. *Manfred-von-Richthofen-Str. 20, 12101 Berlin-TE, T: 89640772, finkid-outlet.de*

folk Berlin

Seit 2021 betreibt Sarah Winborn ihren Concept Store für schönste Baby- und Kindersachen. Hier gibt es einfach alles für das Leben mit Kind. Das Sortiment reicht von hochwertiger Kinderkleidung über Bücher bis hin zu Spielzeug und Wohnaccessoires. Dabei stehen Marken wie Monkind, Liewood, Konges Slojd und Jellycat in den Regalen, um nur einen Bruchteil zu nennen. *Mittenwalder Str. 47, 10961 Berlin-KR, folkberlin.com*

Globetrotter Ausrüstung

In der Berliner Filiale des Outdoor-Ausrüsters wird schon die Reisevorbereitung zum Erlebnis. Fachkundig werden Abenteurer:innen jeden Alters hier beraten und bekommen für jede Expedition das richtige Equipment, ganz gleich, ob es in die Alpen oder nach Brandenburg geht. Im Laden kann viel ausprobiert und getestet werden. Wer plant, die Welt im großen Stil zu bereisen, kann sich in der Reisepraxis rund um alle Impffragen beraten lassen. *Schloßstr. 20, 12165 Berlin-ST, T: 8508920, globetrotter.de*

Goldfish Kinderkaufhaus

Nur einen Katzensprung vom Weinbergspark entfernt haben stilbewusste Eltern eine Shopping-Anlaufstelle. Das Kinderkaufhaus führt eine große Auswahl an Kinderbekleidung und -schuhen von Marken wie Lilly Balou, oder Naturino sowie Rucksäcke und Accessoires. Ausgewähltes Spielzeug und Schönes zum Einrichten und Leben mit Kindern runden das Sortiment ab. *Brunnenstr. 24, 10119 Berlin-MI, T: 40054326, goldfish.berlin*

SCHÖNES SEHEN

TOP-LÄDEN KINDERBRILLEN

Augenoptik Friedemann Bruske

Alteingesessen zählt der Augenoptiker in Friedenau zu den erfahrensten seiner Zunft, wenn es um das Sehvermögen von Kindern, vor allem der jüngsten geht. In den auf Kinderbesuch ausgerichteten Räumen werden alle Familienmitglieder kompetent beraten und mit guten Brillen ausgestattet. Das Sortiment an Fassungen und die Glasauswahl ist umfangreich, selbst für extreme Sehkorrekturen. *Hauptstr. 75, 12159 Berlin-SB, augenoptik-bruske.de*

Lunettes Selection

Im Winskiez verbringt sich der Top-Tipp für alle, die auf Designklassiker stehen. Bei den Vintage-Spezialist:innen von Lunettes findet ihr auch für Kinder echte Highlights: Dior-Sonnenbrillen aus den frühen 80ern, fröhliche Vichykaro-Rahmen von Les Halles aus den 90ern, bunte Gestelle von Tintin & Milou sowie Kinderbrillen von Pariser Marken wie Very French Gangsters oder Caroline Abram. Speziell für Kids gibt es bruchfeste Polycarbonat-Gläser. *Marienburger Str. 11, 10405 Berlin-PB, lunettes-selection.de*

Kinderbrillen in Berlin

Das Fachgeschäft im Bötzowkiez trägt die Kompetenz schon im Namen und versammelt ein ausgewähltes Sortiment an hübschen und hochwertigen Kinderbrillen, das hier auf design- und qualitätsbewusste Familien wartet. *Bötzowstr. 27, 10407 Berlin-PB, kinderbrillen-inberlin.de*

Schoenhelden

Heldenhaft schöne Brillen für Große und Kleine verspricht das Augenoptikergeschäft im Samariterviertel. Zudem findet man hier Sachkenntnis und Geduld bei der ja nicht immer ganz so einfachen Auswahl der passenden Brille mit Kindern. *Thaerstr. 28, 10249 Berlin-FR, schoenhelden.de*

Bursche Brillen

Die Bursche-Augenoptiker:innen sind Spezialist:innen für Kinderbedürfnisse und so gibt es in den Filialen nicht nur eine große Auswahl an Kinderbrillen, sondern auch Schwimm- und Taucherbrillen. *Bahnhofstr. 33-38, 12555 Berlin-KÖ; Elsterwerdaer Platz 1, 12683 Berlin-LI; Reinhardtstr. 10, 10117 Berlin-MI; Berliner Allee 51, 13088 Berlin-WS, bursche-brillen.de*

Brillenwerkstatt

In Kreuzberg, Mitte und Charlottenburg berät die Brillenwerkstatt alle, die auf Sehhilfen angewiesen sind. Für Kinder finden sich dort erwachsen anmutende ebenso wie fröhlich bunte Brillenmodelle. *Dircksenstr. 48, 10178 Berlin-MI; Oranienstr. 32, 10999 Berlin-KR; Mehringdamm 66, 10961 Berlin-KR; Kaiserdamm 5, 14057 Berlin-CH, brillenwerkstatt.de*

NATÜRLICH SCHÖN

Orbasics
Bewusste Mode für Kinder und Erwachsene aus Berlin
orbasics.de

Lilija Bairamov gründete 2017 ihr Label, um ihre Tochter Nika in hochwertige Unisex-Basics aus ethisch produzierten Biostoffen zu kleiden. Die schönen Stücke gibt es inzwischen auch in groß.

tipp

HAI Berlin

Auf der Kastanienallee findet ihr einen dieser besonderen Läden, in denen man gerne auf Schatzsuche geht. In den Regalen sind die Kostbarkeiten für Baby, Kind und Eltern so ausgewählt aufgereiht, dass schon das Ansehen eine wahre Freude ist. Die Inhaberinnen unterstützen lokale Produzent:innen und wählen behutsam Kleidung, Spielwaren und Accessoires für Kinder aus. *Kastanienallee 43, 10119 Berlin-MI, T: 34509953, haiberlin.com*

neu

halber meter

Köpenick hat einen neuen Kids Concept Store! Bei halber meter gibt es Bekleidung, Spielzeug und viele andere schöne Kleinigkeiten für Babys und Kinder bis sechs Jahre. Außerdem gibt es ausgewählte Mama und Mini Capsule Styles sowie passende Geschenke für (werdende) Mütter. Mit dabei sind viele Labels wie Ba*Ba Kidswear, GoSoaky, Matona, Play Up und Nordicbuddies. *Grünstr. 15, 12555 Berlin-KÖ, halbermeter.store*

Hamburger Kinderstube

In Schöneberger Laden kann man eine der ältesten und traditionsreichsten Kindermodelabels Deutschlands kennenlernen. Hier gibt es Schickes im Stile der 1920er-Jahre wie den Hamburger Mantel, Matrosenhemden, Taufkleider, klassische Kinderanzüge sowie andere feine Kleidung für verschiedene Festivitäten. Eltern mit Kindern bis 15 Jahren werden hier fündig! *Motzstr. 59, 10777 Berlin-SB, T: 23607187, hamburger-kinderstube.de*

HeimatKinder

Die HeimatKinder-Kollektion bietet Kleidung, die über drei Größen mitwächst. Wer seinen Lieblingsstoff aussucht und an der Auswahl von Schnitt und Design mitwirkt, kann alsbald sein eigenes Produkt abholen. Außerdem werden Stoffe wie Jersey, Sweat, Nicky und Jeans sowie Bündchenware angeboten. Darüber hinaus findet ihr bei Heimatkinder Schönes für die Einschulung, Accessoires wie Portemonnaies und Taschen, sowie Deko-, Papeterie-Artikel und Geschenkideen. *Böckhstr. 49, 10967 Berlin-KR, T: 0176-41715972, heimatkinder.de*

Hoppla Charlotte

Hier wird nur verkauft, was aus fairer und ökologischer Produktion stammt. Einkleiden können sich kleine und ganz kleine Kinder, aber auch die Großen werden fündig. Der Laden regt dazu an, Infos über ökointelligentes Design und den Produktionsvorgang vor Ort zu erfragen und zu diskutieren. Schöne Accessoires, Spielsachen sowie eine Bücherecke ergänzen das Sortiment. *Alfredstr. 4, 10365 Berlin-LI, T: 22346360, hopplacharlotte.de*

Hucklebuck & Finja

Komfort, qualitativ hochwertige Verarbeitung und farbenfrohe skandinavische Designs – das ist Hucklebuck & Finja. Das Label ist die richtige Adresse, wenn es um windige, stürmische oder schneereiche Wetterlagen und die richtige Kinderkleidung dafür geht. Accessoires und Spielbares gibt es hier außerdem. *Dunckerstr. 22, 10437 Berlin-PB, T: 38106621, hucklebuck-finja.de*

Junghans Kindermode

Hier kann in schöner Atmosphäre nach Accessoires sowie Baby- und Kinderbekleidung für die Kleinsten gestöbert werden. An den Stangen hängen ausgewählte Dinge von kleinen Labels, Stofftiere von Jellycat schmücken die Schaufenster und auch besondere Accessoires in schlichter, skandinavischer Art sind hier zu erstehen. *Schievelbeiner Str. 10, 10439 Berlin-PB, Gärtnerstr. 8, 10245 Berlin-FR, T: 49965667, junghans-kindermode.de*

KaDeWe

Das Kaufhaus des Westens dürfte den meisten ein Begriff sein. Dort findet sich alles, was in der Designwelt Rang und Namen hat. Auch für den Nachwuchs gibt es Mode und Kinderschuhe ausgewählter Marken von Bellerose bis Tartine et Chocolat. *Tauentzienstr. 21-24, 10789 Berlin-SB, T: 21210, kadewe.de*

neu

Kiezkinder

Kiezkinder ist umgezogen und darf sich nun über neue, luftige Räume freuen. Dort findet ihr neben dem gewohnten, individuellen Sortiment ökologischer Baby- und Kindermode in den Größen 50-140 auch eine Couch zum Stillen, einen Wickeltisch und ein offenes Ohr für all eure Fragen rund ums Kind. Neben nachhaltigen und fairen Kindermodemarken, von denen viele regional produzieren, gibt es bei Kiezkinder auch selbst geschneiderte Mode des eigenen Labels. Bei allen Produkten wird darauf geachtet, dass Funktionalität und Design Hand in Hand gehen. *Florastr. 2, 13187 Berlin-PA, T: 0170-9046900, kiezkinder-shop.de*

neu

Kiezkinder Kids & Teens

Nachdem Kiezkinder in größere Räume acht Hausnummern weitergezogen ist, wurde der alte Store umgestaltet und hat sich in einen Modeladen für Kids und Teens verwandelt. Hier findet ihr nun ein schönes, faires und nachhaltiges Sortiment, das die Größen 140-170 bedient, eine Umkleide, um in Ruhe alles auszuprobieren und einen Chillsessel, falls es doch mal etwas länger dauern sollte. *Florastr. 10, 13187 Berlin-PA, T: 0170-9046900, kiezkinder shop.de*

Kinderboutique Sommersprosse

Die Kinderboutique deckt den Bedarf an Kinderkleidung für die ersten zehn Lebensjahre ab – ideal, wenn man für Baby und ältere Geschwister gleichzeitig fündig werden möchte. Der Pankower Laden bietet ein bunt gemischtes Sortiment aus deutschen und skandinavischen Labels. Dabei liegt der Fokus auf nachhaltigen Materialien und fairen Produktionsbedingungen. *Ossietzkystr. 8, 13187 Berlin-PA, T: 65010957, kinderboutique-sommersprosse.de*

Kleine Fische

Ein Kamel mit Kirschkernen im Bauch, oder ein Dampfschiff aus recycelten Milchflaschen – in dem Charlottenburger Laden gibt es ausgewähltes Spielzeug, Handpuppen, Kindergeschirr, Schuhe, Kleidung für Kinder bis zwölf Jahren und einiges mehr. Das Sortiment wird nach einem einfachen Prinzip ausgewählt: Was in den Laden kommt muss überzeugen, lustig sein und Spaß machen. *Leonhardtstr. 21, 14057 Berlin-CH, T: 28833324, kleinefische.de*

kleiner knorsh

Der kleine knorsh hat sich ein paar ganz besondere Schnitte für die eigene Kollektion einfallen lassen. Die knorsh-Buxe beispielsweise wächst mit und lässt sich in Sachen Gemütlichkeit und Haltbarkeit nichts vormachen. Wer mag, kann sich Farbe und Muster der gewünschten Sachen aussuchen und das ohne Aufpreis. Darüber hinaus gibt es Kindermode von anderen namhaften Hersteller:innen wie lily-balou, maxomorra, Danefæ oder sowie eine Auswahl skandinavischer Secondhand-Stücke. Wer gerne selbst schneidert, findet eine kleine aber feine Stoffauswahl hier im Bötzowkiez, der mit etlichen anderen hübschen Lädchen zum Bummeln einlädt. *Hufelandstr. 24, 10407 Berlin-PB, T: 55643723, knorsh.de*

klix – kleine Sachen

tipp

Bei klix gibt es Besonderes sowie Basics, die in keinem Kinderkleiderschrank fehlen dürfen. Die Marken sind vorwiegend ökologisch, darunter Cosilana, disana und Engel. In angenehmem Ambiente können Sprösslinge von Kopf bis Fuß eingekleidet werden, denn es gibt auch Kinderschuhe. Die Schöneberger Filiale hat eine eigene Nähwerkstatt mit handgemachten Einzelstücken. *Apostel-Paulus-Str. 1, 10823 Berlin-SB, T: 66652545; Curtiusstr. 13, 12205 Berlin-ST, T: 67463537, klix-berlin.de*

Krabbelfass

Der Zehlendorfer Laden setzt auf natürliche Materialien und regt dazu an, den Nachwuchs schon von Anfang an in diese zu kleiden. Wolle, Baumwolle und Seide findet sich unter den feinen Fasern der Klamotten. Buddelhose und Co. sorgen für einen trockenen Hintern an Regentagen. Zudem findet sich in dem Laden zudem einiges an Spielwaren von ausgesuchten Marken zum Bauen, Sortieren, Zuordnen und auch für kleine Bücherwürmer ist guter Lesestoff vorhanden. *Teltower Damm 40, 14167 Berlin-ZE, T: 8156793, krabbelfass.de*

La fraise rouge

Die rote Beere ist das Markenzeichen – schon von weitem sieht man sie auf der roten Fahne neben den bunten Wimpeln leuchten. Das ungestüme Design für Kinder umfasst Kindertaschen mit unterschiedlichen Motiven und aufgestickten Namen aus Filz, sowie personalisierte Kissen und Körnerkissen. Auch große Menschen können Accessoires für sich entdecken und eine Auswahl an Möbelknöpfen fügt sich leuchtend bunt in die Auswahl an Dingen ein. *Großbeerenstr. 64A, 10963 Berlin-KR, T: 25359812, lafraiserouge.de*

Langbrett

Alle Produkte des Shops sind kompromisslos nachhaltig und fair produziert. Die Skateboards sind aus regionalem Holz handgefertigt und die Kleidung aus Biobaumwolle sowie ohne chemische Zusätze. Die meisten Kleidungsstücke für Kids sind von Patagonia, aber auch die Eigenmarke Langbrett hat einiges in petto. *Kastanienallee 44, 10119 Berlin-MI, T: 41997155, langbrett.com*

tipp

Lila Lämmchen

Bis heute ist Lila Lämmchen eine der besten Adressen, wenn es um ökologische Kinderkleidung geht. Ebenfalls im Sortiment: Spielwaren, Geschenkartikel und Bücher. Der Ursprungsladen nahe des Helmholtzplatzes bietet zusätzlich Tragesysteme, Bettwäsche sowie den angrenzenden Schuhladen. 2023 will das Team noch mehr Beratungsangebote rund um das Leben mit Kindern schaffen sowie DIY-Ideen präsentieren. *Dunckerstr. 79, 10437 Berlin-PB, T: 50951717, Maybachufer 23, 12047 Berlin-NK, T: 23563125, lilalaemmchen-shop.de*

neu

Lilla Mari

Seit Oktober 2022 könnt ihr nicht nur im Onlineshop sondern auch in dem hübschen Laden durch das Lilla Mari Sortiment stöbern. Zur Auswahl steht nachhaltige Mode für Babys, Kinder und inzwischen auch für Erwachsene. Außerdem gibt es Spielzeug, Interior, Papeterie und etwas Bastelbedarf. Inhaberin Hanna Köster hat zudem eine große Leidenschaft für Literatur und legt Wert darauf, dass man in ihrem Store Bilderbücher findet, die Diversität und Inklusion zeigen. *Hufelandstr. 1, 10407 Berlin-PB, lillamari.store*

Lilly & Leon

Mit viel Liebe zum Detail ausgewählt, macht das Sortiment der beiden Läden aus skandinavischer Kleidung, Kinderschuhen, Taschen und Accessoires Stöbernden richtig viel Freude. Aber auch Ausstattungen für das Kinderzimmer, Holzspielzeug, Kindergeschirr und stilvolle Damenmode ist hier zu finden. *Grunewaldstr. 9, 10823 Berlin-SB; Mommsenstr. 41, 10629 Berlin-CH, T: 55959265, lillyundleon.com*

Limonadenbaum

Zwischen Landwehrkanal und Reuterplatz findet man den Limonadenbaum hinter einer gefliesten Fassade in Mintgrün und Gelb. Ausgesuchte Kinderkleidung teilt sich dort die Räumlichkeiten mit einer entzückenden Auswahl an Spielsachen. Gut Erhaltenes aus zweiter Hand lässt sich hier genauso wie Neuware ergattern. Darunter einiges Feines von Cosilana, Maximo, Barefood, Lanka Kade, HickUps, Loud + Proud oder CeLaVi. Die Rucksäcke von Affenzahn sind besonders heiß begehrt! *Nansenstr. 17, 12047 Berlin-NK, T: 95597415, limonadenbaum.de*

malou Kids Concept Store

Viele gute Materialien, fair produziert – darauf wird bei malou besonders geachtet. Baby- und Kinderkleidung, Spielsachen, Partydeko und weiteres liebevoll ausgesuchtes Klimbim gibt es in dem Laden unweit des Schöneberger Alice-Salomon-Parks. Auch Getragenes von namhaften Hersteller:innen wird im Secondhand-Bereich gehandelt. *Barbarossastr. 61, 10781 Berlin-SB, T: 92369663, maloukids.de*

Me & my Mum

Das kleine Lädchen bietet ein vielfältiges Sortiment. Kleidung, Accessoires und Dekorationen teilen sich die Regale mit Schmuck, Stoffen, Mal-, Bastel- und Näh-Utensilien. Die Idee hinter dem Sortiment ist eine Mischung aus bezahlbarer Grundausstattung und besonderen Teilen. Ein kleiner Raum direkt nebenan beherbergt Geschenke, Spielzeuge sowie Dekoartikel. *Marienburger Str. 2, 10405 Berlin-PB, T: 25095621, meandmymum.de*

Mia und Leo

Bei Mia und Leo wird der Nachwuchs über mehrere Lebensphasen hinweg mit allem Notwendigen versorgt. Säuglinge, Krabbelkinder, Grundschulkinder und Teenager:innen werden hier eingekleidet. Die Produkte sind handgefertigt und von skandinavischen und spanischen und brasilianischen Marken. Auch wenn der Fokus auf nachhaltiger, fairer Produktion und Verarbeitung liegt, bleiben die schönen Stücke erschwinglich. *Stargarder Str. 20, 10437 Berlin-PB, T: 44676748*

Mimi & Me Berlin

Ob hübsche Kleider oder kuschelige Pullover – die Regale des Shops sind gefüllt mit allerlei Hinguckern für den Nachwuchs. Hier findet man Lieblingsstücke von Marken wie CeLaVi oder Name it sowie eine große Auswahl an Secondhand-Kinderkleidung. *Lindenallee. 57, 13088 Berlin-WS, T: 0151- 14113079, mimiandme-berlin.de*

Minipünktchen

Die originelle Kinderkleidung von Minipünktchen ist frech und farbenfroh. Mode holländischer, schwedischer, englischer und deutscher Labels macht den Nachwuchs und die Eltern gleichermaßen glücklich. Das Sortiment wird durch Accessoires fürs Kinderzimmer, Babyartikel und Spielwaren ergänzt. *Chausseestr. 12, 14109 Berlin-ZE, T: 0174-7094392, minipuenktchen.de*

ENTSPANNT EINRICHTEN

TOP-LÄDEN KINDERMÖBEL

Baby Manufactur

Kindermöbel und innovatives Spielzeug schon für die Kleinsten präsentiert der Kinderdesignladen, der zudem kompetent bei Raumplanungen berät. *Pariser Str. 21, 10707 Berlin-CH, babymanufactur.com*

MAGAZIN

Design für die ganze Familie, auch einige klug durchdachte Möbel für Kinder, kann man im Berliner Showroom bei ANALOG entdecken. *Potsdamer Str. 100, 10785 Berlin-TI, magazin.com*

ekomia

Die Berliner Möbelmacher:innen haben 2022 ihren neuen Kreuzberger Showroom bezogen, in dem die ökologischen und minimalistischen Holzmöbel noch besser zur Geltung kommen. Dank mitwachsendem Babybett und Wickelkommode kann der Nachwuchs von Beginn an von den zeitlos schönen Stücken umgeben groß werden. *Schlesische Str. 29/30, 10997 Berlin-KR, ekomia.de*

FILIPOK Kindermöbel

Kindermöbel von Eltern gemacht, mit klarem Design und aus natürlichen Materialien – so das Motto schon des Wendehockers KUBIK, mit dem die FILIPOK-Geschichte begann. Heute findet man weitere Möbel, Accessoires und Spielzeug in dem schönen Laden in Mitte. *Ruppiner Str. 3A, 10115 Berlin-MI, filipok-berlin.de*

Kleine Fabriek

KLEIN-HOLZ

Seinen liebsten Werkstoff trägt das Kindermöbelhaus nicht ohne Grund im Namen. Seit Jahrzehnten wird hier der Fokus auf robuste, stabile, kindgerechte Kindermöbel gelegt, die hochwertige Oberflächen besitzen und zudem eine schöne Optik haben. Neben der fachkundigen Beratung zählen auch individuelle Planungen zu den KLEIN-HOLZ-Stärken. *Bamberger Str. 30/ Ecke Berliner Str. 1, 10779 Berlin-WI, klein-holz.de*

Kleine Fabriek

Gründer:innen Astrid und Sebastian Grunow, selbst Zwillingseltern, wissen um die Bedeutung von Stil, Funktionalität und Haltbarkeit der Einrichtungsgegenstände, die man sich mit Kindern anschafft. Das Sortiment ihrer beiden Stores erfüllt all diese Ansprüche. *Gotenstr. 64, 10829 Berlin-SB, Kastanienallee 63, 10119 Berlin-MI, kleinefabriek.com*

Kindermöbel von Cam Cam Copenhagen

Fabienne Kid's Living

Unweit vom MACHmit! Museum kann man in dem freundlichen Laden tolle Kindermöbel finden, bei denen besonders auf eine hochwertige Fertigung aus Massivholz geachtet wird. *Senefelderstr. 33, 10437 Berlin-PB, fabienne-kidsliving.de*

d.nik

Der Kinder Concept Store am Kollwitzplatz lässt mit seiner stilsicheren Auswahl an Dingen zum Spielen, Wohnen und Bewegen keine Langeweile im Kinderzimmer aufkommen. *Wörther Str. 14, 10405 Berlin-PB, dnik-berlin.de*

tipp

mjot

Einmal ins Schaufenster geblickt, kann man an dem Laden im Bergmannkiez einfach nicht vorbeigehen. Braucht man gerade nichts für die eigenen Kinder, finden sich hier garantiert auch tolle Geschenke für Klein und Groß. Von lässig bis festlich gibt es Kinder- und Damenmode französischer, belgischer und spanischer Labels, dazu Spielzeug, Deko und Accessoires. Einige der hier vertretenen Marken findet man sonst nur selten in Berlin. Neu ist der Instagram Sale, bei dem Einzel- und Last-Season-Teile geshoppt werden können. *Friesenstr. 5, 10965 Berlin-KR, T: 62901346, mjot.de*

MONKIND

Das Berliner Modelabel ist bekannt für seine stilvollen Designs. Die organische Kleidung aus der eigenen Produktion bringt nachhaltig Wunderschönes in den Kleiderschrank. Inzwischen wurde das Sortiment um viele Stücke für größere Kinder und Erwachsene erweitert. *Crellestr. 3-4, 10827 Berlin-SB, T: 81726803, monkind.com*

Petit Bateau Boutique

Ein französischer Kinderreim war einst namensgebend für dieses Label, das vor allem für hochwertige und zeitlos schöne Kindermode steht. In Steglitz liegt die Petit Bateau Boutique, in der man in großer Auswahl die ganze Kollektion entdecken kann. *Schloßstr. 27, 12163 Berlin-ST, T: 79708851, petit-bateau.de*

petit cochon

Diese Mode kommt aus Berlin. Hier wird sie in Handarbeit und mit viel Sinn fürs Praktische gefertigt. Was keineswegs bedeutet, dass die schönen Schnitte auch nur einen Hauch an Eleganz einbüßen. Schlicht, bequem und nachhaltig – zum Glück wachsen die Lieblingsstücke mit, so kann man sich lange daran erfreuen. *Manfred-von-Richthofen-Str. 15, 12101 Berlin-TE, petit-cochon.de*

Rehwinkel

Der Laden versammelt mit Marken wie Naya, Reset, Powell Craft, Babidu oder Condor klassische Kindermode aus Spanien, Dänemark, Großbritannien und Deutschland in seinen Räumen. Und auch für Frauen gibt es eine Auswahl an klassischer und modischer Kleidung ebenso wie Accessoires für Klein und Groß. *Nehringstr. 18, 14059 Berlin-CH, T: 36418906, rehwinkel-boutique.de*

ScHöNeS fÜr Kinder

Der bunte Laden teilt sich die Räume mit dem schönsten Bioladen des Viertels. Im Sortiment findet sich lokale Kleidung mit ökologischem Anspruch, Spiel- und Bastelbedarf sowie Secondhand-Artikel. Regionale Bioprodukte gibt es aufgrund der Lage on top. *Tegelerstr. 30, 13353 Berlin-WE, T: 23967918*

Seeweißchen

Der kleine Laden in Weißensee ist zugleich das Atelier der Inhaber:innen, die stetig neue Einzelstücke für kleine Stadtkinder und auch ein paar für deren Eltern entwerfen. Die Auswahl ist schön, bunt und gemütlich. Zudem finden sich hier auch Kleinigkeiten von anderen Labels, wie Schmuck, Stempel oder Kinderbettwäsche . *Lindenallee 56, 13088 Berlin-WS, T: 92372934, seeweisschen.de*

Snugata

Für die Kleinsten nur vom Feinsten: Bei Snugata wird der Nachwuchs nur in Kleidung gesteckt, die aus nachhaltiger und fairer Produktion stammt. Schöne Sachen bis Größe 164 können hier neu und Second Hand bedenkenlos geshoppt werden. Darüber hinaus gibt es Bambusgeschirr, Edelstahlflaschen und Taschen. *Bänschstr. 34, 10247 Berlin-FR, T: 29381075, snugata.de*

tipp

standard – saubere sachen

Fair und nachhaltig sollte Standard sein! Diesem Motto ist man hier bedingungslos treu. Die Kleidung für die ganze Familie, die es hier zu erstehen gibt, ist aus ökologischen Materialien produziert und stammt von kleineren nachhaltigen Labels. Über die jeweiligen Produktionsbedingungen informiert der Shop gerne, denn der Kontakt zu den Designer:innen ist eng. Auch auf der Suche nach kleinen Geschenken für Baby und Co. wird man hier fündig. *Reuterstr. 53, 12047 Berlin-NK, T: 0177-5503525, standard-saubere-sachen.de*

Tulipas Berlin

Die Boutique für Baby- und Kindermode führt alles, was es braucht, um Kinder mit hübschen und haltbaren Sachen auszustatten. Dazu wird großen Wert auf eine umweltfreundliche Produktion gelegt. Zusätzlich finden sich ausgesuchte Spielwaren aller Art und entzückende Accessoires in den Regalen. *Schlieper Str. 68, 13507 Berlin-RE, T: 0177-6069106, tulipas-berlin.de*

vincente

Die eigens gefertigte Strickmode für Babys und Kinder besteht aus feinsten Naturmaterialien. Bei der Herstellung der Kleidung hat das Tierwohl einen hohen Stellenwert. Die Designs sind fullyfashioned – das bedeutet: Die Kleidungsstücke werden bereits beim Stricken geformt, für eine bessere Passform. *Dieffenbachstr. 15, 10967 Berlin-KR, T: 0179-6711671, vincente.de*

WARENHAUS Bouchon & Sooth

Das Warenhaus bietet einen Mix aus Dingen zum Anziehen, Wohnen, Wohlfühlen und Verschenken. Die Mode ist fair produziert und in Bioqualität zu haben. Für Schulkinder gibt es Schreibtische, die höhenverstellbar sind und mitwachsen können. *Südwestkorso 70, 12161 Berlin-SB, T: 52687711, warenhaus-berlin.com*

Wunschbaum

Am Rüdesheimer Platz steht tatsächlich ein kleiner, hölzerner Baum mitten im Geschäft. Rund herum finden sich schöne und nützliche Dinge für Kinder. Das Sortiment besteht aus besonderer Kindermode, hochwertigen Kinderschuhen, Spielzeug und Accessoires. Eine Stickmaschine sorgt für viele wunderbar gestickte Motive und personalisierte Geschenke. *Rüdesheimer Platz 1, 14197 Berlin-WI, T: 23943083, wunschbaum-berlin.de*

Kinderschuhe

avesu – Vegan Shoes

Bei avesu gibt es Schuhe aus nachhaltigen Materialien, für die kein Tier leiden musste. Ab Größe 36 bietet sich eine vielfältige Auswahl veganer Schuhe, die unter fairen Bedingungen produziert wurden. Darunter finden sich einige Modelle für Kinder, von denen nicht wenige unserer Erfahrung nach schon zu Grundschulzeiten in erwachsene Schuhgrößen vorstoßen. *Warschauer Str. 33, 10243 Berlin-FR, T: 29044317, avesu.de*

Brüderchen und Schwesterchen

Der kleine Fuß steht in dem Pankower Laden im Mittelpunkt. Ausgemessen wird er besonders gründlich, bevor es auf die Suche nach dem passenden Schuhwerk geht. Glücklicherweise dauert diese nicht lange, denn das Personal steht euch bei allen Fragen kompetent zur Seite. Neben Lauflernschuhen gibt es auch Sneakers für größere Kinder. *Breite Str. 12, 13187 Berlin-PA, T: 48490050, bruederchenundschwesterchen.info*

Der Kinderschuh am Platz

Wer auf der Suche nach dem richtigen Schuh für kleine Kinderfüße ist, wird hier bestens bedient. Krabbelkinder werden mit weichen Prewalkern oder Füßlingen ausgestattet und auch Lauflerner:innen finden hier den passenden Schuh, um die Welt zu erkunden. Ebenso gibt es für ältere Kinder sowie Teenies eine große Auswahl an Schuhwerk in verschiedenen Farben. *Schönleinstr. 8, 10967 Berlin-KR, T: 61659926, derkinderschuhamplatz.de*

LEICHTER LAUFEN

Wildling
Nachhaltige Minimalschuhe für Kinder und Erwachsene
Seite 119

Dank ihrer besonderen Sohle und Leichtigkeit ermöglichen Wildling-Schuhe ein Gefühl, das dem Barfußlaufen sehr nahe kommt. Toll ist der regenerative Ansatz des ganzen Unternehmens!

Der Kinderschuh im Hof

tipp

Ausmessen ist gut – Anprobieren ist besser! Das Motto hat sich bewährt und so werden in dem schönen Kinderschuhladen im Hinterhof jeden Tag viele Schuhe probegelaufen. Das Team unterstützt euch dabei fachkundig und mit Fingerspitzengefühl. Schuhwerk gibt es nicht nur für Laufanfänger:innen, sondern auch für ältere Kinder, Jugendliche und Erwachsene. *Kastanienallee 11, 10435 Berlin-PB, T: 44351715, derkinderschuhimhof.com*

Grimmel Kinderschuhe

Der Kreuzberger Laden bietet genug Raum, dass man mit dem neuen Schuhwerk Pirouetten drehen kann. Dazu gibt es auch allen Grund, denn bei Grimmel Kinderschuhe findet ihr Lieblingsstücke von Marken wie Naturino, Camper, froddo, Nanga und Co. Auch schöne Kinderkleidung lässt sich hier erwerben. *Körtestr. 27, 10967 Berlin-KR, T: 81408365, grimmel-kinderschuhe.de*

Hermelinchen Kinderschuhe

Spätestens, wenn der Nachwuchs die ersten Anstalten macht, sich in die Senkrechte zu begeben, tauchen neue Fragen auf. Was braucht ein Fuß, der gerade laufen lernt? Und welcher Schuhe ist der beste? Glücklicherweise gibt es Menschen, die eine kompetente Antwort auf diese und andere Fragen wissen. Wählen könnt ihr das neue Schuhwerk bei Hermelinchen aus einer großen Auswahl von tollen Marken wie Naturino, New Balance, Däumling, Lowa oder Froddo. *Hermsdorfer Damm 181, 13467 Berlin-RE, T: 20622371, hermelinchen-kinderschuhe.de*

Ka-vali

Wer auf der Suche nach dem passenden Schuhwerk für große und kleine Kinderfüße ist, wird bei Ka-vali, nicht weit entfernt vom Müggelsee, fündig. Wählen könnt ihr aus Schuhen der Marken Bisgaard, Naturino, Meindl, Belly Button, Froddo, Ricosta und vielen anderen. Mit viel Liebe und Zeit wird dafür gesorgt, dass die Kleinen das Friedrichshagener Geschäft in hochwertigen und vor alllem bequemen Schuhen wieder verlassen. *Bölschestr. 116, 12587 Berlin-KÖ, T: 25562228, ka-vali.de*

Kinderschuhwelt

Im Sortiment des Charlottenburger Ladens finden sich hochwertige und nachhaltige Schuhe zum Krabbeln und Laufenlernen. Auch Halbschuhe, Sneakers, Barfußschuhe, Gefüttertes für den Winter und Regendichtes gibt es hier in den Größen 18 bis 40 von mehr als 20 Marken. Accessoires wie Mützen, Handschuhe, Schals und Socken sind ebenfalls im Sortiment. *Bismarckstr. 69, 10627 Berlin-CH, T: 31805142, kinderschuhwelt.de*

Klein Eppenpriem

Um neue Pfade zu gehen, braucht es Schuhwerk, das optimal passt und die Kinderfüße bei ihrer Entwicklung unterstützt. Krabbelkinder und Lauflerner:innen werden bei Klein Eppenpriem mit ihrem ersten Schuhwerk ausgestattet, ältere Kinder mit Stoff-, Leinen- und hochwertigen Lederschuhen. Unter der Eigenmarke finden sich Baby- und Kinderhosen, Mützen und Halstücher. *Kopernikusstr. 34, 10243 Berlin-FR, T: 91481545, eppenpriem.berlin*

Kleine Helden

Nichts ist beim Kauf eines Kinderschuhs wichtiger als eine umfassende und gute Beratung. Hier wird dafür gesorgt, dass jeder kleine Fuß seine passende Sohle findet – und zwar auch dann, wenn der Nachwuchs noch nicht selber sagen kann, wo es drückt. Von Größe 18 bis 42 findet sich bei Kleine Helden qualitativ hochwertiges Schuhwerk in cooler Optik. *Güntzelstr. 43, 10717 Berlin-WI, T: 88929794, kleineheldenberlin.de*

Kleine Schritte

tipp

Aus mehr als 15 verschiedenen Labels kann sich in den drei Filialen jeder kleine Fuß den passenden Schuh suchen. Unter den Marken finden sich Froddo, Ricosta und Naturino. Auch einige Barfußsohlen sind im Sortiment und die Auswahl an coolen Sneakers wächst. Wer sich für einen neuen Schuh entschieden hat, kann ihn auf Ästen, Bambus, Steinen und Rasen probelaufen. *Hufelandstr. 24, 10407 Berlin-PB, T: 42025556, Florastr. 20/21, 13187 Berlin-PA, T: 88668787, Berliner Allee 88, 13088 Berlin-WS, T: 30360272, kleine-schritte.com*

Kleiner SchuhBladen

Der Kinderschuhbedarf rund um den Boxhagener Platz ist riesig und so finden kleine Füße gerne ihren Weg zum kleinen Schuhbladen, wo sie in Größe 18 bis 35 mit schönem Schuhwerk ausgestattet werden. In Sachen Nachhaltigkeit macht man hier keine Kompromisse, es gibt ausschließlich Schuhwerk aus natürlichen und schadstofffreien Materialien. *Seumestr. 12, 10245 Berlin-FR, T: 70339884, kleiner-schuhbladen.de*

Kleines Schuhwerk

Durch Pfützen hüpfen oder über Wiesen flitzen – das Kleine Schuhwerk hilft bei der Auswahl des richtigen Kinderschuhs und stellt sicher, dass es bei all den Abenteuern nirgendwo drückt. Von Größe 19 bis 42 gibt es schönste Schuhe in schickem Design, hochwertig und nachhaltig produziert. Neben Kindern und Jugendlichen werden auch Frauen fündig. *Grunewaldstr. 9A, 10823 Berlin-SB, T: 55526461, kleinesschuhwerk.de*

klix – kleine Schuhe

Von der Mütze bis zum Winterstiefel oder vom Sonnenhut bis zur Sandale – hier bei klix kann der Nachwuchs von Kopf bis Fuß eingekleidet werden. Nach dem Vermessen der Kinderfüße kann in den Größen 18 bis 40 munter anprobiert werden. *Curtiusstr. 13, 12205 Berlin-ST, T: 67463537, klix-berlin.de*

Kokami

Der Kinderschuhladen im Kollwitzkiez ist immer eine erstklassige Adresse, wenn man den Nachwuchs aus einem Sortiment auswählen lassen möchte, in dem es keine Geschmacksverirrungen und ausschließlich gut verarbeitetes Schuhwerk bis Größe 41 gibt. *Sredzkistr. 54, 10405 Berlin-PB, T: 23390895, kokami.de*

tipp

Lieblinge

Beim Barfußlaufen werden die Muskeln, Sehnen und Bänder des Fußes am unverfälschtesten angesprochen und die sensorische Entwicklung wird optimal gefördert. Lassen Umgebung und Wetter nicht zu, dass der Nachwuchs unbesohlt umhertollt, bietet Lieblinge den perfekten Lauflernschuh – und das „Made in Prenzlauer Berg". Aber auch Schuhwerk mit robusterer Sohle steht hier in den Regalen. *Schönfließer Str. 1, 10439 Berlin-PB, T: 44737644, lieblinge.com*

tipp

Lila Lämmchen

In der Dunckerstraße findet man zwei Shops des Lila Lämmchens nebeneinander. Während in der Hausnummer 79 ökologische Kinderkleidung über den Tresen geht, gibt es nebenan den passenden Schuh. Das Sortiment umfasst Schuhwerk bis Größe 40. Von Marken wie Bundgaard, Telyoh und Emel – allesamt nachhaltig produziert. Auch Mütter werden hier fündig! *Dunckerstr. 78, 10437 Berlin-PB, T: 24174110, lilalaemmchen.de*

Loveco

Die Stores des Berliner Unternehmens sind erste Wahl für alle, die nachhaltige Mode für Erwachsene suchen, im Oktober 2022 wurde gerade die vierte Filiale am Südstern eröffnet. Im anderen Kreuzberger Laden findet man ausschließlich vegane und nachhaltige Schuhe ab Größe 36, die auch Heranwachsenden mit dementsprechend großen Füßen gefallen. *Manteuffelstr. 77, 10999 Berlin-KR, T: 69579796, loveco-shop.de.*

pantinchen

Der Laden sorgt für eine gute Ausgangslage beim Schuhkauf mit Kindern, denn pantinchen ist klar sortiert und bietet viel Raum zum Probelaufen. Schuhe finden sich in den Größen 18 bis 41 von Marken wie bellybutton, Naturino oder beberlis. Auch die schönen Schulranzen von zweijk bekommt ihr hier. *Pücklerstr. 19, 10997 Berlin-KR, T: 81865908, pantinchen.de*

Paraplü

Der schicke Shop versorgt Kinderschuhsuchende mit Schirm, Charme und Qualität. Das Schuhwerk wird hier kompetent an die kleinen Füße gebracht. Wer möchte, kann sich gleich das komplette Outfit zusammenstellen und Kinderklamotten von Fredis World, Pickapooh und minymo shoppen. Die schönen Schirme, denen der Laden seinen Namen zu verdanken hat, sind nicht nur dekorativ, sie können auch für den Regenschutz erworben werden. *Greifenhagener Str. 19, 10437 Berlin-PB, T: 44714764, paraplü.de*

POLOLO

Ob für Laufanfänger:innen oder größere Kinder – alle POLOLO-Schuhe haben eines gemeinsam: Aussehen und Qualität stimmen. Das Naturleder, das bei der nachhaltigen Produktion verwendet wird, ist mit dem IVN Naturleder-Siegel zertifiziert. Wer auf Leder verzichten möchte, bekommt vegane Schuh aus Materialien wie Feigenkaktus, Bio-Baumwolle oder Upcycling-Meeresplastik. *Onkel-Tom-Str. 3, 14169 Berlin-ZE, T: 79709866, pololo.com*

Sapataria

Der Concept Store stellt sein Sortiment unter dem Motto „Schuhe und Schönes" zusammen. Die Auswahl an Accessoires wird ergänzt durch Feinkost aus Portugal und natürlich finden sich auch tolle Kinderschuhe von Marken wie Timberland oder Telyoh in den kunstvoll sortierten Regalen. *Breisgauer Str. 4, 14129 Berlin-ZE, T: 80499700, sapataria.de*

Schuhschaukel

Das Schuhschaukel-Team berät gerne zum umfangreichen Sortiment qualitativer Schuhe. Hergestellt ist das Schuhwerk vorwiegend aus natürlichen Materialien wie Filz, Naturkautschuk und Leder. Highlight bei jedem Besuch ist die namensgebende Schaukel in Form eines Fußes. *Neufertstr. 24, 14059 Berlin-CH, T: 3225686, schuhschaukel.de*

neu

SKO Berlin

SKO liebt Schuhe und setzt auf Nachhaltigkeit. Beim Einkauf der Schuhe wird stets auf Produkte gesetzt, die möglichst nachhaltig, fair und angepasst an die Bedürfnisse kleiner Füße produziert werden. In dem liebevoll geführten Schuhladen im skandinavischen Stil findet ihr eine tolle Auswahl in den Größen 18-35. *Manfred-von-Richthofen-Str. 19, 12101 Berlin-TE*

Stadt Land Fluss

Wer die Welt erobern will, braucht zuallererst einmal das passende Schuhwerk. Der Laden im Samariterviertel hat eine feine Auswahl an Erstlingsschuhe und Kleinkind-sohlen, mit denen man sich in jeder Umgebung zurechtfindet. Zusätzlich zum guten Schuh gibt es auch noch Mützen, Hüte, Strümpfe und Handschuhe. *Bänschstr. 46, 10247 Berlin-FR, T: 42086327, stadtlandflussberlin.de*

Tip Toe Shoes

Kleine Zehen brauchen genügend Platz zum Wackeln, Wachsen, Laufen und Rennen. Der Schuhladen in Tegel hilft euch bei der gewissenhaften Wahl des neuen Schuhwerks. Die Auswahl an Markenschuhen aus natürlichen Materialien ist groß. Auch orthopädisch wird Hilfestellung in Form von individueller Beratung zu passenden Einlagen geboten. *Gorkistr. 24, 13509 Berlin-RE, T: 43603574, tiptoe-shoes.de*

neu

VEJA

Im Juli 2022 hat der erste deutsche Brandstore der nachhaltigen Schuhmarke in Berlin-Mitte eröffnet. Zusätzlich zur Lifestyle- und Running Kollektion für Männer, Frauen und Kinder bietet ein Schuster dort die Reparatur und Reinigung von Turnschuhen und Schuhen an. *Alte Schönhauser Str. 42, 10119 Berlin-MI, veja-store.com*

tipp

Wildling

Nicht nur der physische, sondern auch der ökologische Fußabdruck wird von der Wahl des Schuhs beeinflusst. Wildling hat dem konventionellen Schuh den Rücken gekehrt und stellt mit seinen Minimalschuhen wieder Nähe zum Boden her. Der Fuß kann sich so auf die Bodenverhältnisse einstellen und eine stärkere Muskulatur ausbilden. Daher sind die Schuhe aus nachhaltigen Materialien eine gute Wahl sowohl für erfahrene Läufer:innen als auch alle kleinen Laufanfänger:innen. *Kollwitzstr. 81, 10435 Berlin-PB, wildling.shoes*

Zitrone Berlin

Im Kreuzberger Ladengeschäft gibt es Schuhwerk bis Größe 36. Teil des Sortiments sind die Marken Naturino, Bundgaard, New Balance, Falcotto und Nanga, deren Schuhwerk bei professioneller Beratung ausgiebig getestet werden kann. Zudem gibt es hübsche Accessoires sowie Regenbekleidung. *Reichenberger Str. 63, 10999 Berlin-KR, T: 23883514, zitrone-kinderschuhe.de*

WE LIKE MONDAYS

EINZIGARTIGES ERSCHAFFEN

TOP-LÄDEN DIY

WE LIKE MONDAYS

Unsere DIY-Inspiration No. 1: Bei Andrea Polockis WLKMNDYS findet ihr ohne Ende tolle Ideen und passende Zutaten. Langeweile ade! *wlkmndys.com*

idee. Creativmarkt

Ihr habt eine DIY-Idee? Die Creativmärkte haben Zubehör und Know How für euch! *Joachimsthaler Str. 41, 10623 Berlin-SB; Wilmersdorfer Str. 108, 10627 Berlin-CH; Leipziger Platz 12, 10117 Berlin-MI, idee-shop.de*

Modulor

Das absolute Material-El Dorado! Auf zwei Etagen versammelt der Fachmarkt am Moritzplatz alles, was kreative Profis, Hobbykünstler:innen und Bastelwütige zu ihrem Glück brauchen. *Prinzenstr. 85, 10965 Berlin-KR, modulor.de*

Hobbyshop Wilhelm Ruether

Berlins Bastelspezialgeschäft bietet an mehren Standorten alles, was das Selbermacher:innenherz begehrt. *Golzstr. 37, 10781 Berlin-SB; Breite Str. 30, 13597 Berlin-SP; Berliner Str. 90/91, 13507 Berlin-RE; Schönhauser Allee 80, 10439 Berlin-PB, hobbyshop.de*

boesner

Kunstschaffende wissen das super Sortiment sehr zu schätzen. *Franklinstr. 12, 10587 Berlin-CH; Nunsdorfer Ring 3, 12277 Berlin-TE; Karl-Marx-Str. 110, 12043 Berlin-NK; Marienburger Str. 16, 10405 Berlin-PB, boesner.com*

Selfmade Berlin

Knutselwinkel

Große Kunstwerke oder charmante Unikate aus Kinderhand – Keramikbemalen ist immer ein großer Spaß! Vor Ort bei Knutselwinkel ebenso wie mit den DIY-Sets für zu Hause. *Knaackstr. 56, 10435 Berlin-PB, knutselwinkel.de*

Knit Knit Berlin

Wollliebhaber:innen lieben diesen Ort in Mitte: Im Shop des Berliner Stricklabels könnt ihr aus einer fein kuratierten Auswahl an Naturgarnen, Stricksets und Designs rund um Wolle wählen. *Linienstr. 154, 10115 Berlin-MI, knitknit.de*

Selfmade Berlin

Am Tempelhofer Hafen tritt man in eine großzügige Welt des Selbermachens ein. Dort kann man nicht nur in Materialien schwelgen, sondern auch an jeder Menge Workshops in dem barocken Gebäude teilnehmen. *Friedrich-Karl-Str. 1, 12103 Berlin-TE, selfmade.com*

Werken Spielen Schenken

Grenzenloses Basteln und Heimwerken verspricht der alteingesessene Steglitzer Familienbetrieb, der ein umfangreiches Sortiment an Bastel- und Künstler:innenbedarf auf seinen 1.200 Quadratmetern Fläche führt. *Schloßstr. 110B, 12163 Berlin-ST, werken-spielen-schenken.de*

Secondhand

Amitola

Ausgewähltes Secondhand-Sortiment, neue Markenbekleidung, jede Menge Spielzeug und Bücher für kleines Geld – das alles bietet Amitola an zwei Standorten in Berlin. Im Friedrichshainer Laden gibt es zudem zahlreiche Kurse und er ist ein kreativer Treffpunkt für alle, die sich für Keramikmalerei begeistern können. Regelmäßig gastiert hier auch das „Theater aus dem Wäschekorb". *Treskowallee 86, 10318 Berlin-LI, T: 75544627, Krossener Str. 35, 10245 Berlin-FR, T: 29361871, amitola-berlin.de*

Anna och Larson

In dem gut sortierten Kreuzberger Laden findet jede:r etwas Passendes. Hübsche Kindersachen hängen hier in den Größen 50 bis 152 an der Stange. Auch Spielzeuge und Kinderbücher sind im Sortiment. Besonders angenehm zu tragen sind die Woll- und Kaschmirhosen aus recyceltem Material. *Graefestr. 1, 10967 Berlin-KR, T: 6939614*

tipp

Bella Bimba

Wenn man vom Bergmannkiez zum Viktoriapark will, lohnt sich der Schlenker über die Hagelberger Straße, denn Bella Bimba bietet schon seit Jahrzehnten verlässlich gut erhaltene Kinderkleidung an. Eine Spielecke und der Eisladen nebenan sorgen für Zufriedenheit bei den Kleinen. *Hagelberger Str. 4, 10965 Berlin-KR, T: 7868494*

Bimbö

Das große Angebot des Secondhand-Ladens enthält vor allem Marken- und Designerkleidung. Die schönen Teile von Finkid, Mini Boden, Petit Bateau, Scotch & Soda, Superdry oder Hilfiger gibt es hier gut erhalten für kleines Geld. Spielzeug findet sich ebenso aus zweiter Hand und zur Freude aller kleinen Aktivlinge auch Fahrräder, Laufräder, Roller und Rutschautos. Während die großen Stöbern, können die Kleinen Zeit in der Spielecke verbringen. *Clayallee 323, 14169 Berlin-ZE, T: 8118878, bimboe.de*

Drei Käse Hoch

Im Herzen von Friedenau nahe des Innsbrucker Platzes befindet sich der Secondhand-Laden, der sich vor allem auf gebrauchte Kinderwagen der Marke Bugaboo spezialisiert hat. Darüber hinaus findet ihr hier auch Autositze, Fahrräder, Laufräder und Kleinmöbel sowie Holzspielsachen von HABA und Selecta. *Hauptstr. 73, 12159 Berlin-SB, T: 85401614, drei-kaese-hoch.de*

Filou

Seit gefühlten Ewigkeiten beherbergt Filou ein gut sortiertes Sammelsurium an Nützlichkeiten für Kinder und Eltern. Mode für Schwangere und Babys ist hier genauso vertreten wie praktische Hochstühle, Autositze, Kinderwagen und Babytragen. Bollerwagen können vor Ort ausgeliehen werden und bei kleineren Reparaturen an Wagen oder Buggy hilft das Personal gerne mit Werkzeug und Ersatzteilen weiter. *Florastr. 45, 13187 Berlin-PA, T: 53017997, filou-pankow.de*

Frauen und Kinder zuerst

Im schönen Kollwitzkiez lockt einiges zu einem ausgiebigen Shoppingbummel. So auch dieser Secondhand-Laden, der Kinder- und Frauenmode aus zweiter Hand präsentiert. Für den Nachwuchs gibt es auch Neuware, die mit qualitativen Materialien und pfiffigen Schnitten in Handarbeit hergestellt wird. *Kollwitzstr. 92, 10435 Berlin-PB, T: 75568564*

tipp

Hilly's

Der schon lange im Kollwitzkiez verwurzelte Secondhand-Laden ist eine verlässliche Quelle für Guterhaltenes. An die Stange kommen nur Stücke von Qualitätsmarken, die noch in einem Top-Zustand sind. Hier findet ihr unter anderem Schönes von Søstjernen, hessnatur, Boden, Salt Water Sandals oder Petit Bateau. Neben schöner Kinderkleidung gibt es auch eine Damenabteilung, die mit Mode fair produzierender Labels ausgestattet ist. *Kollwitzstr. 39, 10405 Berlin-PB, T: 44328671, hillys-berlin.de*

tipp

Kalle, Clara & Co.

Kleine Rabauk:innen werden besonders von der Auswahl an tollem Spielzeug ins Innere gelockt. Ausgewählte Kleinigkeiten gibt es aus zweiter Hand oder nagelneu. Auch für den alltäglichen Bedarf decken Kalle, Clara & Co. ein. Neben gut erhaltener Kinderkleidung kann man auch mit spezielleren Wünschen im Laden fündig werden und Schlafsack oder Bademantel shoppen. *Kienitzer Str. 109, 12049 Berlin-NK, T: 23937086*

Kindermarktplatz

Im Kindermarktplatz gibt es das volle Programm an Gebraucht- und Neuware – die Regale sind voll von Babykleidung, Kindersachen sowie Klamotten für Jugendliche. Aber auch Mama und Papa werden am unteren Ende der Rollbergsiedlung fündig. Wer schon genug Kleidung im Schrank hat, kann mit der großen Auswahl an Lego und Playmobil glücklich werden. *Briesestr. 8, 12053 Berlin-NK, T: 0172-3041926, kindermarktplatz.de.tl*

NACHHALTIGES GUT

Liv Emaille
Stargarder Str. 9,
10437 Berlin-PB,
emaille24.de

Es lohnt sich, Handwerkstraditionen wie Emaille in Ehren zu halten – lange haltbar, nachhaltig produziert und zeitlos schön, wovon man sich in Stephan Antuschs Laden ein Bild machen kann.

In die Zukunft starten.

Kleiderwald

Der Kleiderwald, hält ein vielfältiges Angebot an Secondhand-Kleidung für Frauen und Kinder bereit. Zwischen hochwertigen, fair gehandelten Öko-Teilen finden sich viele feine Basics. Wer auf der Suche nach etwas Schönem fürs Kinderzimmer ist, kann hier auch nach Accessoires, Spielzeug oder Kinderbüchern stöbern. *Stargarder Str. 65/66, 10437 Berlin-PB, T: 60928013, die-stargarder.de*

tipp

Lilli & Paul

Bei Lilli & Paul gibt es aus zweiter Hand eine große Auswahl der beliebten Stokke Tripp Trapp-Stühle und auch in Sachen Kleidung für Kinder und Teenager wird man hier fündig. Neu ist, dass es bei Lilli & Paul nun auch gebrauchte Kleidung für Teens und Erwachsene gibt. Zudem bietet der Laden transsexuellen Jungs die Möglichkeit, Binder direkt im Laden auszuprobieren. *Wegenerstr. 18, 10713 Berlin-WI, T: 8612202, lilli-und-paul.de*

tipp

NochMall

Das Gebrauchtwarenkaufhaus der BSR gibt aussortierter Kleidung, Möbeln, Elektrogeräten, Haushaltswaren und Spielzeug eine zweite Chance neue Besitzer:innen zu finden. Darüber hinaus finden in dem mehr als 2.000 Quadratmeter großen Erlebnisort Workshops und Veranstaltungen rund um Kreislaufwirtschaft und Abfallvermeidung statt. *Auguste-Viktoria-Allee 99, 13403 Berlin-RE, T: 3149330, nochmall.de*

Paulinchen

Bei freundlicher Beratung kann man sich das Passende aus dem Angebot an Kinderkleidung und -schuhen aussuchen. Auch Kinderwagen, -sitze und Spielzeug sind im Sortiment vorhanden. Neu sind die schönen Stücke von Little Dutch, die auch als Neuware zu haben und die auf Wunsch personalisiert werden können. *Leonhardtstr. 11, 14057 Berlin-CH, T: 28692285*

Pfeil & Piefke

Der Seemannspullover aus reiner Schurwolle von der Eigenmarke des kleinen Lädchens ist so gut geschnitten, dass er jedem Körper schmeichelt. Ausgewählte Marken und echte Fundstücke aus zweiter Hand ergänzen das Sortiment der kleinen Schneider:innenwerkstatt. *Böckhstr. 46, 10967 Berlin-KR, T: 95613767, pfeilundpiefke.de*

Pusteblume

Hübsche Baby-und Kinderbekleidung, Kinderschuhe sowie Spielwaren kann man hier erwerben. Aber nicht nur das, Pusteblume bietet auch einen Reparaturservice für Kinderwagen und vermietet Autoliegewannen, Babytragen, Sportwagen, Reisebetten sowie Hochstühle und sogar Kinderkostüme. *Paul-Robeson-Str. 3, 10439 Berlin-PB, T: 44715907, pusteblume-kindersecondhand.de*

rosenrot

Sowohl die Fassade als auch das Innere des Ladens macht dem blumigen Namen alle Ehre. Im schönen Ambiente finden sich Lieblingsstücke aus zweiter Hand für Schwangere und Kinder. Aber auch brandneue Stücke von Marken wie Cosilana und Reiff Strick erfreuen sich großer Beliebtheit. *Eisenbahnstr. 48, 10997 Berlin-KR, T: 69518349, rosenrot-in-kreuzberg.blogspot.de*

Sachensucher

Wer es Pippi Langstrumpf gleichtun und sich selbst zu Sachensucher:innen erklären will, wird hier ganz bestimmt fündig. Nicht nur Kleidung, sondern auch Spielzeug sowie Umstandsmode hat der Laden in petto – die Qualität ist dabei so gut wie neu. Gerne werden hier auch Lieblingsstücke angekauft. Dazu ist es notwendig, Termin zu vereinbaren. *Waidmannsluster Damm 193, 13469 Berlin-RE, T: 40375403, sachensucher-secondhand.de*

Siebenstern

Wenn auch der heißgeliebte Pullover irgendwann zu klein ist, hat Siebenstern eine kleine Rettungsstation eingerichtet, um den schönen Stücken zu einem neuen Zuhause zu verhelfen. Neben Kinderkleidung aus Erst- und Zeitbesitz umfasst das Sortiment Spielwaren, vorrangig aus Holz, alles für den Kindertransport sowie sorgfältig ausgesuchte Kinderliteratur. *Florastr. 26, 13187 Berlin-PA, T: 49907446, siebenstern-berlin.de*

Stadtkind

Das wilde Stadtleben verlangt nach vernünftiger Stadtkleidung, die jeder Wetterlage stand hält. Glücklicherweise finden echte Großstadtkinder in der Winsstraße gut erhaltene Kleidung bis Größe 146. Hin und wieder gibt es auch ein bisschen Neuware wie Regensachen, Gummistiefel, Mützen und funkelnde Glitzerschläppchen. *Winsstr. 28, 10405 Berlin-PB, T: 42027456*

tipp

Trollby

In dem schönen Laden nahe des U-Bahnhofs Eisenacher Straße bekommt ihr Hochwertiges für kleines Geld. Von der Still- und Umstandsmode über die Baby-Erstausstattung bis hin zur Kinder- und Jugendkleidung bis Größe 176 könnt ihr bei Trollby alles finden. Darüber hinaus gibt es eine Auswahl an Kinderwagen und -betten, Babyschalen, Autositzen und Tragesystemen. *Eisenacher Str. 78, 10823 Berlin-SB, T: 37587445, trollby.com*

SPIEL MIT SINN UND STIL

Kindsgut
Kindermöbel und Spielzeug aus Berlin
kindsgut.de

Gerade hat das Berliner Unternehmen fünfjähriges Jubiläum gefeiert und ist mit seinen fein designten Kindermöbeln und pädagogisch wertvollen Unisex-Spielsachen nicht mehr wegzudenken!

Yukalou und Yukatwo

neu

Der Kungerkiez in Alt-Treptow hat sich zu einem wunderbaren Flanierort für Familien gemausert. Bei Gelegenheit lohnt es sich, einen Blick in den Second-hand-Laden zu werfen. Hier gibt es gut erhaltene Baby- und Kinderkleidung und darunter etliche besondere Teile. Auch ausgewählte neue Accessoires werden hier verkauft. Alles ist wunderbar nach Größen und Kleidungsstück sortiert, sodass Eltern ruckzuck fündig werden. Übrigens gibt es seit Kurzem mit Yukatwo noch eine zweite Filiale. *Karl-Kunger-Str. 14, 12435 Berlin-TR, Böhmische Str. 12, 12055 Berlin-NK, yukalou.de*

Spielwaren

AllerleiSpiel

Im Inneren des Ladens verbirgt sich mehr als man zunächst beim Blick durch das Schaufenster vermuten mag. Genau so sollte ein Spielzeugladen sein – bunt, voller Abenteuer und voller kleiner Schätze zum Spielen und Verschenken. *Prenzlauer Allee 211, 10405 Berlin-PB, T: 4428254, allerleispiel.de*

Brettspielgeschäft

tipp

Spiele fördern Kreativität, Sozialkompetenz, Konzentration und strategisches Denkvermögen, bringen Menschen allen Alters zusammen und machen einfach Spaß. Im Brettspielgeschäft gibt es eine reichhaltige Auswahl an Kinder-, Karten-, Brett- Würfel- und Aktivspielen. *Eberswalder Str. 27, 10437 Berlin-PB, T: 54714570, brettspielgeschaeft.berlin*

Der kleine Zirkusladen

Der kleine Zirkusladen stattet Zirkuskinder und solche, die es werden wollen, gleich an zwei Standorten mit dem nötigen Equipment aus. Besonders in Sachen Feuerjonglage ist man hier versiert. Was im Sortiment noch fehlt, wird kurzerhand in Eigenproduktion hergestellt. Workshops vermitteln den Umgang mit Diabolo, Hula-Hoop und Einrad. *Schillerstr. 70, 10627 Berlin-CH; Kopernikusstr. 10, 10245 Berlin-FR, T: 0177-3131380, zirkusladen.com*

Die kleine Gesellschaft

neu

In Mitte, zwischen Tacheles und Friedrichstadtpalast, im Kollwitzkiez und seit seiner Eröffnung auch im Terminal 1 des BER kann durch das Spielwarensortiment gestöbert werden. Bevölkert werden die Regale von Drachen, Prinzessinnen, Feen und anderen Spielfiguren. Auch zum Basteln, Malen und Verkleiden findet sich reichlich. *Rykestr. 41, 10405 Berlin-PB, T: 56734850; Friedrichstr. 129, 10117 Berlin-MI, T: 13893400; Willy-Brandt-Platz 1, 12529 Schönefeld, kleinegesellschaft.com*

Die wilden Schwäne

tipp

Die wilden Schwäne bieten Spielwaren aller Formen und Farben. Vieles darf vor Ort auch ausprobiert werden. Gute Beratung gibt es inklusive. Die zwei Filialen stehen sich in nichts nach, obwohl der Shop auf der Schönhauser Allee etwas größer ist. *Breite Str. 39, 13187 Berlin-PA, T: 48098899, Schönhauser Allee 63, 10437 Berlin-PB, T: 47080812, wildeschwaene.de*

Diversity Spielzeug

tipp

Der Onlineshop hat seit 2021 auch ein Ladengeschäft, in dem man sich ein gutes Bild davon machen kann, wie ein wirklich vielfältiges Spielzeug- und Kinderbuchsortiment aussieht. Von Hautfarbenstiften über empowernde Geschichten bis zu diversen Puppen – hier bekommt ihr diverse schöne Sachen. *Emser Str. 27, 12051 Berlin-NK, T: 0160-2022222, diversity-spielzeug.de*

Flying Colors

Das Sortiment ist spezialisiert auf Dinge, die es mit der Schwerkraft nicht so ernst nehmen. Jonglierartikel und Drachen in allen erdenklichen Formen und Farben kann man hier erstehen. Bei Fragen rund um das Equipment steht das Team mit Expertise zur Seite. Für den Powertag im Park gibt es zudem Frisbees, Slacklines, Federbälle und Co. Kleinere Kinder werden glücklich mit Beißringen, Kugelbahnen und netten Kleinigkeiten. *Eisenacher Str. 81, 10823 Berlin-SB, T: 78703636, flying-colors.de*

Frau Luna

Einmal hereinspaziert, taucht man schnell in das verspielte Sortiment ein. Das Kinderzimmer wird es danken, denn all die schönen Dinge machen sich dort ausgezeichnet. Besonders die Lampenschirme mit bunter Bemalung gefallen Kindern. Der Altglienicker Laden bietet zudem kindgerechte Nähkurse. *Alter Schönefelder Weg 1, 12524 Berlin-KÖ, T: 63314375, frauluna.com*

Glaube und Wahrheit

Hinter dem bedeutungsschweren Titel verbirgt sich ein Shop, der nichts Geringeres im Angebot hat, als einen Freund fürs Leben. Die ausgefallenen Kuscheltiere sind allesamt Unikate. In sorgsamer Handarbeit werden hier außerdem Kissen, Fernsehturmrasseln, Kirschkernfrösche, Spieluhren, Bodys und Geschirrtücher gefertigt. *Schliemannstr. 30, 10437 Berlin-PB, T: 017634075090, glaubeundwahrheit.de*

tipp

GroßstadtPony

Das Leben ist vielleicht kein Ponyhof, aber der üppig und bunt gefüllte Friedrichshainer Laden ist definitiv ein Wunschkonzert. Spielzeug aller Couleur, Luftballons und am Wochenende Popcorn – so schnell kommt man hier nicht mehr weg. Wer bald Geburtstag hat, füllt eine der ladentypischen Holzkisten mit all seinen Geschenkewünschen für die Geburtstagsgesellschaft. *Simplonstr. 27, 10245 Berlin-FR, T: 23916176, grossstadtpony.de*

Heidi's Spielzeugladen

Der traditionsreiche Spielzeugladen kommt nicht nur im Kiez gut an, auch darüber hinaus hat sich Stammkundschaft entwickelt, die das Sortiment zu schätzen weiß. Was das angeht, wird auf Spielzeuge aus unbehandeltem Holz gesetzt, hochwertig und schnörkellos. *Kantstr. 61, 10627 Berlin-CH, T: 3237556*

Jibboo

Jibboo bietet eine feine Auswahl an Spielwaren für große und kleine Kreativlinge. Besonderes von Marken wie Brio, Schleich, Sigikid, Djeco und Selecta geht hier über den Tresen und auch ein paar spezielle Designs von Santoro, Lilliputiens, Jellycat oder Bako. Die Heliumballons in allen Farben und Formen sorgen für Höhenflüge. *Bänschstr. 53, 10247 Berlin-FR, T: 45305245, jibboo.de*

Juno

Auf der Bergmannstraße tobt das bunte Leben und mittendrin ist Juno, das Tor zu einer Vielzahl bunter Spielwaren. Alles Nötige und auch einfach Schöne zum Basteln und Malen, Puzzeln und Spielen füllt die hohen Regale. Hier könnte man wahrlich Stunden verbringen bis man all die tollen Kleinigkeiten entdeckt hat. *Bergmannstr. 3, 10961 Berlin-KR, T: 69568884, spielwaren-juno.de*

Just Juggling

Der bunte Inhalt der Regale wartet nur darauf, erworben und in die Luft geschleudert zu werden. Die Keulen, Diabolos, Bälle, Flowersticks und Feuerrequisiten gibt es von den führenden Hersteller:innen. Auch Zirkusartikel und hochwertiger Artist:innenbedarf ist zu haben. *Mittenwalder Str. 6, 10961 Berlin-KR, justjuggling.com*

tipp

Katalka Spielwaren

Dort, wo ein Laden schöner als der andere ist, befindet sich auch dieser Spielwarenladen. Holzspielzeug, Experimentierkästen, Postkarten, Kinder-Werkzeuge und Plüschwaren gibt es zu entdecken. Aus eigener Produktion kommen die tollen stoffbezogenen Schultüten. *Raumerstr. 22, 10437 Berlin-PB, T: 49853377, katalka.de*

Kind & Kegel

Die handgefertigten Pumphosen wachsen mit und werden so für lange Zeit zum Lieblingsteil. Aber auch die anderen Nähereien für Kind und Kinderzimmer können sich sehen lassen. Auf Bestellung sind Sonderanfertigungen möglich. Ergänzt wird das Sortiment durch Holzspielzeug und Heliumballons. *Weitlingstr. 37, 10317 Berlin-LI, T: 81721910, abinskindundkegel.de*

Kindersause

Hier wird nur als spielbar gehandelt, was den ökologischen Ansprüchen des Ladens entspricht. Betritt man das kleine, aber feine Spielwarengeschäft wird sofort klar, wo der Schwerpunkt liegt: Holzspielzeuge aller Art schmücken die Regale. Die Auswahl an schönen Dingen für das Kinderzimmer wird ergänzt durch Mode und Schuhe. *Grunewaldstr. 16, 10823 Berlin-SB, T: 78891856*

LEGO Store

Ein Paradies für alle Liebhaber:innen der berühmten Steine. Ist man auf der Suche nach besonderen Bausteinen, findet man wahrscheinlich an der Pick & Build Wall genau das passende Stück. Wer statt Einzelteilen lieber ein ganzes Set mit nach Hause nehmen will, kann mit Hilfe der Digital-Box einen Vorgeschmack vom fertigen Bauwerk bekommen. Und man kann sich seine ganz persönliche Lego-Figur zusammenstellen. *Tauentzienstr. 20, 10789 Berlin-CH, T: 21016222, lego.com*

Levy's Contor

Messinglampen und Kerzenleuchter, Spieluhren und Blechspielzeuge, Meditationskissen und Handwerkskunst – all das gibt es in dem gut sortierten, nostalgischen Laden in den Hackeschen Höfen. Abwechslungsreiche Einkaufserlebnisse mit Fundstücken, die das Internet einfach nicht hergibt, sind hier garantiert. *Rosenthaler Str. 40/41, 10178 Berlin-MI, T: 2808203, levyscontor.de*

Lilofee

Lilofee ist über zwei Etagen vollgepackt mit schönen Dingen. Das Sortiment wird stetig erneuert und ergänzt und passt so immer zur aktuellen Jahreszeit. Die Marken werden nach ökologischen und sozialen Standards ausgewählt, deshalb finden sich hier besondere Dinge von Stockmar, goki, Haba, Grimm's und Co. *Spreewaldplatz 4, 10999 Berlin-KR, T: 6175135, lilofeespielwaren.de*

Löwenzahn

Der Spielzeugladen am Kranoldplatz fokussiert sich vor allem auf schöne Dinge kleinerer Labels und Hersteller. Das spiegelt sich auch in der Qualität der Dinge wider, die hier die Regale füllen. In bunter und freundlicher Atmosphäre will man mit dem Stöbern kaum mehr aufhören. Kult ist mittlerweile schon der Schnullerbaum, dem die Kinder ihren letzten Nuckel übergeben können, wenn sie ihm entwachsen sind. *Ferdinandstr. 35, 12209 Berlin-ST, T: 76683316, loewenzahn-berlin.de*

Nordliebe

Die ausgeprägte Nordliebe der Gründerin samt Team schlägt sich in den wunderschönen und zugleich praktischen Designs für Kinder und Erwachsene nieder. Unter dem Überbegriff Wohnaccessoires ist eine Sammlung feinster Dinge von Marken wie Bloomingville, HAY oder Meraki entstanden. Das Sortiment wird stets durch Reisen in den hohen Norden inspiriert und erweitert. *Goltzstr. 18, 10781 Berlin-SB, nordliebe.de*

tipp

Piñateria

Piñatas kommen nicht nur in Lateinamerika gut an. Die witzigen Figuren, die man zerschlagen muss, um an ihre Füllung zu gelangen, sind auch in Berlin zu Hause. In Kreuzberg werden Piñatas aller Art hergestellt. Für kleinere Kinder gibt es eine Version, bei der die Piñata durch das Ziehen an einem Faden geöffnet wird. Der absolute Hit auf jedem Kindergeburtstag! *Schönleinstr. 8, 10967 Berlin-KR, T: 017696981421, pinateria.de*

Playmobil Fun Store

In der Mall of Berlin befindet sich auch der Store, in dem sich auf 111 Quadratmetern das gesamte Sortiment der begehrten Marke versammelt, sowie ein paar exklusive Extras. Stetig werden die Sets in den Regalen gegen spannende Neuheiten ausgetauscht. *Leipziger Platz 12, 10117 Berlin-MI, T: 0911-96662384, playmobil.de*

Ratzekatz Spielzeugland

Wer gerne stöbert und Spielwaren liebt, sollte dem Laden am Helmholtzplatz einen Besuch abstatten, denn er ist die ideale Anlaufstelle für Spielwarenwünsche aller Art. Im Sortiment finden sich die Marken der führenden Hersteller:innen und viele nette Kleinigkeiten. *Raumerstr. 7, 10437 Berlin-PB, T: 6819564, ratzekatz.de*

siebenschön

Nahe des Boxhagener Platzes lockt das bunte Sortiment des Lädchens die Laufkundschaft an. Zu Recht! Dort werden mit viel Liebe und Sorgfalt schöne Spielwaren ausgewählt. Vor allem jüngere Kinder werden hier fündig und freuen sich über griffiges Holzspielzeug. *Gärtnerstr. 26, 10245 Berlin-FR, T: 0176-98686198, siebenschoen.de*

tipp

Sönneken

Sönneken ist aus dem Kiez am Lausitzer Platz nicht wegzudenken und sorgt gleichermaßen für Abwechslung wie verlässlich gute Spieleklassiker. Hier wird Wert auf gutes Holzspielzeug, Naturmaterialien und kurze Lieferwege der Produkte gelegt. Auf der lebendigen Friedelstraße befindet sich das etwas kleinere Pendant des Kreuzberger Spielzeugladens. *Lausitzer Platz 13, 10997 Berlin-KR, T: 69564190; Friedelstr. 29, 12047 Berlin-NK, T: 62728928, soenneken-spielzeug.de*

Souq Dükkan

Seit 2021 findet sich in der Kollwitzstraße dieser wundervolle Laden mit schönen und nachhaltigen Dingen für Groß und Klein. Geht man die innenliegende Treppe hoch, steht man inmitten hübscher Sachen zum Spielen, Lesen, Anziehen und Einrichten für Kinder. *Kollwitzstr. 54, 10405 Berlin-PB, T: 0173-6494994 souqdukkan.de*

Spielbrett

Alte Spieleklassiker finden sich in beiden Filialen genauso wie Neuerscheinungen und ausgefallenere Spielideen. Wer lieber zusammen spielt, wählt eine Spielvariante, die eher für Teambuilding bekannt ist. Der Wilmersdorfer Laden führt auch eine Auswahl an Baby- und Kinderspielzeug. *Berliner Str. 132, 10715 Berlin-WI, T: 8731535, Körtestr. 27, 10967 Berlin-KR, T: 6924250, spielbrett-berlin.de*

Perfekt für den urbanen Alltag. Das neue woom „NOW“ – für Kids von sechs bis 14 Jahre. *woom.com*

Natürliche Bodycare zum Nachfüllen. *Minimals, Brunnenstr. 158, 10115 Berlin, minimals.de*

Vierteiliges Schulranzen-Set „Light“ von GMT for Kids in vielen Varianten. *gmtbags.com*

Pflanzengegerbte Kinderschuhe aus Portugal. *telyoh.eu*

PURE POSITION

Mitwachsende Kindertische, Kinderstühle und -regale in reduziertem und funktionalem Design.
Der Wert bleibt über lange Zeit erhalten und kann von Generation zu Generation weitervererbt werden. Die Möbel werden nachhaltig und sozial produziert.

pureposition.de

Drehstuhl „STUDDY“ passend zum mitwachsenden Kindertisch „growing table“. *pureposition.de*

Cremige Bio-Aufstriche mit 60% weniger Zucker als vergleichbare fettbasierte süße Cremes. *nabio.de*

Neue Produkte und Farben in 2023. Jetzt online unter: *kundschafter.net*

Trinkflaschen für Entdecker:innen – regional hergestellt und ohne Schadstoffe. *carrybottles.com*

„perifee“ von PERI Cosmetics - natürliche Kinderschminke - made in Germany. *pericosmetics.com*

KINDERLATZ

Die Latzhose von *Natürlich Quatschköpfe* bereitet Kindern dank ausgeklügelter Mitwachsfunktionen und hoher Verarbeitungsqualität lange Freude. Natürlich Quatschköpfe: ökofaire Mode aus Bonn mit größter Rücksicht auf Mensch und Natur.

quatschköpfe.de

Nachhaltig, ökologisch, mitwachsend: die „KinderLatz“ für jedes Abenteuer. quatschköpfe.de

Schöne Dinge finden z.B. „Giant Lady Beetle“ *von Studio Roof junghans-kindermode.de*

Mehr Licht! Gezeitensteine und Geburtstagskerzen „Konfetti“. fraugold.de

„Terry Suit“ von studio bumbuli - Nachhaltige und gemütliche sleep and play wear. *studiobumbuli.com*

Organic und fair für die Kleinsten. *cosyroots.de*

HÄNSKA fertigt nachhaltige Schultaschen aus recyceltem PET und Bio-Baumwolle. haenska.com

Perfekt für den Alltag. Taschen und Rucksäcke – handgefertigt in Deutschland. *souleway.com*

Spielplatz

In dem gemütlichen, traditionsreichen Spielwarengeschäft darf bestaunt, ausprobiert und gespielt werden. Hier kann man hochwertiges Holzspielzeug, Babyartikel, Puppen und Plüschtiere, Spiele, Bastelartikel, Experimente und sogar Hörbücher entdecken. Wer das wechselnde Suchbildrätsel im Schaufenster löst, bekommt an der Kasse ein kleines Geschenk. *Handjerystr. 76, 12159 Berlin-SB, T: 8513000, spielplatz-spielzeug.de*

Spielwerk

Im Norden Berlins gibt es eine wahre Spielwarenoase. Der kleine Laden hat von Krimskrams bis zu den ganz großen Dingen alles, was ins Kinderzimmer gehört auf Lager. Dazu gibt es eine fachkundige und besonders herzliche Beratung, sodass jedes Geschenk garantiert gefunden wird. *Fellbacher Str. 3, 13467 Berlin-RE, T: 40585658, spielwerk-hermsdorf.de*

tipp

Spielwiese Ludothek

Im Boxhagener Kiez kann gespielt werden, was das Zeug hält. Lediglich eine kleine Gebühr verlangt die Ludothek und gewährt dann vollen Zugriff auf das umfangreiches Sortiment. Verloren geglaubte Spielschätze tauchen hier auf, aber auch die allerneuesten Spielehits sind kurz nach dem Erscheinen bespielbar. *Kopernikusstr. 24, 10245 Berlin-FR, T: 28034088, team-spielwiese.de*

Spielzeugladen an der Kaisereiche

Dieser Laden hat sich längst als Fachgeschäft für Lego-Artikel etabliert. Rund um die berühmt berüchtigten Steine gibt es hier Neuware, aktuelle Sets, Gebrauchtes und auch Einzelteile. Fündig wird man ebenso auf der Suche nach Pokémon, Schleich-Tieren und Matchbox-Autos. *Saarstr. 2, 12161 Berlin-ST, T: 74071630, sadk-berlin.de*

Steffis Lädchen

Der freundliche Laden hat eine solche Fülle an bunten Dingen, dass man kaum weiß, wohin man zuerst gucken soll. Trotz stetig wechselndem Sortiment bleibt der Spielzeugladen einigen Klassikern treu. *Knesebeckstr. 18/19, 10623 Berlin-CH, T: 3123339, steffis-laedchen.de*

Steiff Shop

Dass die Kuscheltiere von Steiff in hervorragender Qualität produziert werden, muss eigentlich nicht mehr erwähnt werden. Am Ku'Damm beanspruchen Teddy und Co. etliche Quadratmeter. Sogar individualisierte Exemplare kann man in Auftrag geben und für Kindermode bis Größe 122 ist auch noch Platz. *Kurfürstendamm 40/41, 10719 Berlin-CH, T: 88625006 steiff.com*

Tam Tam und New Tam Tam

Bei Tam Tam stehen bewährte Klassiker neben neu und sorgfältig Ausgewähltem. Bei den Büchern, Spielen und Bastelartikeln für Kinder wird auf Qualität gesetzt. So schafft der Laden es, dass Kinder zwischen null und zwölf Jahren sowie deren Eltern glücklich nach Hause gehen. *Knesebeckstr. 59-61, 10719 Berlin-CH T: 8821454, Belziger Str. 25, 10823 Berlin-SB, T: 45959377, newtamtam.de*

Tam Tam Spielwaren

Hier könnt ihr euch auf die großartige Auswahl an Qualitätsspielwaren mit pädagogischem Mehrwert verlassen. Viele der angebotenen Spielsachen sind aus Holz, aber auch Bücher, Gesellschaftsspiele und Bastelartikel kann man bei Tam Tam erstehen. *Teltower Damm 32, 14169 Berlin-ZE, T: 8013035, tamtam-spielwaren.de*

Trommler

In Moabit findet ihr hochwertiges Spielzeug sowie schöne Kinderkleidung. Spannende Kinderliteratur und hübsche Schuhe warten ebenfalls auf neue Besitzer:innen. Beliebt sind die Holz-U-Bahnen, die den gängigen Berliner Linien nachempfunden sind. *Jagowstr. 40, 10555 Berlin-TI, T: 3917222, trommler.org*

Viel Spiel

Neben qualitativem Holzspielzeug hält Viel Spiel immer auch Überraschendes bereit, weshalb sich ausgiebiges Stöbern immer lohnt. Selbst der literarische Hunger kleiner Leseratten wird mit dem ausgewählten Buch-Sortiment gestillt. Highlight des Ladens ist die Kleinkram-Ecke, die alles für den Kindergeburtstag bereithält. *Große Hamburger Str. 28, 10115 Berlin-MI, T: 96065266, vielspiel.de*

Walters Holzspielzeuge

Der wertvolle Rohstoff wird hier gekonnt und künstlerisch in Form gebracht. Die Holzspielzeuge stammen aus liebevoller Handarbeit und sind detailreich angefertigt. Kugelbahnen und Puppenhäuser gehören hier zu den Lieblingsstücken. *Langenscheidtstr. 5A, 10827 Berlin-SB, T: 51051492, walters-holzspielzeug.de*

WILDHOOD Store

Dieser Store ist kein klassischer Spielwarenladen. Vielmehr gibt es hier die besten Gadgets und hochwertige Ausrüstung für das nächste Abenteuer zu kaufen. Der Outdoorladen hält Produkte für alle Städter:innen bereit, die es in die Natur zieht: Bücher, alles fürs Picknick, Rucksäcke und Decken fürs Campen. Für 2023 ist geplant, auch Ausrüstung zum Ausleihen anzubieten. *Weichselstr. 22, 12045 Berlin-NK, T: 26307647, wildhoodstore.de*

Zambomba

Wer den Nachwuchs bereits im Krabbelalter mit Regenmacher und Xylophon experimentieren lässt, hat schon den ersten Teil musikalischer Früherziehung selbst übernommen. Zambomba hat sich auf Musikalisches und Klangvolles spezialisiert, führt aber auch andere Spielwaren, die zum kreativen Spiel anregen. *Florastr. 40, 13187 Berlin-PA, T: 49912009, zambomba.de*

tipp

Zauberkönig

Seit 1884 fühlt sich der Zauberkönig für das Unmögliche und Unfassbare zuständig. Neben dem begehrten Zauberzubehör führt das Traditionsgeschäft auch Scherzartikel, Bücher, Dekoration und Süßes. In den vier Wänden des dazugehörigen Zauberkabinetts geschieht derweil echte Magie: Hier finden Kinderzauberkurse und Shows für Klein und Groß statt. *Herrfurthstr. 6a, 12049 Berlin-NK, T: 49205751, zauberkoenig-berlin.de*

Comics und Kinderbücher

Bilder-Buch-Laden

Hier gibt es alles zu erstehen, was sich in Wort und Bild an Kinder richtet. Die Inhaberinnen haben nicht nur ein Händchen für die Auswahl wunderschön illustrierter Seiten, sondern auch für die Gestaltung der Schaufenster. Der Laden hat auch eine Auswahl an Titeln parat, die jungen Menschen das Thema Tod, Sterben und Trauer kindgerecht näherbringen. Als Station der Flotte Berlin verleiht der Laden kostenlos Lastenräder für größere, autofreie Transporte. *Zossener Str. 6, 10961 Berlin-KR, T: 6911080, bilder-buch-laden.de*

tipp

BUCHBOX!

Gleich vier Filialen laden Leseratten dazu ein, sich in die gut sortierte Buchbox zu begeben und loszustöbern. Neben dem breiten Buchsortiment für Kinder und Erwachsene, soll Literatur hier auch erlebt werden – und zwar bei Lesungen, Kinder-Events, Straßenfesten und Workshop-Angeboten. Die Buchboxen gibt es am Boxi, am Helmholtzplatz, im Bötzowkiez und in der Kastanienallee. Ebenfalls in dieser befindet sich die auf Englischsprachiges spezialisierte Filiale. *Grünberger Str. 68, 10245 Berlin-FR, T: 20078243; Lettestr. 5, 10437 Berlin-PB, T: 43659091; Greifswalder Str. 33, 10405 Berlin-PB, T: 42803245; Kastanienallee 97 und 88, 10435 Berlin-PB, T: 44308385, buchboxberlin.de*

DIVERSER LESESPASS

Zuckersüß Verlag
Diversitäts-Kinderbücher aus Berlin
zuckersuess.de

Es gibt einige tolle Berliner Verlage, die vorangehen, was gesellschaftliche Themen betrifft. In puncto Kinderbücher mit diversen Vorbildern und Rollenbildern zählt seit 2019 Zuckersüß dazu.

Buchhandlung Moby Dick

Bummelnde auf der Stargarder Straße sollten unbedingt ihren Weg in die Buchhandlung mit der türkis-grünen Fassade finden. Der namensgebende Klassiker der Weltliteratur wurde ganz bewusst gewählt: Wie Moby Dick sollten gute Bücher beschaffen sein – spannend, informativ, abenteuerreich! *Stargarder Str. 67, 10437 Berlin-PB, T: 40045757, buchhandlung-moby-dick.de*

tipp

Buchkönigin

Die Buchhandlung bietet eine große Auswahl an besonderen Kinderbüchern, die sich am Alltag der Kleinen orientiert: vielfältig, divers, chaotisch, aber auch still, hinterfragend und nachdenklich. Kinderquatsch und Kindergetöse sind hier ausdrücklich erwünscht. Und während die Eltern sich im Laden umschauen, können Kinder die Spielecke erkunden. *Hobrechtstr. 65, 12047 Berlin-NK, T: 22494900, buchkoenigin.de*

Buchlokal

Erlesene Büchervielfalt und Veranstaltungen für Groß und Klein gibt es im Buchlokal. In der besonders großen Kinderbuchabteilung bekommen Suchende eine fachkundige Beratung und für Kitas und Grundschulklassen werden tolle Projekte der Leseförderung geboten. *Ossietzkystr. 10, 13178 Berlin-PA, T: 40047333, buchlokal.de*

BuchSegler

Der Laden im Florakiez hat einen besonderen Fokus auf anspruchsvolle Literatur für den Nachwuchs gelegt und berät beim Buchkauf mit Expertise. Auch Bücher für Erwachsene können im Webshop oder vor Ort bestellt werden und liegen am nächsten Werktag bereit. *Florastr. 88/89, 13187 Berlin-PA, T: 43724120, buchsegler.de*

Comics & Graphics

Die Auswahl an bebilderten Geschichten ist hier groß. Surreales, Persönliches, Lustiges, Dokumentarisches oder Trauriges – all das findet sich im Laden auf illustrierten Buchseiten in Form von Comics und den beliebten Graphic Novels. *Prenzlauer Allee 46, 10405 Berlin-PB, T: 66408157, bluetoons.de*

Der Divan

Die Allerjüngsten finden in den frisch renovierten Räumen ihr erstes robustes Bilderbuch, während ältere Geschwister Lesenswertes aus der Kinder- und Jugendliteratur aussuchen. Für Erwachsene stehen hier Bestseller, Romane und Krimis im Regal. Neu im Sortiment sind die beliebten Tonieboxen samt einer großen Figurenauswahl. *Reichsstr. 104, 14052 Berlin-CH, T: 3022057, divan.de*

Dussmann – Das Kulturkaufhaus

Wer die Pforten des Kulturkaufhauses betritt, landet in einem wahren Medienparadies. Hier kann man stundenlang stöbern, denn auf den fünf Etagen wird alles angeboten, was zwischen zwei Buchdeckel, auf CD, Vinyl oder Notenblätter passt. Die Kinder- und Jugendbuchabteilung ist riesig, aber sehr gut sortiert, sodass man stets den Überblick behält. Wer sich bei all der Auswahl nicht entscheiden kann, erhält fachkundige Beratung. *Friedrichstr. 90, 10117 Berlin-MI, T: 20251111, kulturkaufhaus.de*

Extra-Buch

In diesem Modernen Antiquariat gibt es frischen Lesestoff für wenig Geld. Bücher aller Genres und Themen finden sich oft für den halben Preis oder sogar weniger. Die langen Regalreihen sind gefüllt mit Büchern zweiter Hand, Verlagsresten und Sonderproduktionen, wobei auf Stapelware und Ramsch verzichtet wird. *Mehringdamm 66, 10961 Berlin-KR, T: 78951797, extra-buch.de*

Grober Unfug

Wer glaubt, „Asterix und Obelix“ wäre das letzte Brauchbare aus der Comicwelt gewesen, liegt glücklicherweise falsch. Grober Unfug präsentiert die Neuerscheinungen der Szene und hat stets den richtigen Riecher. Das Sortiment ist handverlesen und reicht vom Graphic Novel bis zum Manga – einiges ist auch in Originalsprachen vorrätig. *Torstr. 75, 10119 Berlin-MI, T: 2817331, Zossener Str. 33, 10961 Berlin-KR, T: 69401490, groberunfug.de*

Hundt Hammer Stein

Bereits seit 2004 rundet die Buchhandlung das vielfältige Angebot im Scheunenviertel mit einem sorgfältig ausgesuchten Buchsortiment ab. Die große Kinder- und Jugendbuchabteilung beinhaltet alles vom liebevoll gestalteten Bilderbuch bis zum Thriller für junge Erwachsene. Auch englische Bücher für jedes Alter gibt es hier. *Alte Schönhauser Str. 23/24, 10119 Berlin-MI, T: 23457669, hundthammerstein.de*

tipp

Krumulus

Die Buchhandlung in Kreuzberg bezieht sich nicht ohne Grund auf den Zauberspruch von Pippi Langstrumpf. Hier steht die Fantasie im Vordergrund. Mit Hilfe einer großen Auswahl an Kinder- und Jugendliteratur sowie Bilderbüchern und Illustrationskunst wird sie geweckt und kultiviert. Die Druckwerkstatt bietet Kindern die Gelegenheit, ihrer Fantasie Ausdruck zu verleihen und der Vorlesesalon kommt mit Leseclub, Musikangeboten und Erzähltreffen daher. *Südstern 4, 10961 Berlin-KR, T: 25051140, krumulus.com*

LeseGlück

Seit 15 Jahren finden Familien ihr LeseGlück unweit des Landwehrkanals. Hier wird eine tolle Auswahl an zeitgenössischer Literatur für Erwachsene, Graphic Novels und natürlich Kinder- und Jugendbüchern in deutscher und englischer Sprache geboten. Auch Bücher, die Lust auf Ausflüge und Kochen machen, gibt es hier. *Ohlauer Str. 37, 10999 Berlin, T: 32518641, lesegluek-berlin.de*

Libelle

Die Libelle ist auf Kinder- und Jugendbücher spezialisiert und lässt kaum einen Wunsch offen. Die Klassiker teilen sich die Regale mit Neuentdeckungen und auch ein kleines Angebot für Erwachsene gibt es. Geschenke und Spielsachen lockern die Bücherwände auf und oft sind es die Held:innen aus Roman und Bilderbuch selbst, die einem beim Stöbern begegnen. *Bänschstr. 44, 10247 Berlin-FR, T: 41724996, libelle-fhain.buchhandlung.de*

Libelle

Lesenswertes für Kinder sowie Schönes und Nützliches hat die Treptower Libelle im Angebot. Die Bilderbücher, Romane und Graphic Novels begeistern selbst Lesemuffel. Wer dem geschriebenen Wort überdrüssig ist, kann sich hier mit der Auswahl an Spielzeug und Kreativmaterial vergnügen. Das Sortiment an bunten Dingen wurde nachhaltig produziert und kommt aus Berlin. *Karl-Kunger-Str. 63, 12435 Berlin-TR, T: 53600353, libelle-berlin.de*

Modern Graphics

Graphic Novels und Comics erfreuen sich so großer Beliebtheit wie noch nie. Bei Modern Graphics können sich Fans mit englischen und deutschen Werken der Comic-Kunst eindecken. Besonders stark sind Titel des Panini Verlags vertreten, ergänzt von einem großen Sortiment an Mangas und Merchandise. *Kastanienallee 79, 10435 Berlin-PB, T: 27493630, Tauentzienstr. 9-12, 10789 Berlin-CH, T: 85999054, Oranienstr. 22, 10999 Berlin-KR, T: 6158810, modern-graphics.de*

Mundo Azul

tipp

In seinen Räumen hält Mundo Azul illustrierte Kinderbücher und besondere Buchprojekte aus aller Welt bereit. Stets ist der Laden auf der Suche nach Nischigem, forscht nach kleinen Verlagen und unabhängigen Autor:innen, um Ungewöhnliches zu entdecken, das zu Papier gebracht wurde. Mundo Azul ist auch als ein Ort der Begegnung bekannt, an dem Vorträge und Seminare zu verschiedenen Themen wie Vielfalt und Inklusion gehalten werden. *Choriner Str. 49, 10435 Berlin-PB, T: 49853834, mundoazul.de*

ocelot

tipp

In der Buchhandlung gegenüber vom Weinbergspark ist viel Platz, um sich ungestört umzuschauen. Gibt es doch eine Frage, ist das Team zur Stelle und freut sich, mit literarischer Kompetenz aushelfen zu können. Der wirklich gute Kaffee macht das Schmökererlebnis auf allen Ebenen perfekt. Auch abendliche Besuche lohnen sich, wenn wieder eine Autor:innenlesung ansteht. *Brunnenstr. 181, 10119 Berlin-MI, T: 97894592, ocelot.de*

Odradek

Auf der Roten Insel in Schöneberg findet sich diese wunderschöne Buchhandlung mit kafkaeskem Namen, in der es englische und deutsche Literatur zu kaufen gibt. In der großen Kinder- und Jugendbuchabteilung stehen neben altbewährten Klassikern auch moderne Geschichten, die Vielfalt repräsentieren und dafür sorgen, dass sich jede:r darin wiederfinden kann. *Gustav-Müller-Str. 1, 10829 Berlin-SB, T: 39722776, odradekbuch.de*

Pankebuch

Die Buchhandlung an der Panke ist die beste Adresse für Liebhaber:innen nordischer Literatur und Kultur. Und mit Norden ist dabei all das gemeint, was oberhalb der Buchhandlung angesiedelt ist. Unter anderem Nordberlin, Brandenburg, Baltikum und die nordischen Länder sind literarisch vertreten. Auch in den Originalsprachen der jeweiligen Regionen ist Literatur vorhanden, brandneu und aus zweiter Hand. *Wilhelm-Kuhr-Str. 5, 13187 Berlin-PA, T: 48479013, pankebuch.de*

Prior & Mumpitz

tipp

Gleich zwei Mal hat Prior & Mumpitz den Deutschen Buchhandelspreis bereits erhalten. Der Laden zeichnet sich durch sein vielfältiges Sortiment an Kinder- und Jugendliteratur sowie das zusätzliche Angebot für junge Leser:innen aus. Monatlich trifft sich hier der Kinder-Leseclub, um über den neusten Lesestoff zu diskutieren. Der Nachwuchs kann im Buchladen sogar seine ersten eigenständigen Einkäufe wagen, denn es gibt die Möglichkeit, ein Bücherkonto zu eröffnen. *Dunckerstr. 72, 10437 Berlin-PB, T: 53090980, priorundmumpitz.de*

Purzelbuch

Die charmante Buchhandlung nahe des U-Bahnhofs Eisenacher Straße hat sich auf das geschriebene Wort für jüngere Buchliebhaber:innen spezialisiert. Das Sortiment weckt Begeisterung fürs Lesen. Teenager zwischen zehn und 14 Jahren sind eingeladen, sich beim regelmäßigen Buchclub-Treff auszutauschen. *Apostel-Paulus-Str. 5, 10823 Berlin-SB, T: 78892929, purzelbuch.de*

AKTIV

CH Charlottenburg, *FR* Friedrichshain, *HE* Hellersdorf *HO* Hohenschönhausen, *KÖ* Köpenick, *KR* Kreuzberg *LI* Lichtenberg, *MA* Marzahn, *MI* Mitte, *NK* Neukölln *PA* Pankow, *PB* Prenzlauer Berg, *RE* Reinickendorf *SB* Schöneberg, *SP* Spandau, *ST* Steglitz, *TE* Tempelhof *TI* Tiergarten, *TR* Treptow, *WE* Wedding, *WI* Wilmersdorf *WS* Weißensee, *ZE* Zehlendorf

Parks

Botanischer Garten Berlin

tipp

Hier blüht und grünt es zu jeder Jahreszeit. Der Botanische Garten Berlin zählt wegen seiner Fläche, aber auch aufgrund der Artenvielfalt zu den bedeutendsten Gärten der Welt. Vor über hundert Jahren sollte hier die ganze Welt in einem Garten versammelt werden, dieses Ziel ist heute erreicht. Ein Highlight ist das originalgetreu restaurierte Gewächshaus, das im Jugendstil erbaut wurde und als architektonisches Meisterwerk bezeichnet wird. Nach der Neukonzeption des Botanischen Museums bis 2023 erwartet die Besucher:innen zudem ein komplett neues Museumserlebnis. *Königin-Luise-Str. 6-8, 14195 Berlin-ST, T: 83850100, bo.berlin*

Botanischer Volkspark Blankenfelde Pankow

Ein wahrhaftes Idyll ist der im Norden Berlins gelegene und rund 34 Hektar große Botanische Volkspark, der mit seiner Landschaft zum Verweilen und mit dem dortigen Bauerngarten-Standort zum urbanen Gärtnern einlädt. Umgeben von naturbelassenen Wiesen und Wäldern können Besucher:innen auf dem ehemaligen Gelände des einst größten Berliner Schulgartens eine Vielzahl an teilweise seltenen Pflanzen, Stauden und Gewächsen entdecken oder einfach eine Runde die Seele baumeln lassen. Allerdings ist die Zukunft des Parks ungeklärt, seit Grün Berlin die Verantwortung an den Bezirk zurückgegeben hat. Auch eine Umbenennung ist im Gespräch. *Blankenfelder Chaussee 5, 13159 Berlin-PA*

Britzer Garten

tipp

Dass man nicht weit reisen muss, um mitten im Grünen zu landen, zeigt der Britzer Garten. Die weitläufige Wiesen- und Seenlandschaft bietet den idealen Ort für entspannte Picknicks, ausgedehnte Spaziergänge oder die ein oder andere tierische Begegnung. Unter anderem eine kleine Herde Thüringer Waldziegen, die Skudden-Schafe sowie Esel, Hühner und Enten gibt es hier zu entdecken. Zwei besondere Spielplätze laden zum Toben, Matschen und Planschen ein: der große Wasserspielplatz und die Spiellandschaft am Lehmdorf. Neugierige Hobbykapitän:innen schauen auch mal am Modellboothafen vorbei. *Sangerhauser Weg 1, 12349 Berlin-NK, T: 700906710, britzergarten.de*

Bürgerpark Pankow

Nicht nur ein Lieblingsort der Pankower:innen ist der Bürgerpark, welcher sich über eine Fläche von rund zwölf Hektar erstreckt. Wer durch das historische Eingangstor schreitet, landet in einer grünen Oase aus Wiesen, Buchen, Eichen und uralten Ahornbäumen. Familien können ein gemütliches Picknick genießen, herumtollen oder dem Spielplatz mit Kletterschiff im westlichen Teil des Parks einen Besuch abstatten. Wer eine Pause braucht, schmaust im Café Rosengarten leckeren Kuchen. Direkt neben dem Park ist der beliebte Kinderbauernhof Pinke Panke zu finden. *Wilhelm-Kuhr-Str. 9, 13187 Berlin-PA, buergerpark-pankow.de*

Gärten der Welt

tipp

In einem Tag um den Globus geht es für Familien beim Besuch der Gärten der Welt in Marzahn. Hier laden elf verschiedene Themengärten zu einer Weltreise ein, auf der man nicht nur die internationale Gartenkunst entdecken, sondern sich auch in ein fernes Land träumen kann. Schwindelfreie starten mit der Seilbahn über den Kienberg und gleiten entspannt und mit spektakulärem Ausblick nach unten zum Haupteingang. Neben dem Garten-Erlebnis sorgen die zahlreichen Spielmöglichkeiten für jede Menge Spaß: Irrgarten, richtig tolle Spielplätze, Trampolin und Rallyes wurden extra für die Jüngsten gestaltet. *Blumberger Damm 44, 12685 Berlin-MA, gaertenderwelt.de*

Gutspark Marienfelde

Neben der landschaftlichen Seite des Parks, die vor allem durch ihre alten Baumbestände und weitläufigen Wiesen geprägt ist, begeistert der Schmuckgarten in unmittelbarer Nähe zum Gutshaus mit bunten Blumenbeeten, dem puristischen Brunnen und historischen Skulpturen. Der Park ist flächenmäßig nicht der größte, dafür aber recht langgestreckt, sodass man hier eine kleine Wanderung unternehmen kann. Außerdem schließt er direkt an den Freizeitpark Marienfelde an. *Säntisstr. 182, 12277 Berlin-TE*

Humboldthain

Der Park am Weddinger Gesundbrunnen ist auf den alten Flaktürmen des darunter liegenden Bunkers gewachsen. Neben der grünen Idylle bietet er jede Menge für Actionfans: Auf dem Abenteuerspielplatz dürfen Kinder toben und werkeln, im Park kann man Hügel erklimmen und heruntersausen – im Winter lässt sich hier herrlich rodeln – und das Sommerbad bietet Sprunganlage, Rutsche, viel Platz zum Planschen und den tollen Kunstkiosk Tropez mit Aktionen für Familien. Wer die Parklandschaft und dessen Geschichte weiter erkunden will, kann sich vorher mit einem pindactica-Entdecker:innenheft ausstatten. *Brunnenstr., 13357 Berlin-WE*

KINDER-
TIPP

Mit dem Freilandlabor können Familien die Natur auf dem Tempelhofer Feld und im Britzer Garten entdecken und erforschen.

Ivo
7 Jahre

BERLINS NATUR ERLEBEN

In der Großstadt gibt es keine Natur? „Stimmt nicht!", sagt der Siebenjährige. Es gibt sogar jede Menge Stadtnatur zu entdecken, wie Grundschulkinder in Ivos Alter bei den vielfältigen Führungen, Ferienkursen und Workshops des Freilandlabors erfahren. Auf dem Tempelhofer Feld können Eltern und Kinder bei „Natur für die Familie" einmal im Monat die Flora und Fauna des Feldes erforschen, im Britzer Garten finden ebenfalls regelmäßig Forscher:innentouren und Naturworkshops für Familien statt. *Freilandlabor Britz e.V., Seite 160*

Körnerpark

Betritt man die Gartenanlage, fühlt man sich vollkommen zu Recht als wäre man plötzlich in königlichen Gefilden unterwegs. Die Orangerie lädt zu kultureller Bildung in ihre Galerie und auch Kaffee, Kuchen oder Limonade lässt sich hier hervorragend schmausen. Wechselweise finden Veranstaltungen statt, wie etwa das Freiluftkino, Lesungen, Musik oder Tanz. Trotzdem geht es nicht nur herrschaftlich zu. Der Park wird im Sommer von all jenen bevölkert, die sich ein Fleckchen Grün wünschen. Ab Einbruch der Dunkelheit wird die Stimmung magisch, denn der Trubel beruhigt sich und man kann hier und da gedämpften Stimmen lauschen. Wen der Hunger packt, holt sich köstliche Pizza bei „Nini e Pettirosso", direkt angrenzend an den Park. *Schierker Str. 8, 12051 Berlin-NK, körnerpark.de*

tipp Landschaftspark Herzberge

Das gesamte ehemalige Areal rund um das Evangelische Krankenhaus Königin Elisabeth Herzberge wurde von der Agrarbörse zum Landschaftspark mit Umweltbildungsangeboten entwickelt und verbindet mit seinen Schafweiden, Obstwiesen und Biotopen Naherholung, landwirtschaftliche Nutzung und Naturschutz. Heute sind dort in den Teichen und Tümpeln Frösche, Wechselkröten, Molche und Ringelnattern zu Hause. Auf den Wiesen könnt ihr Herden schwarzer Pommerscher Landschafe begegnen, die die Flächen regelmäßig abgrasen. Im Süden des Parks findet ihr die StadtFarm, die Gewächshäuser könnt ihr nicht übersehen. Seit 2017 wird dort Europas größte gläserne AquaTerraPonik Stadtfarm betrieben, in der Fisch gezüchtet sowie Gemüse der Saison und Tropenfrüchte im städtischen Raum angebaut werden. Der Hofladen hat montags bis freitags geöffnet, an jedem zweiten Samstag eines Monats findet ein Markttag mit weiteren Anbieter:innen nachhaltiger regionaler Produkte statt. Für Kitas und Schulen wird ein Bildungsprogramm zu Ökosystemen, Landwirtschaft und dem Einfluss von Ernährung auf unser Klima angeboten. *Besucherzentrum StadtFarm Berlin-Herzberge, Allee der Kosmonauten 16, 10315 Berlin-LI, stadtfarm.de*

Mauerpark

Wo einst die Berliner Mauer die Stadt in Ost und West teilte, liegt heute der Mauerpark. Während Familien unter der Woche entspannt die Sonne genießen, Fußball spielen oder mit Freund:innen picknicken, wird der Park am Sonntag zu einer bunten, trubeligen Kulturstätte mit Flohmarkt und Open-Air-Karaoke. Sobald das Wetter wärmer wird und sich der Sommer ankündigt, lockt es viele Straßenkünstler:innen und Schaulustige aus aller Welt in den Park. Im Winter wird der Hügel zur Rodelpiste. *Gleimstr. 55, Bernauer Str., 10437 Berlin-PB, T: 60980018, mauerpark.info*

tipp Natur Park Südgelände

Der ehemalige Rangierbahnhof ist heute ein wilder Märchenwald, der viele Geschichten erzählt. Sein Wahrzeichen ist ein 50 Meter hoher Wasserturm aus Stahl. Alte Schienen, eine Drehscheibe und eine Dampflok, die von der Natur nach und nach überwuchert werden, erinnern an eine andere Zeit und können auf einem Rundgang erkundet werden. Wer möchte vertieft sein Wissen noch mit einem Pindactica Entdecker:innenheft. Das Spielparadies bietet für Erfinderische und Kletterbegeisterte unzählige Möglichkeiten zum Austoben und Entdecken. Auch geführte Touren zu Pflanzen und Vögeln sowie private Kindergeburtstage werden angeboten. *Prellerweg 47-49, 12157 Berlin-SB, T: 700906710, natur-park-suedgelaende.de*

tipp Park am Gleisdreieck

Der Park am Gleisdreieck hat sich bereits 2013 von einer wilden Brachfläche in einen grünen Freiraum verwandelt, der vor allem für sportliche Familien ein wahres Highlight ist. Ob Yoga auf der Wiese, Tischtennis und Boule unter den schattigen Bäumen oder Trampolin springen mitten im Park – hier kann man sich so richtig austoben. Zudem gibt es mehrere tolle Spielplätze für unterschiedliche Altersstufen. Zur Stärkung lädt unter anderem das Café Eule mit Kuchen, Suppen und Quiches ein, wo man sehr gemütlich sitzen kann. *Möckernstr. 26, 10963 Berlin-KR, T: 700906710, gruen-berlin.de*

Park Glienicke

Auf der Berliner Seite der Glienicker Brücke liegen ein Schloss und ein Garten, welche zum UNESCO-Weltkulturerbe zählen. Über Wiesen, Bäume und Hügel erstreckt sich die Parkanlage bis zur Havel hinunter. Das Schloss sollte man unbedingt betreten und sich von der Farbenpracht verzaubern lassen: In Rot und Blau leuchten die Salons im Inneren des Guts und untermalen die Ausstellung der antiken Möbelstücke. *Königstr. 36, 14109 Berlin-ZE, T: 80586750, spsg.de*

Pfaueninsel

Wenn die Sonne ihre Strahlen ausbreitet, ist eines der beliebtesten Ausflugsziele die Pfaueninsel, die sich eingebettet zwischen Wald und Wasser im Südwesten Berlins befindet. Nach einer kurzen Fährfahrt über die malerische Havel erreichen Familien das Eiland, das als Ort der Ruhe, der Naturnähe und des preußisch-königlichen

Lebensgefühls gilt. Während die märchenhafte Umgebung mit bunten Frühlingsblühern, 400 Jahre alten Eichen und dem ältesten Rosengarten Berlins lockt, lädt die Spielwiese zum gemütlichen Picknick ein. Natürlich kann man hier auch schon mal den einen oder anderen Pfau mit seinem grazilen Federkleid vorbeischreiten sehen. Kinder, die während ihres Besuchs mehr über die Insel und ihre Geschichte erfahren wollen, können sich vorher auf der Website die Entdeckungstour herunterladen. *Nikolskoer Weg, 14109 Berlin-ZE, spsg.de*

tipp

Plänterwald und Neuer Spreepark

Südöstlich an den Treptower Park schließt sich der Plänterwald an. Hier ist in letzter Zeit nicht nur der Waldspielplatz renoviert, sondern auch die beliebte Plansche grundsaniert worden. In neuem Glanz soll außerdem der an der nördlichen Spitze des Plänterwalds liegende Spreepark erstrahlen. Der viele Jahre brach liegende Freizeitpark aus DDR-Zeiten wird im Laufe der nächsten Jahre Schritt für Schritt wiedereröffnet. Bis 2026 soll sich der Park in einen lebendigen Freiraum verwandeln. Highlight wird das sanierte und umgebaute Riesenrad sein, das dann einen grandiosen Rundumblick aus 45 Metern Höhe ermöglicht. Bereits 2023 wird das Eierhäuschen als Ausflugsziel wiedereröffnet. *Dammweg, 12437 Berlin-TR, gruen-berlin.de, spreepark.berlin*

Schlosspark Pankow

An herrlichen Sommertagen kann man sich entspannt auf den grünen Wiesen niederlassen, entlang der zahlreichen geschwungenen Wege dem Lauf der Panke folgen und sich ein wenig treiben lassen. Mehr Action gibt es auf den beiden Spielplätzen im Osten und Norden der Grünanlage. Der Park wurde zu Zeiten der Mauer in zwei Bereiche unterteilt, die sich immer noch im Landschaftsbild erkennen lassen: Der ruhige Klostergarten hebt sich vom baumreichen Volkspark mit schlängelndem Bachlauf ab. Wer eine Abkühlung benötigt, stattet dem Sommerbad Pankow im Süden einen Besuch ab. Kulturbegeisterte finden im Park auch das Schloss Schönhausen, ein Schmuckstück aus dem 18. Jahrhundert. *Am Schloßpark, 13187 Berlin-PA*

Stadtpark Steglitz

Zwischen Hainbuchenhecken, Rosengärten und Seerosenteichen lässt sich im Stadtpark Steglitz eine entspannte Auszeit und etwas Abgeschiedenheit genießen. Neben Spazierwegen, Liegewiesen und einem Musikpavillon mit Sommerkonzerten bietet der Park Spielplätze, eine Minigolfanlage und ein Restaurant im Rosengarten. Im Winter eignet sich der kleine Hügel perfekt zum Rodeln. *Albrechtstr./Sedanstr., 12167 Berlin-ST*

tipp

Tempelhofer Feld

Wer das Tempelhofer Feld betritt, erlebt die hier in der Stadt einzigartige Weite und ein besonderes Freiheitsgefühl. Ein Phänomen, das wohl keine andere Metropole in dieser Form zu bieten hat. Während über die Start- und Landebahn früher Flugzeuge rollten, sind es heute Skater:innen und Radfahrer:innen, die hier entlangsausen und ihre Tricks üben. Natürlich kann man auf der mehr als 300 Hektar großen Fläche auch eine entspannte Auszeit genießen, ein Picknick veranstalten, Tiere beobachten oder im Herbst Drachen steigen lassen. Zudem gibt es übers Jahr verteilt Kultur-, Natur- und Sport-Veranstaltungen für Familien, es gastieren regelmäßig vielfältige Festivals, das ATZE Musiktheater baut eine Open Air-Bühne auf und das Freilandlabor Britz bringt Kindern die Flora und Fauna des Feldes näher. *Eingänge: Tempelhofer Damm, Columbiadamm, Oderstr., 12051 Berlin-NK/TE, gruen-berlin.de*

Tiergarten

Zwischen Brandenburger Tor und Zoo befindet sich das grüne Herz Berlins, das mit zahlreichen Spielplätzen, weitläufigen Wiesen und Schatten spendenden Bäumen

Meine mitschülerin Tjara

AUSFLUGS-
TIPP

DAMALS UND HEUTE IN DÜPPEL

Museumsdorf Düppel
Clauertstr. 11, 14163 Berlin-ZE
stadtmuseum.de

Im Museumsdorf Düppel könnt ihr mitten in Zehlendorf mit allen Sinnen ins Landleben vor über 800 Jahren eintauchen, bedrohten Nutztierrassen begegnen, euch in mittelalterlichen Handwerkstechniken erproben, viel über Biodiversität erfahren und nicht zuletzt einen herrlichen Tag verleben.

Geschichte live erleben: von rekonstruierten Häusern über alte Nutztierrassen bis zu mittelalterlichen Kinderspielen

Wer mittelalterliche Rollenspiele erwartet, ist in Düppel allerdings an der falschen Adresse. Das Museumsdorf versteht sich vielmehr als Zentrum für experimentelle Archäologie. In den 1960er-Jahren wurden bei Ausgrabungen im heutigen Landschaftsschutzgebiet am Krummen Fenn die Spuren einer hufeisenförmig angelegten Dorfsiedlung zutage gelegt, die vermutlich von 1170 bis 1220 bestand.

Die Häuser, Palisaden, Brunnen, Öfen und Zäune, alltägliche Handwerke und die Landwirtschaft wurden wissenschaftlich fundiert rekonstruiert. Besondere Bedeutung kommt hier im Sinne der experimentellen Archäologie der Verwendung mittelalterlicher Werkzeuge, Materialien und Praktiken zu, um die damaligen Lebensweisen nachzuempfinden.

Lebendige Geschichte

So könnt ihr heutzutage von Ende März bis Anfang November an Wochenenden, Feiertagen und in den Ferien auf knapp acht Hektar mit allen Sinnen ein mittelalterliches Dorf erleben, wie es vor etwa 800 Jahren tatsächlich ausgesehen haben könnte: mit einem Dutzend reetgedeckter Häuser aus Holz und Lehm, Werkstätten, einer Imkerei, alten Nutztierrassen wie Skudden oder Weideschweinen und umgeben von landwirtschaftlichen Nutzflächen.

Gleich am Eingang des Freilichtmuseums befindet sich eine multimediale Ausstellung zum Alltag der Landbevölkerung im Mittelalter. Erkunden könnt ihr das Gelände auf eigene Faust auf einem gut ausgeschilderten Rundgang oder bei den regelmäßigen Führungen.

Schmieden, Schnitzen, Spinnen

Im Dorfzentrum bespielen derweil die authentisch in mittelalterliche Kleidung gehüllten ehrenamtlichen Mitarbeiter:innen des Fördervereins Schmiede, Webstube oder Kräutergarten und lassen kleine und große Besucher:innen daran teilhaben. Spezielle Thementage führen in die mittelalterlichen Handwerkstraditionen ein. Besonders lohnenswert ist der Besuch an einem der saisonalen Feste, wenn das Programm noch umfangreicher ist. Wirklich toll sind übrigens auch die Ferienprogramme für Kinder, wenn das Freilichtmuseum täglich geöffnet hat.

Altes Wissen wieder zum Leben erwecken: In Workshops lernt man Heil-und Färberpflanzen kennen.

Von der Vergangenheit lernen

Niemand hier möchte das mittelalterliche Leben romantisieren, doch eine Rückbesinnung auf naturverbundenere Lebensweisen, die Bedeutung von Themen wie Biodiversität, nachhaltigem Bauen oder nachhaltiger Textilherstellung stehen im Zentrum aktueller Diskurse. Zwei Themeninseln widmen sich zum einen der Kulturgeschichte der Imkerei und der Bedeutung von Bienen, zum anderen der Artenvielfalt, die am Museumsdorf mit seiner Kulturlandschaft beispielhaft dargestellt wird.

Bei allem wissenschaftlichen Hintergrund und den Beiträgen zu Themen unserer Zeit findet ihr in Düppel aber vor allem einen malerischen Ort für einen außergewöhnlich schönen Familienausflug, bei dem man völlig vergessen kann, dass man sich innerhalb der Berliner Stadtgrenzen befindet. Und natürlich wird dort auch für Speis und Trank gesorgt. Highlight für Kinder: das Stockbrot-Rösten am Lagerfeuer.

viel Platz für Erholung und Spiel bietet. Im westlichen Teil des 210 Hektar großen Parks liegt die Siegessäule, die mit ihrer Aussichtsplattform einen herrlichen Ausblick beschert. Das Haus der Kulturen der Welt lockt mit Programm für jedes Alter, das Teehaus im Englischen Garten mit Konzerten an lauen Sommerabenden und im Café am Neuen See kann man ebenfalls eine schöne Zeit mit Kindern verleben. *Straße des 17. Juni, 10557 Berlin-TI*

tipp

Treptower Park

Eine der schönsten und größten Parkanlagen direkt an der Spree ist der Treptower Park. Hier können es sich Familien auf den Wiesen mit einem Picknick gemütlich machen, die Sonne genießen, Federball oder Frisbee spielen und im Herbst Drachen steigen lassen. Folgt man dem Uferweg, gelangt man an die Brücke zur Insel der Jugend, wo es einen Biergarten mit Tretbootverleih gibt. An der südöstlichen Seite geht der Park in den dichten Plänterwald über, der mit der 2022 frisch sanierten Plansche ebenfalls einen Ausflug wert ist. *Am Treptower Park, Puschkinallee, 12435 Berlin-TR*

Viktoriapark

Es gibt ihn wirklich, den Kreuzberg, dem das Viertel seinen Namen verdankt. Der 66 Meter hohe Hügel liegt im Viktoriapark und überrascht nicht nur mit herrlichem Ausblick, sondern auch mit einer Natur, wie man es mitten in der Stadt nicht für möglich hält. Ein Bachlauf inklusive kleinen Wasserfällen bahnt sich seinen Weg vom Hügel hinunter und wird im Sommer zu einem beliebten Planschort für die Großstadt-Familien, die auch gerne im Biergarten Golgatha einkehren. Kinder lieben am meisten das Tiergehege mit Ziegen, Hasen, Hühnern und Meerschweinchen. *Duden-, Katzbach-, Kreuzbergstr., 10965 Berlin-KR*

Volkspark Friedrichshain

Der Volkspark Friedrichshain war neben dem Berliner Tiergarten der erste und einst einzige öffentliche Park der Stadt. Seitdem ist das Gelände stets erweitert worden. Jetzt ist hier so viel Platz, dass es sich lohnt mit seinen Inlineskates eine Runde zu drehen oder ausgiebig zu joggen. Der Märchenbrunnen imponiert mit seiner Größe und lädt im Sommer mit seinem kühlen Nass zum Verweilen ein. Wer richtig ausspannen will, spielt eine Runde Beachvolleyball oder lässt sich zum Picknicken auf einer der Wiesen oder auf eine Tasse Kaffee im Schönbrunn nieder. Sogar Bouldern kann man an den Kletterfelsen im Park und Filmfreund:innen finden ihr Vergnügen im Freiluftkino. *Am Friedrichshain, Friedenstr., Landsberger Allee, 10407 Berlin-FR*

Volkspark Hasenheide

Von dem früheren Hasengehege sind dem Neuköllner Park sein Name und 50 Hektar Grünfläche geblieben. Als Ausflugsziel eignet sich der Volkspark vor allem wegen seiner vielfältigen Freizeitangebote. Neben dem aufwendig gestalteten Märchenspielplatz finden sich hier ein Freiluftkino, ein Tiergehege, eine Minigolfanlage und ein Rosengarten. Auf dem Baumlehrpfad kann man alle „Bäume des Jahres“ seit 1989 kennenlernen. *Columbiadamm, 10967 Berlin-NK, volkspark-hasenheide.de*

Volkspark Jungfernheide

Im Charlottenburg finden Familien mit dem Volkspark Jungfernheide den zweitgrößten Park Berlins, der nicht nur mit seiner Fläche, sondern auch mit seinem dichten Waldbestand aus Eichen, Kiefern und Buchen beeindruckt. Hier kann man prima einen ausgedehnten Spaziergang unternehmen und nebenbei auch richtig viel Action erleben: Während Höhentaugliche im östlichen Teil des Parks im Waldhochseilgarten umherklettern, genießen Wasserratten im westlichen Teil das kühle Nass im Frei- oder Strandbad. *Heckerdamm, 13627 Berlin-CH*

tipp

Volkspark Potsdam

Im Norden Potsdams laden tolle Spielplätze, Riesenrutschen, eine Skateanlage, Bolz-, Fußball- und Beachvolleyballplätze und ein Disc-Golf-Parcours zu Bewegung ein. Wem das an Action noch nicht genug ist, bouldert an der Kletterwand im Waldpark oder erobert das Trampolin. Ein Kompromiss für niemalsmüde Entdecker:innen und Eltern, die sich über Entspannung freuen, ist der Wasserspielplatz mit Sandstrand und Liegewiese. Hier findet sich auch das „Haus im Park“, das mit Eis, Pizza sowie Kuchen aufwartet. Direkt angrenzend befindet sich die Biosphäre. *Georg-Hermann-Allee 101, 14469 Potsdam, T: 0331-6206777, volkspark-potsdam.de*

Volkspark Prenzlauer Berg

Im Osten Prenzlauer Bergs liegt der gleichnamige Volkspark, der Kinder mit Abenteuerspielplatz und großer Wiese zum Austoben einlädt. Während Familien im Sommer auf ihrer Picknickdecke entspannt die Sonne genießen, eignet sich der Park im Herbst ideal zum Drachensteigen. Wenn der Park im Winter mit Schnee bedeckt ist, können Mutige mit ihrem Schlitten vom Hügel herunterrodeln. *Schneeglöckchenstr. 61, 10407 Berlin-PB*

Volkspark Rehberge

Der Volkspark ist eine idyllische Ruheoase zwischen dem geschäftigen Wedding und der Kleingartenkolonie von Reinickendorf. Mit Tiergehegen, Liegewiesen, Spiel- und

Sportplätzen sowie einer Rodelbahn von 20 Metern Höhenunterschied ist der Park ein ganzjährig beliebtes Ausflugsziel. Die Freilichtbühne lädt an Sommerabenden zum Open Air-Kino ein. *Afrikanische Str., 13351 Berlin-WE*

Volkspark Schöneberg-Wilmersdorf

An der Bezirksgrenze treffen sich der Wilmersdorfer Volkspark und der Schöneberger Rudolf-Wilde-Park. Dabei ergänzen sich die beiden Parkhälften wunderbar. Durch seine langgezogene Fläche eignet sich das Areal wunderbar für Jogger:innen, die zentralen Wiesen machen ausgiebige Picknicke möglich und das große Spielareal am Hans-Rosenthal-Platz bietet Raum zum Austoben. Unter alten Kastanien kann man Steintische mit vorgeprägtem Schach- und Mühle-Muster nutzen. Eine Vielzahl an Klettergeräten und Schaukeln sowie Sportmöglichkeiten von Tischtennis bis zu Minigolf werden Bewegungshungrigen jeden Alters gerecht. *Am Volkspark, Straße am Schoeler Park, 10715 Berlin-WI*

Gärten

tipp

Allmende-Kontor

Der interkulturelle Gemeinschaftsgarten hat sich zu einer Oase auf dem südöstlichen Teil des Tempelhofer Felds entwickelt. Hier hat der Verein seinen Bereich mit Hochbeeten zum Gärtnern, Experimentieren und Zusammensein. Auch ein Bienengarten mit zwei fleißigen Bienenvölkern ist Teil der Anlage, ebenso wie der Färberpflanzgarten der Initiative „Die Schönfärberinnen“, die das alte Wissen um pflanzliche Farbstoffe lebendig erhalten. *Oderstr., 12049 Berlin-NK, allmende-kontor.de*

Bauerngarten

Das Gras wachsen hören, Erde zwischen den Fingern spüren sowie eigenes Bio-Gemüse ernten – all das geht an den vier Berliner Standorten. Hier tragen sich zukünftige Hobbygärtner:innen am besten direkt auf die Interessent:innen-Listen ein, damit mit etwas Glück im Frühjahr auf dem bereits vorbereiteten kleinen Acker schon gepflanzt, gepflegt und geerntet werden kann. Dabei kümmert sich das Bauerngarten-Team um Boden und Bewässerung, mäht, repariert, besorgt Bio-Saatgut, Gartenwerkzeug und stellt kräftige Bio-Jungpflanzen bereit. *Pankow: im Botanischen Volkspark, Blankenfelder Chaussee 5, 13159 Berlin-PA; Havelmathen: Kladower Damm 57, 14089 Berlin-SP; Ahrensfelde: Eichner Grenzweg/Ahrensfelder Chaussee, 16356 Ahrensfelde; Mette: Querweg 6 1/2, 12529 Schönefeld, T: 28482436, bauerngarten.net*

Bürgergarten Laskerwiese

Der Bürgergarten Laskerwiese ist eine Initiative von Anwohner:innen unterschiedlichster Generationen und Herkunft am Ostkreuz, die das Interesse an der Natur und am Gärtnern verbindet. Neben dem Gemeinschaftsgarten und einzelnen Parzellen, gibt es auch eine für alle offene Grünanlage mit Bolzplatz und Grillmöglichkeiten. An gemeinsamen Gartentagen treffen sich alle, um sich gegenseitig mit Workshops, Saatgut, Setzlingen und Tipps und Tricks beim Gartenbau zu helfen. *Laskerstr., 10245 Berlin-FR, T: 29772610, laskerwiese.de*

ElisaBeet

Sommerwiese, Märchenwald und Gemüsegarten – der solidarische Lehrgarten bietet Familien einen Ort zum Entdecken und Erholen. Neben der knapp 500 Quadratmeter umfassenden Anbaufläche gibt es einen 1,5 Hektar großen Freizeit- und Erholungsbereich. Weite Wiesen und schattenspendende Bäume laden zum Herumtollen und Spielen ein. Große und kleine Gartenfreund:innen können hier natürlich auch beim Gärtnern helfen. Jeden Freitag lädt das Team des ElisaBeets zum offenen Mitmachen ein. An den Bildungstagen gibt es ein speziell für Kindergärten und Schulklassen erdachtes Programm im Bereich Umweltbildung. *Wollankstr. 66., 13359 Berlin-WE, himmelbeet.de*

tipp

GleisBeet

Dieses Urban-Gardening-Projekt der Natur-Freunde liegt im Gelände des ehemaligen Wriezener Bahnhofs entlang der Helsingforser Straße. Auf 1.300 Quadratmetern kann gemeinschaftlich gegärtnert werden. Jeden ersten und dritten Samstag im Monat treffen sich Interessierte ab 11:00 Uhr im GleisBeet und auch unter der Woche gibt es feste Zeiten, um Neues anzulegen und Bestehendes zu pflegen. Die NaturFreunde-Ortsgruppe veranstaltet darüber hinaus spannende Wanderungen für Familien – Diese gibt es auch als „Kinderwagen on tour" für Eltern mit ganz kleinen Kindern. *Helsingforser Str. 29, 10243 Berlin-FR, T: 810560250, naturfreunde.de/ortsgruppe/adelante*

tipp

Gutsgarten Hellersdorf

Im ehemaligen Dorfkern von Marzahn-Hellersdorf wird dank des Projekts PrinzessinnengartenBau seit einigen Jahren gegärtnert und kultiviert. Im Gutsgarten Hellersdorf rücken Anwohner:innen zusammen und erschaffen gemeinsam einen Ort der Begegnung: Ob Freiluftkino, offene Werkstätten, Kompostierung oder ein Markt, hier können alle mit anpacken und eigene Ideen einbringen. Donnerstags und samstags finden die offenen Gartenarbeitstage statt, an denen Interessierte einen Einblick gewinnen und sich der Gemeinschaft anschließen können. *Alt Hellersdorf 17, 12629 Berlin-HE, prinzessinnengarten-kollektiv.net*

neu

himmelbeet

Wie so viele andere Gemeinschaftsgärten war die Existenz des himmelbeets bedroht. Mit unglaublich viel Durchhaltevermögen hat das engagierte Team eine neue Fläche an der Gartenstraße in Mitte gefunden, wo im Sommer 2022 dann endlich die Wiedereröffnung gefeiert werden konnte. Ab jetzt kann also wieder gemeinsam gegärtnert werden. Zum Beispiel auf einem der rund 200 Pachtbeete oder den Gemeinschaftsbeeten. Von Yoga über Upcycling bis hin zum offenen Mitmachen – auf dem Gelände werden Veranstaltungen für jedes Alter geboten. In den nächsten Jahren soll auch das Garten-Café am neuen Standort wiedereröffnen – für die Baumaßnahmen werden noch Sponsoren gesucht. *Gartenstr./Ecke Grenzstr. 13355 Berlin, himmelbeet.de*

Kiezgarten Fischerstraße

In Rummelsburg befindet sich diese spannende Urban Gardening Initiative, die aus dem Bedürfnis heraus entstand, die Stadt gemeinsam aktiv zu gestalten und einen Garten für alle zu schaffen. Wer sich fürs Mitmachen interessiert, kommt zu einer der Führungen und stellt sich dem Plenum vor. Aber nicht davon abschrecken lassen, das Projekt versteht sich als offen für Wandel, neue Ideen und Leute. *Fischerstr. 23, 10317 Berlin-LI, kiezgarten.de*

Kiezgarten Rosa Rose

Nahe des S- und U-Bahnhofs Frankfurter Allee befindet sich der grüne Nachbarschaftsgarten, der das Gärtnern im Kiez unabhängig von finanziellen Mitteln oder Besitzverhältnissen ermöglichen möchte. Neben Zierpflanzen werden hier auch Obst, Gemüse und Kräuter angepflanzt. Während der Gartensaison treffen sich die Hobbygärtner:innen der anliegenden Kieze zum gemeinsamen Gärtnern. *Zugang über Jessnerstr. 3 oder 13, 10247 Berlin-FR, T: 32298531, rosarose-garten.net*

meine ernte

Ganz genau wissen, was auf dem eigenen Teller landet – das treibt unter anderem die Gründerinnen von meine ernte an. Seit vielen Jahren bietet das Projekt den Berliner:innen an drei Standorten einen eigenen kleinen Gemüsegarten zur Miete an und stellt hilfreiche Produkte zur schrittweisen Selbstversorgung bereit. Im Vorfeld sät ein:e Landwirt:in rund 20 verschiedene Gemüsesorten

SPORT FÜR KLEINES GELD

Sportmetropole
berlin-sportmetropole.de

Special Olympics World Games
17.-24.06.2023, berlin2023.org

Familiensportfest
10.09.2023, familiensportfest-berlin.de-

Sport im Park
sportimpark.berlin.de

Sport verbindet! Berlins Bewegungsangebote und Sportevents bringen Menschen auf Trab, unabhängig von Alter, Einkommen, Herkunft oder Handicaps.

2023 ist für die Sportmetropole ein ganz besonderes Jahr, wenn zum ersten Mal die weltweit größte inklusive Sportveranstaltung in Deutschland stattfindet. An acht Tagen im Juni werden in Berlin tausende Wettkämpfende mit geistiger und mehrfacher Behinderung bei den Special Olympic World Games in 24 Sportarten miteinander antreten. Ein internationales buntes Fest des Sports mit umfangreichem Kulturprogramm und großem Eröffnungfest erwartet alle kleinen und großen Sportfans. Aber das Jahr

Schwimm-Intensivkurse
schwimmkurse-sportjugend.de

Open Gym
im Friedrich-Ludwig-Jahn-Sportpark, albaberlin.de

Kids4Free
freier Eintritt für Kinder im Olympiastadion, herthabsc.de

Cabuwazi
Mitmachzirkus. Seite 81

Super-Ferien-Pass
JugendKulturService, Seite 98

hält noch viele weitere sportliche Highlights parat, für die nicht tief in die Tasche gegriffen werden muss. Das kostenlose Familiensportfest in den Kiezen versammelt alle möglichen Sportarten und Akteur:innen der Stadt – ein großer Spaß für die ganze Familie!

Umsonst und draußen findet „Sport im Park" in allen Bezirken statt – das Programm reicht von Bewegung für Kleinkinder bis zu Senior:innensport. Auch das „Open Gym" im Friedrich-Ludwig-Jahn-Sportpark beteiligt sich daran. Unter den Profivereinen tut sich Alba Berlin mit seinen Kita- und Schulsportprogrammen besonders hervor. Aber auch die anderen Berliner Vereine von Handball bis Eishockey veranstalten kostenlose Schnuppertage und Familienevents. Zu Bundesligaspielen von Hertha im Olmpiastadion kann man im Rahmen der Kids4Free-Aktion bei Kauf eines Erwachsenentickets bis zu vier Kinder im Alter unter 14 Jahren kostenlos mitnehmen. An sechs Standorten in Berlin macht der Mitmachzirkus Cabuwazi Kinder mit seinen kostenlosen Trainings und bezahlbaren Ferienprogrammen stark. Für sportliche Kinder ist der Super-Ferien-Pass des JugendKulturService ein unverzichtbarer Begleiter – er verschafft ihnen die ganzen Schulferien über gratis Eintritt in die Schwimmbäder der Berliner Bäder Betriebe und hält viele weitere Vergünstigungen bereit.

auf dem in Gärten unterteilten Acker aus. Ab Mai können dann die Gartenbesitzer:innen pflegen, gärtnern und ernten, was das Zeug hält. *Straße 3, 13059 Berlin-HO; Hof Lutz Gericke, Klein-Ziethener-Weg 17, 12355 Berlin-NK; Neue Späthstr., 12437 Berlin-NK, T: 0228-28617119, meine-ernte.de*

MenschenskinderGarten

Auf der ehemaligen Brache nahe des Strausberger Platzes ist ein interkultureller und generationsübergreifender Nachbarschaftsgarten entstanden. Menschen jeden Alters treffen sich hier, um zusammen zu gärtnern, Naturerfahrungen aus erster Hand zu erleben und sich auszutauschen. Die menschenskinder-berlin gGmbH betreibt auf dem Gelände auch ein Familienzentrum und eine Kita. *Fürstenwalder Str. 30, 10243 Berlin-FR, T: 235999650, menschenskinder-berlin.eu*

Paradiesgärten

neu

In Marzahn-Hellersdorf blühen seit kurzer Zeit drei Standorte völlig neu auf. In der Nähe von Gemeinschaftsunterkünften für Geflüchtete schufen Anwohner:innen die sogenannten Paradiesgärten, die gemeinschaftlich genutzt werden und als neue Orte der Begegnung gedacht sind. Naschgarten, Panoramagarten und Sonnengarten heißen die grünen Oasen, die in Beteiligungsworkshops und Planungswerkstätten gemeinschaftlich erdacht und umgesetzt wurden. *Blumberger Damm/Schönagelstr., Paul-Schwenk-Str., 12685 Berlin-MA; Albert-Kuntz-Str., 12627 Berlin-HE*

Prachttomate Gemeinschaftsgarten

Immer wieder erstaunlich, was sich nur wenige Meter von den Hauptverkehrsstraßen entfernt für grüne Oasen verbergen. Ursprünglich aus dem Mobilen Garten an der Lahnstraße hervorgegangen, gibt es seit über zehn Jahren den Gemeinschaftsgarten Prachttomate. Aus einer ehemaligen Brachfläche ist durch gemeinschaftliches Engagement ein idyllischer Nutzgarten entstanden, der allerdings wie viele andere Urban Gardening-Projekte von Verdrängung bedroht ist. *Bornsdofer Str. 9-11, 12053 Berlin-NK, prachttomate.de*

prinzessinnengarten kollektiv berlin

tipp

Nomadisch Grün, der gemeinnützige Träger der Prinzessinnengärten, hat 2019 den Moritzplatz verlassen und einen neuen Standort auf einem Teilstück des St. Jacobi Friedhofs an der Hermannstraße in Neukölln eröffnet. Gemeinsam können Naturbegeisterte an diesem besonderen Ort auf Entdeckungstour durch den Garten gehen und den Naturraum vor Ort untersuchen. Dabei lernt man, wie das Gemüse wächst und vor allem, wie man die Stadtnatur unterstützen kann. Im Anschluss versorgt das Gartencafé Besucher:innen mit einem köstlichen gastronomischen Angebot. Tipp: Auf dem Gelände ist in den letzten Jahren mit der Kiezkapelle ein neuer Ort der Nachbarschaft entstanden, an dem sich ein Besuch unbedingt lohnt! *Hermannstr. 99-105, 12051 Berlin-NK, prinzessinnengarten-kollektiv.net*

Prinzessinnengarten Kreuzberg

Nach dem Wegzug von Nomadisch Grün hat sich 2019 eine Initiative zum dauerhaften Erhalt des Gemeinschaftsgartens am Moritzplatz gebildet, wo weiterhin Veranstaltungen und Aktionen stattfinden. Common Grounds setzt sich darüber hinaus politisch für Urban Gardening-Projekte in der ganzen Stadt ein, deren Erhalt bedroht ist. *Oranienstr. 149-154/Prinzenstr. 35-38, 10969 Berlin-KR, prinzessinnengarten.net, common-grounds.net*

Späth'sche Baumschulen

tipp

Das umfangreiche, vielfältige und hochwertige Pflanzensortiment der Späth'schen Baumschulen lässt jedes Gärtner:innenherz höher schlagen. Auch ohne Pflanzenkaufabsichten lohnt sich ein Besuch des weitläufigen Geländes der historischen Baumschule. Bei Veranstaltungen wie dem Frühlingsfest oder Weihnachtsmarkt wird immer ein großes Kinderprogramm geboten. Hofladen, Gasthaus, Weingarten und die idyllische Pflanzenwelt machen die Baumschule zu einem perfekten Ausflugsziel im Süden der Stadt. *Späthstr. 80/81, 12437 Berlin-TR, T: 6390030, spaethsche-baumschulen.de*

Stadtgärten Neue Grünstraße und Heizkraftwerk Mitte

Im Herzen Berlins hat Vattenfall zwei grüne Fleckchen mit insgesamt 2.000 Quadratmetern geschaffen, auf denen Familien nach Lust und Laune gärtnern können. Neben den vielen Hochbeeten gibt es unter anderem auch Sandkästen, die die Jüngsten zum Buddeln einladen. Auch kreative Garten-Workshops für Jung und Alt werden kostenlos angeboten. *Neue Grünstr. 13/14, 10117 Berlin-MI, Köpenicker Str. 60, 10179 Berlin-MI, pflanz-was.vattenfall.de*

Urbane Oase in der Malzfabrik

Sie soll ein Ort der Besinnung, des Lernens und des Fühlens für Jung und Alt sein, wo alle mitmachen können. Am Eingang des Parks der Malzfabrik befindet sich der Gemeinschaftsgarten „Urbane Oase“ mit zahlreichen Beeten, Sitzplätzen und Holzbauten. *Bessemerstr. 2-14, 12103 Berlin-SB, malzfabrik.de*

Tierparks, Zoos und Aquarien

AquaDom & SEA LIFE Berlin

Ob Clownfisch oder Hai, Seepferdchen oder Oktopus – große und kleine Besucher:innen tauchen im Sea Life in die faszinierende Unterwasserwelt ein und entdecken die spannenden Meeresbewohner der verschiedenen Ozeane ganz nah, ohne selbst dabei nass zu werden. Spielerisch werden die wichtigsten Informationen für den Lebensraum und den Schutz der Tiere präsentiert, um das Umweltbewusstsein zu fördern. *Spandauer Str. 3, 10178 Berlin-MI, T: 0731-880425328, sealife.de*

Aquarium Berlin

Vom gelben Zitronenkugelfisch bis zum beeindruckenden Hai, von der gärtnernden Ameise bis zur faszinierenden Riesenschlange – hinter der historischen Fassade warten geheimnisvolle und kuriose Tiere darauf, entdeckt zu werden! Taucht ein in die Unterwasserwelt mit exotischen Fischen und Korallen. Nicht nur an Regentagen ein Lieblings-Ausflugsziel! *Budapester Str. 32, 10787 Berlin-TI, T: 254010, aquarium-berlin.de*

Biosphäre Potsdam

In der Tropenwelt können Familien ganzjährig auf eine Erkundungstour durch den Dschungel gehen und mit all ihren Sinnen den tropischen Regenwald der Biosphäre entdecken, in dem rund 20.000 tropische Pflanzen und 140 exotische Tierarten leben. Los geht die Reise am Wasserfall und führt über verschlungene Pfade zum Schmetterlingshaus und der Unterwasserwelt bis auf den Höhenweg, von dem man das beliebte Weißbüschelaffen-Paar beobachten kann. Dabei informieren verschiedene Ausstellungselemente über Themen wie Arten- und Naturschutz. *Georg-Hermann-Allee 99, 14469 Potsdam, T: 0331-550740, biosphaere-potsdam.de*

tipp

Tier-, Freizeit- und Saurierpark Germendorf

Findige Füchse, flauschige Alpakas oder Affen, die geschwind von Baum zu Baum hüpfen – im Tierpark Germendorf leben rund 650 Tiere, die es zu entdecken gilt. Wer noch tiefer in die Tiergeschichte eintauchen möchte, ist hier ebenfalls richtig, denn es gibt auch Modelle von Mammuts, Säbelzahnkatzen und Dinosauriern. Für jede Menge Aktivspaß sorgen Spielplätze, Riesenrad und Karussell. *An den Waldseen 1A, 16515 Oranienburg OT Germendorf, T: 03301-3363, freizeitpark-germendorf.de*

tipp

Tierpark Berlin

Auch für regelmäßige Tierparkgänger:innen gibt es hier immer wieder Neues zu entdecken. Wer die 2022 eröffnete Himalaya-Gebirgswelt mit den Kleinen Pandas, Schneeleoparden und Bartgeiern zum Beispiel noch nicht gesehen hat, sollte das schnell nachholen. Und überhaupt ist der Berliner Tierpark nur bei mehrmaligen Besuchen ganz zu schaffen. Mehr als 10.000 Tiere tummeln sich im größten Landschaftstierpark Europas. Vor allem die Afrikalandschaft sowie das tropische Alfred-Brehme-Haus sorgen für Entzückung bei den Besucher:innen. Ein Highlight für heiße Sommertage ist zweifelsohne der tolle große Wasserspielplatz. Am Kiosk nebenan lassen sich Planschwütige anschließend die Pommes schmecken. *Am Tierpark 125, 10319 Berlin-LI, T: 515310, tierpark-berlin.de*

Tierpark Kunsterspring

Wer auf den Spuren von Fontane im schönen Neuruppin unterwegs ist, sollte gleich noch im malerischen Tal der Kunster am zirka 16 Hektar großen Tierpark stoppen. Über 500 Tiere 90 verschiedener Arten leben in dem naturbelassenen Park, der von Wiesen und Wäldern umgeben ist und ein echtes Naturerlebnis bietet. Besonders sehenswert sind die selten gewordenen Arten wie Fischotter, Wölfe, Wisente oder Luchse. *Kunsterspring 4, 16816 Neuruppin OT Gühlen Glienicke, T: 0339-2970271, tierpark-kunsterspring.com*

Vogelpark Teltow

Aras und Zebrafinken, Damwild und Esel – in dem kleinen aber feinen Vogelpark im Süden Berlins können große und kleine Besucher:innen mehr als 300 Tiere entdecken und beobachten. Für Kinder gibt es einen Spielplatz zum Herumtollen, Buddeln, Rutschen und Klettern und im Streichelzoo kann man mit den Tieren auf Tuchfühlung gehen. Wenn dann der kleine oder große Hunger kommt, kann man im Restaurant einkehren und leckere Pizza, Pasta und Burger verspeisen. *Kastanienstr. 13-19, 14513 Teltow, T: 0171-3861763, vogelpark-streichelzoo-teltow.de*

Wildpark Johannismühle

Wer dem Wildpark einen Besuch abstattet, erlebt nicht nur eine abwechslungsreiche Landschaft, sondern auch spannende Tierbegegnungen. Entdeckt Wildpferde, Braunbären, Auerochsen, Luchse, Grau- und Polarwölfe oder Wisente, spaziert durch den großzügigen Freilauf, in dem Rotwild, Mufflons und Damwild leben, oder besucht die Flugshow, in der die Tiere ihre Luftkünste zum Besten geben. *Johannismühle 2, 15837 Baruth OT Klasdorf, T: 033704-97011, wildpark-johannismuehle.de*

Wildpark Schorfheide

tipp

Eine knappe Autofahrstunde von Berlin entfernt befindet sich im Biosphärenreservat Schorfheide-Chorin der schöne Wildpark. Auf den sieben Kilometer langen Wanderwegen verbringen Familien lehrreiche und gleichzeitig erholsame Stunden und entdecken in den großzügig angelegten Gehegen verschiedene Wildtiere. Wer danach noch Energie hat, kann sich im angrenzenden Kletterwald in schwindelerregende Höhen schwingen. *Prenzlauer Str. 16, 16244 Schorfheide OT Groß Schönebeck, T: 033393-65855, wildpark-schorfheide.de*

Zoologischer Garten

Im ältesten Tiergarten Deutschlands, der zugleich auch der artenreichste der Welt ist, können große und kleine Besucher:innen rund 20.000 Tiere aus knapp 1.200 Arten bestaunen. Wer wissen möchte, wie Flachlandtapire, Rotducker oder Wasserschweine aussehen, ist hier definitiv an der richtigen Stelle. Neben den zahlreichen Tieren erfreuen vor allem Abenteuerspielplatz und Streichelzoo die jungen Besucher:innen. *Hardenbergplatz 8, 10787 Berlin-Tl, T: 254010, zoo-berlin.de*

Zoologischer Garten Eberswalde

In Eberswalde liegt die wohl aufregendste Löwen-Zooanlage der Welt. Über einen Tunnel gelangt man in eine voll verglaste Höhle inmitten des Geheges. Die Weißkopfmakis und Kattalemuren gehen mit den Besucher:innen auf Tuchfühlung, denn sie dürfen sich hier völlig frei bewegen. *Am Wasserfall 1, 16225 Eberswalde, T: 03334-22733, zoo.eberswalde.de*

Naturparks

Barnim Panorama und Naturpark

Der ideale Ausgangspunkt für einen Ausflug in den Naturpark ist das Barnim Panorama im Dorfkern von Wandlitz. Hier begeben sich Besucher:innen auf eine Reise durch Landschaft, Natur und Agrargeschichte des Barnims. Im Außenbereich laden Entdeckerpfad, Baumhaus und Schaugarten zum Erkunden ein. *Breitscheidstr. 8/9, 16348 Wandlitz, T: 033397-360505, barnim-panorama.de*

Besucherzentrum Rühstädt

Nirgendwo in Deutschland brüten so viele Störche in einem Ort wie in Rühstädt. Bereits seit Jahren kehren hier im Frühjahr und Sommer rund 30 Storchenpaare in ein, um in den hochgelegenen Nestern ihren Nachwuchs zu bekommen. In der Ausstellung des Besucherzentrums lernen Familien Interessantes über die hier lebenden Störche. So erfährt man, was den Störchen außer Fröschen sonst noch schmeckt, wo der Weißstorch Adebar im Winter steckt und welche Abenteuer er auf dem langen Zugweg zu bestehen hat. *Neuhaus. 9, 19322 Rühstädt, T: 038791-98025, nabu-ruehstaedt.de*

Naturerlebnis Uckermark

Auf einer Fläche von rund 12,5 Hektar wird Spannendes zu Tierwelt und Natur mit Erlebnis, Spiel und Spaß verknüpft. Verschlungene Pfade führen durch die verschiedenen Themengärten vorbei an herrlich duftenden Kräutern und bunt blühenden Blumen. Im Haustierpark leben Schafe, Esel, Ziegen und andere heimische Tiere, die man streicheln darf. *Am Scharfrichtersee 2A, 17291 Prenzlau, T: 03984-806000, naturerlebnis-uckermark.de*

Naturpark Nuthe-Nieplitz

tipp

Auf dem ehemaligen militärischen Übungsplatz Jüterborg hat sich mittlerweile auf einer Fläche von 7.000 Hektar die Natur frei entfaltet und bietet eine abwechslungsreiche Landschaft aus offenen Dünen, Heiden mit Feuchtgebieten, Pionierwäldern und steppenartigen Sandgebieten. Ein guter Startpunkt ist das NaturparkZentrum am Wildgehege Glauer Tal, wo ihr auch Fernglas und Bollerwagen ausleihen könnt. Im Wildgehege begegnen Besucher:innen den Tieren ohne Zaun. *Glauer Tal 1, 14959 Trebbin OT Blankensee, T: 033731-700462, naturpark-nuthe-nieplitz.de*

Naturpark Stechlin-Ruppiner Land

Erleben, entdecken und anfassen – Besucher:innen, die einen Ausflug ins NaturParkHaus Stechlin unternehmen, erkunden die Erlebnisausstellung und den Naturpark mit allen Sinnen. Neben dem Sinnesgarten gibt es auf dem Gelände auch ein großes Aquarium mit einheimischen Fischen sowie einen Barfußpfad. Wem das noch nicht genug Naturerlebnis ist, kann von hier aus auch wunderbar zu längeren Wanderungen aufbrechen. *Kirchstr. 4, 16775 Stechlin-Menz, T: 033082-51210, naturparkhaus.de*

Naturpark Westhavelland

tipp

Sind Fische wirklich stumm? Wie viele Haare hat ein Otter? Und warum färbt sich der Moorfrosch blau? Diese und viele weitere Fragen werden in der rund 200 Quadratmeter großen Ausstellung des NaturparkZentrums beantwortet. Besonders eindrucksvoll ist der Erlebnisraum mit unzähligen funkelnden Sternen – unterlegt mit den vielstimmigen Rufen der Nachttiere. Zudem ist das Zentrum der ideale Ausgangspunkt für Wanderungen. In den späten Abendstunden kann dann der

Sternenhimmel auch in echt bestaunt werden, denn dann verwandelt sich das ganze Gebiet in einen bezaubernden Sternenpark. *Stremmestr. 10, 14715 Milower Land OT Milow, T: 03386-211227, nabu-westhavelland.de*

Sielmanns Natur-Erlebniszentrum Wanninchen

Wo einst der Braunkohletagebau beheimatet war, hat sich in den letzten Jahrzehnten die Natur die Flächen im Naturpark Niederlausitzer Landrücken zurückerobert und in eine faszinierende Landschaft mit wertvollen Mooren und Feuchtgebieten sowie Wüstenlandschaften, Wäldern, Seen und Dünen verwandelt. Sandohrwürmer, Kreiselwespen, Bergmolche, Zweigestreifte Quelljungfer sowie Blauflüglige Sandschrecken sind hier wieder zu Hause. Besonders sehenswert sind die zahlreichen Kraniche und Wildgänse, die im September und Oktober auf ihrer Reise gen Süden am Schlabendorf See rasten. *Wanninchen 1, 15926 Luckau OT Görlsdorf, T: 03544-557755, wanninchen-online.de*

Sielmanns Naturlandschaft Döberitzer Heide Schauener

Vor den westlichen Toren der Berliner Großstadt erstreckt sich der Wildniserlebnispark Döberitzer Heide, der auf dem früheren Truppenplatz Döberitz angesiedelt wurde. Auf den rund 55 Kilometer langen Wanderwegen, die durch das zirka 3.600 Hektar große Gebiet führen, kann man von Wisenten über Przewalski-Pferde bis hin zum scheuen Rotwild so einige Tierarten entdecken. Verschiedene Aussichtsplattformen bieten einen einzigartigen Rundumblick über die Landschaft. *Zur Döberitzer Heide 10, 14641 Wustermark OT Elstal, sielmann-stiftung.de*

Sielmanns Naturlandschaft Groß Schauener Seen

Die Seenlandschaft im Naturpark Dahme-Heideseen südöstlich von Berlin ist ein Refugium für viele seltene Arten. An den schilfbewachsenen Ufern und Erlenbrüchen findet das Lieblingstier von Naturfilmpionier Heinz Sielmann, der Fischotter, ideale Lebensbedingungen. Auch Kraniche, Gänse oder Kiebitze sind hier keine Seltenheit. Ein Naturlehrpfad, Rundwanderwege und der Beobachtungsturm bei Selchow laden zum Naturerlebnis ein, verschiedene offizielle Badestellen zum Wasserspaß. Spannend ist auch ein Besuch der Erlebnisfischerei des Naturguts Köllnitz. *Sielmann-Beobachtungsturm Selchow, 15859 Storkow (Mark), sielmann-stiftung.de; Fischerei Köllnitz, Groß Schauener Hauptstr. 31, 15859 Storkow (Mark), koellnitz.de*

Bluna
Kanuliebe

AUSFLUGS-
TIPP

SPREE-VERGNÜGEN IN TREPTOW

Insel Berlin Kulturhaus
Alt-Treptow 6, 12435 Berlin-TR,
inselberlin.de

Kanuliebe
Bootsverleih auf der Insel der Jugend,
Seite 171

Weltspielplatz
im Treptower Park, 12435 Berlin-TR,
weltspielplatz.de

Haus Zenner
Alt-Treptow 15, 12435 Berlin-TR,
zenner.berlin

Für einen gelungenen Familienausflug muss man die Stadtgrenzen gar nicht verlassen – an der Spree kann man sich eine frische Brise um die Nase wehen lassen, Altes neu entdecken, in die Sterne schauen und herrlich speisen, spielen und planschen.

Die Sternwarte im Park wartet mit Riesen-Fernrohr und tollen Sternenshows für Kinder auf.

Archenhold Sternwarte

Nur wenige Schritte von der S-Bahn-Station Treptower Park entfernt ist man mitten drin im Trubel am Treptower Hafen. Vor allem an Schönwetter-Wochenenden herrschte an den Bootsanlegestellen ein reges Treiben, als die Imbissbuden mit internationalen Snacks dort bis zum Großfeuer im September 2022 standen. Ob und wie diese wieder aufgebaut werden, ist derzeit leider noch unklar.

Snacken und Spielen

Grillen ist im Park seit geraumer Zeit nicht mehr gestattet, aber ums leibliche Wohl muss man sich hier keine Sorgen machen. Entlang der Spree spaziert man zum Zenner, dem historischen Wein- und Biergarten. Dort sitzt man herrlich mit Blick auf die Spree. Plant mit Kindern unbedingt ein bisschen Zeit zum Schlangestehen bei der beliebten Eisdiele ein. Wenig weiter kommt man zur Insel der Jugend mit Kulturhaus und Inselgarten. In direkter Nähe liegt auch der Weltspielplatz, der einst von Kindern mit konzipiert wurde und mit seinen vielseitigen Spielgeräten und flächen die sieben Kontinente darstellt. Einige Bereiche sind für Kleinkinder geeignet, ältere Kids können sich nach Herzenslaune auf den Klettergerüsten austoben.

Über die Brücke der Herzen

Auf die Insel der Jugend gelangt man über die Abteibrücke, auch „Brücke der Herzen" genannt. Mit Steinen, in die ein blaues Herz eingelassen ist, werden hier Menschen geehrt, die sich um das Wohl von Kindern verdient gemacht haben. Auf der Insel befindet sich der familienfreundliche Bootsverleih Kanuliebe, der neben seinen charmanten Vintage-Tretbooten Kanus und SUP-Boards verleiht. In beide Richtungen kann man an sehenswerten Berliner Orten vorbeischippern – Richtung Oberbaumbrücke passiert man den Molecule Man, in die andere liegt auf der Spreeseite gegenüber das Funkhaus Berlin.

Plansche und Pläne

Auch zu Fuß lohnt es sich, dem Spreeverlauf weiter zu folgen, nach dem Segelschiffrestaurant Klipper geht der Park in den Plänterwald über. Mitten in dem Mischwald verbergen sich einige Kleinode. Die Natur hat den einstigen Freizeitpark überwuchert, der zukünftig wieder zum Leben erweckt werden soll. Die regelmäßigen Führungen über das Spreepark-Gelände lohnen sich sehr, man muss sich allerdings rechtzeitig dafür anmelden. Bereits im Frühjahr 2023 soll das Eierhäuschen wieder eröffnen. Lauft ihr dort in den Wald hinein, kommt ihr zur 2022 frisch sanierten Plansche – ein Riesenwasserspaß mitten im Wald! Auch die Waldschule Plänterwald und einen ebenfalls frisch sanierten Waldspielplatz mit schönen Holzspielgeräten kann man dort entdecken.

Spreepark

Theater und Teleskop

Bleibt man stattdessen im Treptower Park, kann man den Draußenspaß mit einem Besuch im Figurentheater Grashüpfer verbinden – richtig toll sind auch dessen Märchenwanderungen und Abende in der Jurte. Oder man schaut mit dem längsten beweglichen Fernrohr in die Sterne, die Archenhold-Sternwarte bietet zudem ein prima Kinderprogramm.

Figurentheater Grashüpfer
im Treptower Park
Seite 85

Archenhold Sternwarte
im Treptower Park
Seite 79

Wasserspielplatz Plansche
Forst Plänterwald, Dammweg,
12437 Berlin-TR

Spreepark
Eierhäuschen und Führungen
Seite 141

Sielmanns Naturlandschaft Kyritz-Ruppiner Heide

Die Kyritz-Ruppiner-Heide kann wunderbar mit dem Kremser erkundet werden. Im gemütlichen Tempo der Pferdekutschen ist man der Landschaft ganz nah und die ortskundigen Kutscher:innen kennen die Eigenheiten und Geschichten dieser einzigartigen Landschaft. Der ehemalige Truppenübungsplatz erstrahlt im August und September in rosaroten Farben, denn dann blüht die Heide. Auch wandern ist auf den beschilderten Wegen möglich, seit diese entmunitioniert wurden und so gefahrlos betreten werden können. *Neuglienicke, 16818 Neuruppin, sielmann-stiftung.de*

Naturpädagogik

AGRARBÖRSE Deutschland Ost

Der Verein hat es sich zum Ziel gesetzt, Menschen und Stadtnatur in Einklang zu bringen und engagiert sich dafür in nahezu allen Berliner Bezirken, vor allem in der Kinder-, Jugend- und Umweltbildung. Zu den Standorten zählen die Marzahner Bockwindmühle, das KulturGut Alt-Marzahn, das Umweltbüro Pankow und der Landschaftspark Herzberge. *T: 5360850, agrar-boerse-ev.de*

Berliner Artenschutz Team – BAT

Wer Fledermäusen mal ganz nah sein möchte, der kommt in die Zitadelle Spandau, die einen Fledermauskeller beherbergt. Hier lernen Neugierige Wissenswertes und Interessantes rund um das Thema Fledermäuse und entdecken in Schaugehegen der Fledermausausstellung verschiedene tropische Fledertierarten. Hier fliegen die Tiere im umgekehrten Tag-Nacht-Rhythmus, um die Beobachtung der sonst nur nachtaktiven Tiere zu ermöglichen. Bei Kindergeburtstagen sind die Flugkünstler bei einer Fütterung hautnah erlebbar. *Am Juliusturm 64, Zitadelle, Haus 4, 13599 Berlin-SP, T: 36750061, bat-ev.de*

Forstbotanischer Garten Eberswalde

Eberswalde ist unter anderem Sitz der Hochschule für nachhaltige Entwicklung, die den 1830 gegründeten Lehrgarten heute noch betreibt. Aber nicht nur Studierende und Wissenschaftler:innen erfreut das grüne Paradies. Auch Erholungssuchende kommen hier auf ihre Kosten. Die Artenfülle der Gehölze macht sich in einem ausgeprägt aromatischen Duft bemerkbar, ein Holzsteg leitet die Spaziergänger:innen über ein natürliches Quellmoor mit gigantischen Schachtelhalmen und auch die Sonderanlagen wie das Afrikanum, Ostasienquartier oder Alpinum sind sehenswert. Die Stiftung Waldwelten bietet außerdem spannende Umweltprogramme und Waldpädagogik an. *Am Zainhammer 5, 16225 Eberswalde, T: 03334-657476, hnee.de, waldwelten.de*

Freilandlabor Britz e.V.

Dass die Natur in der Stadt viele spannende Erlebnisse für uns bereithält und zudem noch von enormer Bedeutung für unsere Gesundheit sowie unser Wohlbefinden ist, zeigt das naturpädagogische Angebot des Neuköllner Vereins, der im Britzer Garten und auf dem Tempelhofer Feld aktiv ist. Bei diversen Veranstaltungen lernen Naturliebhaber:innen Spannendes über die Tier- und Pflanzenwelt oder beschäftigen sich mit den verschiedenen Elementen. Aber auch die Ausstellungen im Außenbereich zeigen das ganze Jahr über Wissenswertes zu Natur- und Umweltthemen. *Tempelhofer Damm 45, 12101 Berlin-TE, T: 7033020, freilandlabor-britz.de*

tipp

Haus Natur und Umwelt

Ob tierische Geburtstagsparty oder Ponyreiten am Wochenende – wer ins Haus Natur und Umwelt in der Wuhlheide kommt, kann einen wunderbaren Tag im Grünen verbringen und lernt gleichzeitig noch etwas über die einheimische Tier- und Pflanzenwelt. Geburtstagsgruppen bekommen eine große Tierführung, können auf Pferden und Ponys unter Bäumen entlang reiten, eine Kremserfahrt machen oder auf Wunsch auch eine Abenteuerschatzsuche erleben. *An der Wuhlheide 169, 12459 Berlin-TR, T: 5351986, hnu-berlin.de*

Lehrkabinett Teufelssee

Während sich die Waldschule im Obergeschoss vor allem an Kitas und Grundschulen richtet, können Familien in der öffentlichen Ausstellung im Erdgeschoss eine Vielzahl an Informationen über den heimischen Wald bekommen und einige Präparate von den hier lebenden Tierarten begutachten. Das angrenzende Teufelsseemoor sowie die Müggelberge eignen sich prima für einen ausgiebigen Spaziergang. *Müggelheimer Damm 144, 12559 Berlin-KÖ, T: 41763703, ws.inu-berlin.de*

tipp

Marmelädchen

Annegret Ebel hat Freude am Backen, Brauen und Kochen und gibt diese Begeisterung gerne weiter. In ihrem wundervollen Garten zeigt sie, wie man töpfert, Schafwolle filzt, Kerzen zieht, Papier schöpft oder Brot backt. Auch Salben und Cremes stellt sie selbst aus Naturmaterialien her sowie Pestos, Öle und Marmeladen. Kindergeburtstage können zu jeder Jahreszeit im Kräuterhexengarten gefeiert werden, aber auch andere

Gruppenangebote und Workshops sind möglich. *Schönhauser Str. 55, 13127 Berlin-PA, T: 4741844*

Naturerfahrungsraum am Spieroweg

In der fast 10.000 Quadratkilometer großen „Wilden Welt" mit Dschungelcharakter können Kinder nach Lust und Laune spielen, sich verstecken, Natur entdecken und einfach Spaß haben. Verschiedene Obst- und Nussbäume laden zum Naschen ein und die Spielhügel sowie Senken geben Kindern die Möglichkeit, ihren Tast- und Bewegungssinn einzusetzen. *Cosmarweg/Spieroweg 71, 13591 Berlin-SP, T: 0151-15353892, stiftung-naturschutz.de*

Naturerfahrungsraum Kienberg

Auf dem Kienbergpark ist der Naturerfahrungsraum „Wilde Welt" entstanden, der Kindern und Jugendlichen Freiraum zum Toben ermöglicht. Auf der rund 16.000 Quadratmeter großen Fläche erhalten sie die Möglichkeit ohne vorgefertigte Spielmaterialien in der Natur nach Herzenslust zu spielen und selbst kreativ zu werden. *Hellersdorfer Str. 159, 12619 Berlin-HE, gruen-berlin.de*

Naturschutz- und RangerStation Marienfelde

Ranger Björn Lindner und sein Team leiten die Naturschutzstation im Berliner Süden, die sich Umweltbildung, Natur- und Landschaftspflege sowie Artenschutz auf die Fahne geschrieben hat. Kleine Entdecker:innen erhalten hier – im ehemaligen Freizeitpark Marienfelde – die Möglichkeit, bedrohten und selten gewordenen Tier- und Pflanzenarten zu begegnen. Wer mag, geht auf eigene Faust los oder nimmt an einer der Führungen mit verschiedenen Themenschwerpunkten teil. Auch ein Blick vom „Alpengipfel Marienfelde", dem Aussichtshügel auf der ehemaligen BSR-Hausmülldeponie, lohnt sehr. *Diedersdorfer Weg 3-5, 12277 Berlin-TE, T: 75774766, naturschutzstation-marienfelde.de*

tipp

Naturschutzzentrum Ökowerk

Mitten im Grunewald befindet sich das Naturschutzzentrum Ökowerk, das bereits seit mehr als drei Jahrzehnten ein beliebter Lern- und Erlebnisort ist. Bei spannenden Veranstaltungen am Wochenende können Familien Wissenswertes über das alte Berliner Wasserwerk am Teufelssee und den Grunewald erfahren. In den Ferienkursen sammeln Kinder spannende Naturerlebnisse. Aber auch ohne Programm hat das einstige Wasserwerkgelände jede Menge zu bieten. So lassen sich im Garten und an den Teichen unter anderem Frösche, Ringelnattern und Libellen beobachten. *Teufelsseechaussee 22, 14193 Berlin-WI, T: 3000050, oekowerk.de*

LERNEN AUF DEM NÄCHSTEN LEVEL

TUMO Berlin
Wilmersdorfer Str. 59
10627 Berlin-CH
berlin.tumo.de

In Charlottenburg öffnet ein kostenloses Lernzentrum Jugendlichen die Türen zur Welt von Technologie und Design.

Futuristisch und irgendwie gigantisch – das ist der erste Eindruck beim Gang durch das TUMO Center in Charlottenburg. Unter der Leitung von Pawel Mordel eröffnete 2020 das mit neuester Technik ausgestattete Lernzentrum, um jungen Berliner:innen den Einstieg in verschiedene kreative Berufe zu ermöglichen. 3D Modeling, Musik-Produktion, Robotics, Programmieren, Fotografie und fünf weitere Themen werden angeboten. „Das Besondere an TUMO ist, dass die Jugendlichen eine tolle Community-Erfahrung machen. Sie treffen nach der Schule ihre festen Workshop-Gruppen und immer dieselben Betreuer:innen", so Pawel Mordel. Gleichzeitig können Skills erlernt werden, die auf keinem normalen Schulstundenplan zu finden sind.

Alle zwischen zwölf und 18 Jahren können bei TUMO kostenlos mitmachen. Jede:r Jugendliche entscheidet sich für feste Lernzeiten pro Woche. „Entweder man lernt dann selbstständig in seinem persönlichen Account oder man nimmt an einem der Workshops teil", erklärt Pawel Mordel, der vorher auch schon in der außerschulischen Bildungsarbeit tätig war. Er ist überzeugt von dem individuell anpassbaren Lernkonzept bei TUMO, das seinen Ursprung in Armenien hat.

Bei TUMO gestalten Jugendliche ihre Lernentwicklung selbst und gehen dabei in ihrem eigenen Tempo.

In Armeniens Hauptstadt Jerewan steht das erste TUMO Center am gleichnamigen Park. „Das Center ist ein echtes Highlight in Jerewan“, so Pawel Mordel. „In den USA lebende Armenier:innen, die dort erfolgreich in kreativen digitalen Berufen arbeiten, haben es ins Leben gerufen. Sie wollten ihrem Land etwas zurückgeben.“ Weltweit gibt es viele armenische Communities. Das TUMO Center in Jerewan wurde zum Vorbild und zur Blaupause für einige weitere auf der ganzen Welt, wie in Paris oder Beirut.

Die KfW Bank förderte schließlich den Aufbau eines Centers in Berlin. Inzwischen lernen hier 1.000 Jugendliche zu ihrer präferierten Zeit genau das, was sie gerade interessiert. Die Projekte, die sie bei TUMO entwickeln, ergeben ein Portfolio. Das nächste Level ist die persönliche berufliche Zukunft, in die die nächste Generation nicht selbstbewusster starten könnte.

Öko-Insel

Natürlich gibt es im FEZ-Berlin, dem größten Familienzentrum Deutschlands, auch ein Gewächshaus mit Miniregenwald und einen Garten mit Kräuterbeet, Teich und Lehmpavillon. Hier auf der sogenannten Öko-Insel haben Familien Gelegenheit, Erfahrungen in der Pflanzen- und Naturwelt zu machen und zu unterschiedlichen Themen Neues zu erfahren. An Projekttagen kann das Imkern oder Backen am Lehmofen gelernt werden. *Straße zum FEZ 2, 12459 Berlin-KÖ, oeko-insel.fez-berlin.de*

Waldschule Grunewald und Waldmuseum

Mitten im Grunewald befindet sich die gleichnamige Waldschule mit Museum. Während die Waldschule vor allem Kita- und Schulgruppen zu einem spannenden Erlebnistag einlädt, können Familien im Waldmuseum dank spannender Tierpräparate, Schaubilder und Exponate viel über den Wald lernen. In den Ausstellungsräumen besteht die Möglichkeit, sich dem Wald und seiner Vielfalt auf spielerischem Weg, durch sinnliche Wahrnehmung oder bei praktischen Mitmachstationen zu nähern. Der angrenzende Waldgarten wartet mit Erlebnis- und Waldspielstationen auf, an denen selbst erkundet und geforscht werden kann. *Königsweg 4, Jagen 57, 14193 Berlin-WI, T: 8133442, waldmuseum-waldschule.de*

tipp

Waldschulen in den Berliner Forsten

Sehen, riechen, hören, tasten und manchmal auch schmecken – der Wald schult all unsere Sinne und setzt sie in Beziehung zu unserer Umwelt. Wer einmal einen richtigen Erlebnistag im Wald erleben möchte, bei dem der Bewegungs-, Entdeckungs- und Forschungsdrang geweckt wird, kommt zu den Berliner Waldschulen. Vom Spandauer Forst bis hin zum Grunewald gibt es jede Menge Freiraum, um den Wald nach Lust und Laune zu erkunden, den aromatischen Duft der Kiefernholzwälder wahrzunehmen oder das weiche Moos zu ertasten. Von Kräuterwanderungen bis zu Pilzführungen gibt es viele tolle Veranstaltungen für Kinder und Familien. *Alle Standorte und Termine unter waldentdeckenberlin.org*

WasserWerkstatt

Wie der Name schon verrät, dreht sich hier alles um das Element Wasser. Während der warmen Sommermonate können Interessierte an den verschiedenen Stationen des Wasserparcours oder im WasserZauberRaum bei aufregenden Experimenten alles über das Element lernen und sich mit seinen erstaunlichen Eigenschaften vertraut machen. Dabei steht der Spaß immer an erster Stelle. *Dillenburger Str. 57, Tor 2, 14999 Berlin-WI, T: 89732395, wassermuseum-berlin.de*

tipp

Wildnisschule Hoher Fläming

Im Naturpark Hoher Fläming liegt ein besonderer Ort für Naturbegeisterte jedes Alters. Besonders aber für Kinder und Jugendliche bietet Wildnispädagoge, Spurenleser und Wolfsexperte Paul Wernicke mit seinem Team erlebnis- und lehrreiche Kurse und Feriencamps an. Wer mit sich und der Natur mehr in Verbindung kommen möchte, ist hier richtig! *Grützdorfer Weg 1, 14806 Bad Belzig, T: 0151-11140858, wildnisschule-hoherflaeming.de*

Kinderbauernhöfe

Alte Fasanerie

Tief einatmen, staunen, lernen, mitmachen: Auf dem Aktivbauernhof Alte Fasanerie im Norden Berlins können alle, egal ob Klein oder Groß, richtig Spaß haben. Der ökologische Hof bietet neben einer Vielzahl von Pflanzen und Tieren auch Workshops, Seminare und Geburtstagsprogramm an. Kerzen ziehen, Brotbacken im Lehmofen, Holzwerkstatt und kreatives Töpfern sind nur einige Beispiele des breit gefächerten Angebots fernab vom Großstadt-Trubel. *Fasanerie 10, 13469 Berlin-RE, T: 81729150, alte-fasanerie-luebars.de*

Jugendfarm Moritzhof

Kinder und Jugendliche von sechs bis 16 Jahren können auf der Jugendfarm Teil des Hoflebens werden. Hier ist es erwünscht, sich mit Ideen und eigenen Fähigkeiten aktiv einzubringen und dabei im Idealfall eine Menge dazu zu lernen. Den Alltag bestimmt hier, was im Hofleben eben so ansteht: Arbeit, Pflege und Umgang mit Tieren sowie Landwirtschaft und Gartenarbeit. Die erwirtschafteten Produkte werden selbst verarbeitet und auch ein paar alte Gewerke lassen sich hier erlernen – zum Beispiel wird gefilzt, getöpfert und geschmiedet. *Schwedter Str. 90, 10437 Berlin-PB, T: 44024220, jugendfarm-moritzhof.de*

Kinderbauernhof im Görlitzer Park

Der Schwerpunkt des Kinderbauernhofs mitten im Görlitzer Park liegt vor allem auf den Stammkindern zwischen sechs und 15 Jahren, die den Hof regelmäßig besuchen, sich an der Arbeit im Hofalltag beteiligen und ihren Tierführerschein gemacht haben. Aber auch neue Kinder und Familien sind herzlich willkommen. Gegen eine Spende können die hier lebenden Schafe und Ziegen gefüttert werden, nachdem man den Hof in Ruhe ausgiebig erkundet hat. *Wiener Str. 59B, 10999 Berlin-KR, T: 6117424, kinderbauernhofberlin.de*

Kinderbauernhof in der ufaFabrik

Der Kinderbauernhof versteht sich als grüner Lernort für Kinder und Jugendliche zwischen sechs und 16 Jahren bei einem gesunden und umweltbewussten Aufwachsen. Dafür bietet der Hof eine aktive Freizeitgestaltung, bei der die Besucher:innen unter Anleitung beim Füttern und der Pflege von Pony, Kaninchen, Schwein und Co. helfen. Darüber hinaus gibt es noch andere spannende Angebote wie Reiten, Werkeln oder Tanzen. *Viktoriastr. 13, 12105 Berlin-TE, T: 7517244, kinderbauernhof.nusz.de*

Kinderbauernhof Knirpsenfarm

Der Kinderbauernhof ist ein fester Bestandteil im Schulalltag der Gemeinschaftsschule Grüner Campus Malchow. Aber auch Besuchskinder, Jugendliche und Familien sind im öffentlichen Bauernhof willkommen, den an den öffentlichen Fütterungen der rund 100 Tiere kann zum Beispiel jede:r teilnehmen. Neben Schafen, Kaninchen, Schweinen, Hühnern und Meerschweinchen leben hier sogar Waschbären. *Malchower Chaussee 2, 13051 Berlin-HO, T: 0174-8296965 knirpsenfarm-berlin.de*

Kinderbauernhof Mauerplatz

Dieser Kinderbauernhof ist als erster seiner Art entstanden. 1981 begrünte eine Mutter-Kind-Gruppe das ehemalige Trümmergrundstück an der Mauer, baute Ställe und schaffte Tiere an, um Kindern ein Stück Grün in der Betonwüste zu schenken. Heute können Kinder noch immer Kontakt zu Schaf, Esel und Kaninchen aufnehmen, lernen, wie Futter und Gemüse angebaut werden und Verantwortung für sich und ihre Umwelt übernehmen. *Adalbertstr. 71, 10997 Berlin-KR, kbh-mauerplatz.de*

tipp

Kinderbauernhof Pinke-Panke

Seit 1991 ist dieses Idyll am Rande des Bürgerparks Pankow ein wundervoller Ort voller Freiräume und Naturerlebnisse für Kinder zwischen sieben und 14 Jahren, die dort gerne ihre Freizeit verbringen, sich gemeinsam mit den pädagogischen Betreuer:innen um die Tiere kümmern, backen, basteln und bauen. Familien dürfen den Kinderbauernhof auch mit kleineren Kindern besuchen, was ganz besonders schön zu den jahreszeitlichen Festen ist. *Am Bürgerpark 15-18, 13156 Berlin-PA, T: 47552593, kinderbauernhof-pinke-panke.de*

Kinderbauernhof Roter Hof

Mit der S-Bahn kommt man bis zum S-Bahnhof Strausberg-Nord, von dort sind es nur etwa zehn Gehminuten zu dem idyllischen Hof mit Streichelzoo, Spielplatz, Naturkundekabinett und Naturlehrpfad. Geöffnet von April bis Oktober kann man hier als Familie schöne Stunden verbringen, besonders lohnt es sich zu den jahreszeitlichen Festen, aber auch für Kindergruppen und Familienfeiern gibt es Angebote. *Roter Hof 2, 15344 Strausberg, sterematbsg.de/kinderbauernhof-roter-hof*

Kinderbunter Bauernhof Wedding

Hier schnattert es zur Begrüßung, denn direkt am Eingang befindet sich das Gänsegatter. Auf dem Weddinger Bauernhof kann der nachhaltige Umgang mit Tieren und der Natur erfahren werden. Empathie und Verantwortungsbewusstsein sind wesentliche Grundbausteine des kinderbunten Miteinanders. Enten, Hühner, Schafe und auch Ponys sowie verschiedene Pflanzenarten gehören mit zum Bestand. Das Angebot richtet sich an Kinder zwischen sechs und 14 Jahren. *Luxemburger Str. 25, 13353 Berlin-WE, T: 23942975, kinderbunter-bauernhof.de*

Tierhof Alt-Marzahn

Auf dem 300 Jahre alten denkmalgeschützten Dreiseithof wird ein bäuerlicher Betrieb wie um 1900 geführt. Verschiedene Tiere wie Schafe, Hühner oder Pferde sind hier zu Hause. Besucher:innen können Wissenswertes zur artgerechten Haltung und zum richtigen Umgang mit den Tieren erfahren. *Alt-Marzahn 63, 12685 Berlin-MA, T: 74776509, agrar-boerse-ev.de*

Vierfelderhof in Gatow

tipp

Der mit den öffentlichen Verkehrsmitteln gut erreichbare Kinderbauernhof beherbergt verschiedene Tiere. Während spannender Exkursionen können Familien erfahren, warum ein Ganter faucht, sich Hühner gegenseitig picken oder Quessent-Schafe auch ökologische Rasenmäher genannt werden. Ein Ausflug zu dem Biobetrieb mit Hofladen und Café lohnt sich immer, zu den Hoffesten erst recht. *Groß-Glienicker Weg 30, 14089 Berlin-SP, T: 3699690, vierfelderhof.de*

Berliner Badeseen

Flughafensee

tipp

Nördlich des Flughafen Tegels gelegen befindet sich der durch Kiesabbau entstandene Flughafensee, der mit mehr als 34 Metern der tiefste See Berlins ist. Seit der Schließung des Flughafens stört hier kein Flugzeug mehr den Badespaß. Dafür können ornithologisch Interessierte von Aussichtspunkten aus andere fliegende Geschöpfe beobachten – am Südwestufer befindet sich ein abgesperrtes Vogelschutzgebiet. Badefreund:innen pilgern ans Nordufer mit seinem Sandstrand. *Strand am Flughafensee: Betzdorfer Pfad, 13507 Berlin-RE*

Kleiner Müggelsee

Wenn man im südöstlichen Berlin gemeinsam mit Kind und Kegel einen entspannten Badetag genießen möchte, ist man am Kleinen Müggelsee genau richtig. Während Sonnenhungrige ihren Platz auf dem weitläufigen Sandstrand finden, können sich Schattenliebhaber:innen unter einem der schönen Bäume niederlassen. *Badestrand: Jagen 183, 12559 Berlin-KÖ*

Krumme Lanke

Eines der beliebtesten Badegewässer Berlins liegt im Grunewald. Man kann hier fast vier Kilometer auf dem Uferweg entlang spazieren und kommt beinahe überall gut ans Wasser heran. So findet jede:r das ganz eigene Plätzchen und ist dort meist ganz für sich. Darüber hinaus bietet der See mehrere Badestellen, die besonders gut für Familien geeignet sind. Im Norden des Sees liegen zwei Badebuchten mit Sandstrand und flachem Wassereinstieg. *Krumme Lanke, 14163 Berlin-ZE*

Schlachtensee

Fußläufig von der gleichnamigen S-Bahnstation befindet sich der Schlachtensee als südlicher Abschluss des Grunewalds. Rund um den See findet sich Bootsverleih, Liegewiese und Kinderspielplatz. Im Stand Up Paddling-Verleih können sich aktive Familien ein Board ausleihen und über das traumhafte Gewässer gleiten. Liegewiese: *Fischerhüttenstr. 136, 14163 Berlin-ZE*

Seebad Friedrichshagen

tipp

Für Badespaß am Müggelsee steuert man am besten das Seebad Friedrichshagen an. Den ganzen Sommer über kann man hier entspannte Badetage erleben, sich im kühlen Nass erfrischen, Sonnenschirm und Liegestühle leihen, am Sandstrand buddeln oder sich beim Tischtennis und Volleyball verausgaben. Größere Kids wagen Sprünge vom Sprungturm oder üben sich im SUP. *Müggelseedamm 216, 12587 Berlin-KÖ, T: 6455756, seebad-friedrichshagen.de*

Strandbad Grünau

Entlang der Dahme im Südosten Berlins finden sich etliche idyllische Fleckchen zum Baden. Für Familien besonders empfehlenswert ist das Wald- und Sportbad Grünau. Dort gibt es einen Outdoor-Spielplatz sowie die Möglichkeit, Tischtennis, Federball oder Volleyball zu spielen. *Sportpromenade 9, 12527 Berlin-KÖ, T: 98209432, strandbadgruenau.de*

Strandbad Lübars

Im schönen Lübars im Norden Berlins liegt das altbekannte Strandbad, das schon seit Generationen Familien und Touristen vergnügte Badetage bereitet. Nach einem entspannten Sonnenbad am Strand sorgt der Ziegeleisee für eine Erfrischung. Ein Highlight für die Kleinen ist mit Sicherheit die lange Wasserrutsche. *Am Freibad 9, 13469 Berlin-RE, T: 4026050, strandbad-luebars.de*

Strandbad Orankesee

Eine knappe Viertelstunde Fußweg von der Tramstation entfernt, ist das innerstädtische Strandbad für alle gut erreichbar, die sich an heißen Sommertagen nach Abkühlung sehnen. Während Nichtschwimmer:innen im abgetrennten Bereich planschen und rutschen, können Geübte im Rest des Sees ihre Runden ziehen. *Gertrudstr. 7, 13053 Berlin-HO, T: 9864032, strandbad-orankesee.de*

Strandbad Plötzensee

Das historische Traditionsbad mit seinem markanten Backsteingebäude ist ein echter Tipp für Berliner Badefreund:innen. Saniert, sicher, sauber und kinderfreundlich – das Strandbad am Rand des Volksparks Rehberge ist auch mit seinen gelegentlichen Kulturevents ein entspannter Ort für feine Familiensommertage. *Nordufer 26, 13351 Berlin-WE, T: 85976425, strandbad.ploetzensee.de*

JUHU, ES REGNET!

Mistwetter kann gelegentlich für miese Laune sorgen, wenn die Kids zu lange mit zu wenig Bewegung zu Hause hocken. Muss nicht sein, es gibt stimmungsaufhellende Alternativen.

1 Rein in die Tretmühle

Es wird dem Kindermuseum im Helmholtzkiez bei weitem nicht gerecht, es nur als Schlechtwetter-Tipp abzuspeichern, zu vielfältig sind die Angebote für Kinder in dem einstigen Kirchengebäude mit Ausstellungen, Druckwerkstatt und unterschiedlichsten Workshops. Doch der Hit ist und bleibt das Kletterregal, erst recht an verregneten Tagen. Auch die aktuelle „Bücher sind Lebensmittel"-Ausstellung bietet neben Lesevergnügen mit der „Wiesentretmühle" Bewegungsspaß. MACHmit! Museum, Seite 72

2 Erhellend

Apropos Bücher – wenn es draußen stürmt, schüttet oder schneit, ist die Kinder- und Jugendbibliothek in der Amerikagedenkbibliothek ein gemütlicher Rückzugsort zum Schmökern und neuen (Vor-)Lesestoff entdecken. Regelmäßig finden auch Veranstaltungen für Kinder statt. Gleiches gilt für die super ausgestattete Kinder- und Jugendbuchabteilung in der Philipp-Schaeffer-Bibliothek in Mitte. Amerika-Gedenkbibliothek, Blücherplatz 1, 10961 Berlin-KR, zlb.de; Philipp-Schaeffer-Bibliothek, Brunnenstr. 181, 10119 Berlin-MI, berlin.de

4 Stilvoll bei Laune halten

Wenn schon schlechtes Wetter, dann doch bitte am dritten Sonntag des Monats, wenn das Landesmuseum für Jugendstil, Art Deco und Funktionalismus zum Familiensonntag für Leute mit Kindern ab sechs Jahren zur Museumstour mit anschließendem kreativen Programm einlädt, allerdings muss man sich vorher anmelden. Aber auch spontan lohnt sich ein Besuch in dem Museum voller schöner Dinge am Schloss Charlottenburg. Und wer die eigenen vier Wände gar nicht verlassen mag, findet auf der Bröhan-Website eine Menge toller DIY-Anleitungen für Kinder. Bröhan-Museum, Seite 59

3 Leuchtend im Dunkel

Bei Sonnenschein mag es schade sein, sich in verdunkelten Räumen aufzuhalten, bei miesem Wetter ist es umso schöner, in die fluoreszierenden Welten der Minigolfanlage am Tempelhofer Hafen einzutauchen und sich spaßige Wettkämpfe zu liefern.

Dockx Schwarzlicht Minigolf, Seite 202

5 Wo das Herz höher hüpft

Nirgendwo können sich Kinder so auspowern wie in der größten Trampolinhalle Berlins mit ihren zig verschiedenen Hüpfgelegenheiten und dem Sky Ninja Kletterparcours in elf Metern Höhe und Zip Lines quer über die Trampolinlandschaft. Sehr gute Idee, wenn einem nach ein paar Tagen Mistwetter die Decke auf den Kopf zu fallen droht. Gilt nicht nur für die Kids!

JUMP HOUSE, Seite 185

tipp

Strandbad Tegelsee

Seit einiger Zeit hat das Strandbad im Wasserschutzgebiet des Berliner Nordens wieder geöffnet und macht seither als „Zentrum für Erholung und Kultur" seinem Namen alle Ehre. Zum Konzept zählen freier Eintritt für Kinder und Jugendliche, kostenlose Schwimmkurse, eine große Vielfalt an Workshops und vegetarische Gastronomie. Neben dem Sandstrand gibt es für Kinder einen Spielplatz sowie Tischtennisplatten, Rutschen und Sprungturm. *Schwarzer Weg, 13505 Berlin-RE, seeee.de*

Strandbad Wannsee

Ein schöner Waldspaziergang bringt die Städter:innen vom S-Bahnhof Nikolassee an Berlins Traditionsstrandbad am Großen Wannsee. Wo schon Generationen von planschenden Steppkes den ersten Sprung ins Wasser gewagt haben, kann man auch heute noch im Sand herumbuddeln, im Strandkorb die Zeit vergessen, sich ein kleines Boot ausleihen, Beachvolleyball oder Fußball spielen. *Wannseebadweg 25, 14129 Berlin-ZE, T: 22190011, berlinerbaeder.de*

Strandbad Weißensee

Zentraler kann man in Berlin kaum in einen See hüpfen. Nur 15 Minuten mit der Straßenbahn braucht man vom Alexanderplatz bis zum Strandbad Weißensee. Hier können Familien einen herrlichen Sommertag genießen und sich nach Lust und Laune entspannen. *Berliner Allee 155, 13088 Berlin-WS, T: 9253241, strandbadweissensee.de*

Wellness

Aspria

Am Ku'Damm wartet Aspria mit einer riesigen Fläche voller Sport- und Wellnessmöglichkeiten auf. Während bestimmter Zeiten können Pool und Wellnessbereich mit der ganzen Familie genutzt werden. Zusätzlich gibt es einen eigenen Bereich mit Kinderbetreuung für die Kleinen im Alter von zwei Monaten bis acht Jahren. *Karlsruher Str. 20, 10711 Berlin-WI, T: 890688855, aspria.com*

neu

jolu Naturkosmetik

Im September 2022 hat der erste Store von jolu Naturkosmetik eröffnet, der ein vielseitiges Verwöhnprogramm für große und kleine Kund:innen bietet. Während Erwachsene bei einer der Naturkosmetikbehandlungen entspannten und den Duft der jolu Kosmetik genießen, gibt es für die Jüngsten einen eigenen Baby-Spa-Bereich. Hier können Babys ab vier Wochen beim Baby Floating entspannen. Umgeben vom Wasser erleben sie das erste Mal nach der Geburt das behütete und wohlige Gefühl wie im Mutterleib. Auch Babymassage steht auf dem Verwöhnprogramm. Die sanften Berührungen wirken beruhigend und entspannend. *Winsstr. 22, 10405 Berlin-PB, T: 84523396, jolu-naturkosmetik.de*

Kinder Salzparadies

Im speziell für Kinder entwickelten Salzspielzimmer atmet man dank feinstem Salznebel quasi Meeresluft. Mit Hilfe des Salzgenerators, der einen samtfeinen Solenebel produziert, kann hier beim Spielen inhaliert werden. Unter anderem Haut- und HNO-Erkrankungen sollen so gelindert werden. *Blankenburger Str. 3, 13156 Berlin-PA, T: 40999660, kindersalzparadies.de*

Kleine Salzwelt

Die Friedrichsfelder Salzwelt ist auf Kinder ab sechs Monaten eingestellt. Im kleinen Salzraum befindet sich eine Spielecke, der Kindererlebnis-Salzraum „Salzini" ist für die Kleinen eingerichtet. Während der Salzschnupper-Zeit laufen im Hintergrund Kinderlieder, Märchen oder entspannende Musik. *Zachertstr. 75, 10315 Berlin-LI, T: 69547640, kleine-salzwelt.de*

Salzhain

Familien kommen bei der Halotherapie auf ihre Kosten. Bei den Spiel-Sessions können Kinder in dem rundum mit Salz verkleideten Raum spielen und die gemeinsame, entspannte Zeit mit ihren Eltern genießen. Dabei atmen sie die salzhaltige Luft ein, die antibakteriell und entzündungshemmend wirkt. Auf Wunsch können Familien einen Salzraum ganz für sich buchen. *Scharnweberstr. 3, 10247 Berlin-FR, T: 21237845, salzhain.de*

neu

Salz-Reich Berlin

Im August 2022 neu eröffnet bietet das Salz-Reich zweierlei Angebot: In der Boutique findet sich die gesamte Vielfalt an Salzen und Gewürzen, Kosmetik und sogar Wohnaccessoires. Die Salzräume bieten der ganzen Familie eine gesunde Auszeit vom Alltag. Im salzigen "Sand" kann gespielt und durchgeatmet werden. *Wiltbergstr. 9-11, 13125 Berlin, T: 0176-55301017, salz-reich.de*

StadtSaline

In den Charlottenburger Salzräumen kann man eine entspannte Auszeit genießen und die positive Wirkung des Natursalzes spüren. Während der Kindersitzungen können sich die kleinen Besucher:innen im Sole-Verneblungsraum wohlfühlen und unbeschwert spielen. *Windscheidstr. 30, 10627 Berlin-CH, T: 64495515, stadtsaline.de*

Wassersport

Ahoi Ostkreuz

tipp

Der in der Rummelsburger Bucht gelegene Bootsverleih bietet Wasserfreund:innen die Möglichkeit, mit Kajak, Tretboot oder SUP eine Tour über die Spree zu unternehmen. Falls ihr nicht auf eigene Faust losrudern wollt, könnt ihr an einer der geführten Touren teilnehmen, die am Molecule Man oder der Oberbaumbrücke vorbeiführen. *Paul und Paula Ufer/Zillepromenade, 10317 Berlin-LI, T: 0179-8888372, ahoi-ostkreuz.de*

Backstagetourism

Etwas versteckt hinter dem Funkhaus Berlin befindet sich der Bootsverleih, der Familien einlädt, mal abseits der bekannten touristischen Wege die Hauptstadt zu erkunden. Die geführten Kanu-Touren finden regelmäßig an den Wochenenden statt. *Nalepastr. 18 12459 Berlin-KÖ, T: 53215742, backstagetourism.com*

Kanuliebe

tipp

Auf der Insel der Jugend findet ihr den Bootsverleih, der euch das Equipment für einen Ausflug auf der Spree ausleiht. Ob Canadier, Tretboote, darunter charmante Oldtimer, oder SUP-Boards – hier gibt es alles Notwendige, um eine Stunde oder gleich den ganzen Tag auf dem Wasser zu verbringen. Sogar Babys können mit Schwimmwesten ausgestattet mit an Bord genommen werden. Für Kindergeburtstage werden geführte Kanutouren angeboten. *Alt-Treptow 6, Insel der Jugend, 12435 Berlin-TR, T: 0170-4892680, kanuliebe.com*

Segelschule Pura Vida

Die Segelschule am Ostkreuz zeigt Kindern und Jugendlichen in verschiedenen Kursen wie sie Optimisten handhaben und selbst segeln. Mitmachen dürfen alle, die das sechste Lebensjahr erreicht haben und mindestens 15 Minuten frei schwimmen können. Kinder, die erst mal ausprobieren möchten, ob segeln das Richtige ist, besuchen die Schnuppersegelstunden. *Zillepromenade, 10317 Berlin-LI, T: 0177-4440437, segelschule-rummelsburg.de*

StandUpClub

Am Funkhaus Berlin können sich Wassersportler:innen ab 16 Jahren auf die Stand Up Club-Bretter schwingen und Berlin von der Wasserseite aus entdecken. Kinder ab zwölf Jahren dürfen in den Einsteiger:innenkursen die Grundtechniken erlernen. *Nalepastr. 18, 12459 Berlin-KÖ, standupclub.de*

AUSFLUGS-
TIPP

FÜRSTLICHER SPASS IN ORANIENBURG

Schloss Oranienburg
Schlossmuseum und Schlosspark
Schlossplatz 1
16515 Oranienburg
spsg.de

Um 1700 galt der barocke Bau als schönstes Brandenburger Schloss. Seinen Reiz hat ein Ausflug nach Oranienburg bis heute nicht verloren: In der Havelstadt locken erhellende Entdeckungen, wilder Wasserspaß und nachhaltige Naturerlebnisse.

Die fünf ältesten Kinder Karl I. auf einem Gemälde von Anton van Dyck.

Traditionell feiert Oranienburg das Orangefest am letzten Sonntag im April, doch das ganze Jahr über locken Feste und Konzerte.

Orangefest in Oranienburg

Nicht weit von Berlins nördlicher Stadtgrenze entfernt liegt mitten in Oranienburg das prächtige Schloss. Der Bau geht zurück auf einen ab 1651 errichteten Landsitz, der für die erste Ehefrau des Großen Kurfürsten, Louise Henriette, geborene Prinzessin von Oranien-Nassau, errichtet wurde. Ihr Sohn, König Friedrich I., ließ das Schloss im Andenken an seine Mutter zum Ende des 17. Jahrhunderts erweitern und prachtvoll ausstatten, sodass es um 1700 als das schönste unter den preußischen Residenzen galt.

Spannende Schlossgeschichten

Heute beherbergt das Schlossmuseum eine Reihe meisterhafter Kunstwerke, eine der kostbarsten Porzellan-Sammlungen und riesige Wandteppiche aus dem 17. Jahrhundert. Am interaktiven Tisch „Mitternacht im Schloss“ können Besucher:innen ab acht Jahren Wissenswertes zur Schlossgeschichte erfahren: Im Schein einer Taschenlampe erzählen König Friedrich I. und Kastellanstochter Luise Marie Rese ihre Schlossgeschichten. Zudem lässt

Wie einst die adeligen Kinder lebten, erfährt der Nachwuchs von heute bei Schlossführungen.

sich das Schloss bei Führungen für Familien mit Kindern ab acht Jahren erkunden. Dabei erfährt man, wie die Prinzess:innen früher im Schloss lebten und es wird anhand von „Schwan Heinrich“ kindgerecht vom Leben am Hofe erzählt. Besonders spannend sind die Taschenlampenführungen, die in der dunkleren Jahreszeit stattfinden.

Herumtollen im Park

Fürstliches Vergnügen finden Familien aber nicht nur im Schloss, sondern ganz besonders auch im Schlosspark. Kinder können dort nach Herzenslust auf großen Wiesen herumtollen, hopsen, klettern, matschen und planschen. Kletterfelsen, Hüpfkissen, Trampoline, Schaukeln, Slacklines, Spielhaus und im Sommer der große Wasserspielbereich mit Matschstrecke, einem acht Meter langen bespielbaren Wal und Wasser speienden Vulkanen machen den 30 Hektar großen Park zu einem Kinderparadies.

Anschauliches Naturwissen

Das Grüne Klassenzimmer mit seinen abwechslungsreichen Gemüse- und Blumenbeeten, artenreichem Wasserlauf, natürlichen Wildblumen- und Streuobstwiesen ist Teil des Schlossparks und kann auch individuell besucht werden. Acht verschiedene Anlaufstellen vermitteln dort interessantes Naturwissen, unter anderem zu den Themen Boden, Vögel, Wasser und Insekten.

TURM ErlebnisCity
Erlebnisbad in Oranienburg
Seite 179

Feiern und mehr

Neben dem Orangefest, das 2023 hoffentlich wieder stattfinden kann, locken viele weitere Events. Zu den Highlights zählen das Picknick in Weiß im Juli und die Schlosspark-Nacht im August mit fabelhaften Illuminationen, Musik, Showacts und einem großen Feuerwerk. Doch Oranienburg hat einiges mehr zu bieten: Es lohnt sich, die Stadt zu erkunden, es gibt mehrere Badestellen am Lehnitzer See und als Schlechtwetter-Variante das TURM Erlebnisbad, in dem sich die ganze Familien wahlweise austoben oder entspannen kann, bevor es zurück nach Berlin geht.

tipp

Stehpaddler

Die Stehpaddler-Station am idyllischen Schlachtensee bietet Einsteiger:innen die ideale Möglichkeit, um Stand Up Paddling auszuprobieren, denn das ruhige Gewässer besticht durch seine windgeschützte Lage. Wenn die ganze Familie aufs Wasser möchte, kann bei der Online-Buchung direkt die passende Board-Anzahl ausgewählt werden. Auch sportliche Kindergeburtstage für Kinder bieten die Stehpaddler an. Für die kulinarische Verpflegung kehrt man dann am besten in der benachbarten Fischerhütte ein. *Fischerhüttenstr. 136, 14163 Berlin-ZE, steh-paddler.com*

Wellenwerk Berlin

Im Wellenwerk wird auf der einzigen künstlichen Surfwelle der Hauptstadt gesurft. Wasserbegeisterte, die bereits das siebte Lebensjahr erreicht und die 30-Kilogramm-Körpergewicht-Marke geknackt haben, können in speziellen Kids Sessions erste Surferfahrungen im 26 Grad warmen Wasser machen. *Landsberger Allee 270, 10367 Berlin-LI, wellenwerk-berlin.de*

tipp

Wet & Wild Wasserski Velten

Am schönen Bernsteinsee, etwa 35 Autominuten vom Herzen Berlins entfernt, können Kinder erste Wakeboard- und Wasserski-Erfahrungen machen. Einfach in den Neoprenanzug schlüpfen, Schwimmweste anlegen und schon kann das Vergnügen beginnen. Für absolute Neulinge, die noch nie auf einem solchen Wassersportgerät standen, gibt es Kurse, in denen alle Grundlagen vermittelt werden. Ab einer Gruppe von fünf Personen kann hier auch ein Wasserski-Kindergeburtstag gefeiert werden. *Am Bernsteinsee 1, 16727 Velten, T: 03303-400145, wakeboard-berlin.de*

Schwimmbäder

Berliner Bäder-Betriebe

Ob Abkühlung im Freibad, planschen im Kinderbad, Bahnen ziehen im Stadtbad oder schwimmen lernen – die Berliner Bäder Betriebe haben für alle das passende Bad und Kurse parat. Eine Übersicht über die mehr als 60 Schwimmhallen, Sommer- und Strandbäder, deren Angebote, Öffnungszeiten sowie die aktuellen Ticketbedingungen findet ihr unter: *T: 22190011, berlinerbaeder.de*

Kinderbad Marzahn – Platsch

Im Norden des Bürgerparks Marzahn ist das Kinderbad Platsch zu finden, in dem sich alles rund um die kleinen Wasserliebhaber:innen dreht. Wenn die Sonne ihr Bestes gibt, kann im knietiefen Becken geplanscht oder am kleinen Wasserfall mit dazugehörigem Flusslauf gespielt werden. Falls nach all dem Wasserspaß der Magen knurrt, lädt die Liegewiese ein, sich zum Picknicken niederzulassen. *Max-Herrmann-Str. 7, 12687 Berlin-MA, T: 22190011, berlinerbaeder.de*

tipp

Kinderbad Monbijou

Kleine Großstadtkinder, die im heißen Sommer eine Abkühlung benötigen, zieht es ins zentral gelegene Monbijoubad im Herzen Berlins. Das im gleichnamigen Park zwischen dem Hackeschen Markt und der Museumsinsel gelegene Bad richtet sich speziell an Familien mit kleineren Kindern. Wer zu lange im Wasser war, kann sich auf der sonnigen Liegewiese wieder aufwärmen. Ein super Ort mit Babys und Kleinkindern in der warmen Jahreszeit! *Oranienburger Str. 78, 10178 Berlin-MI, T: 22190011, berlinerbaeder.de*

Schwimm- und Sprunghalle im Europasportpark (SSE)

Gleich neben dem Velodrom an der Landsberger Allee befindet sich das Hallenbad im Europasportpark, das ursprünglich für die Olympischen Sommerspiel 2000 konzipiert wurde. Nichtschwimmer:innen planschen vergnügt im Planschbecken herum oder erproben im Lehrschwimmbecken ihre ersten Schwimmzüge. Sportlich Ambitionierte ziehen derweil im 50-Meter-Becken ihre Bahnen. *Paul-Heyse-Str. 26, 10407 Berlin-PB, T: 22190011, berlinerbaeder.de*

Sommerbad Am Insulaner

Am Insulaner in Steglitz findet sich ein top ausgestattetes Sommerbad für die ganze Familie. Bahnen schwimmen im 50-Meter-Becken, springen vom Sprungturm, rutschen im Nichtschwimmerbereich und planschen im Babybecken – das alles ist hier möglich. Aber auch außerhalb der Wasserlandschaft gibt es mit Buddelkasten, Klettergerüst und Spielplatz jede Menge zu entdecken. Wer möchte, verbindet den Ausflug mit einem Besuch im benachbarten Planetarium. *Munsterdamm 80, 12169 Berlin-ST, T: 22190011, berlinerbaeder.de*

Sommerbad Humboldthain

Umringt von dichtem Grün liegt das Sommerbad Humboldthain mitten im Weddinger Volkspark. Hier gibt es eine Sprunganlage und Wasserrutsche für die größeren Kinder und Planschbecken und Spielplatz für die Kleinsten. Empfehlenswert ist das künstlerische und kulinarische Programm des Kiosk Tropez mit seinen verschiedenen Ausstellungen und Projekten. *Wiesenstr. 1, 13357 Berlin-WE, T: 22190011, berlinerbaeder.de, tropeztropez.de*

Sommerbad Kreuzberg

Im Sommerbad angekommen, kann man schnell mal vergessen, dass man mitten in der Großstadt ist. Mitten im trubeligen Teil Kreuzbergs liegt ein Berliner Lieblings-Sommerort: das Prinzenbad. Hier gibt es mit dem Spielplatz und Babybecken für kleine Kinder gleich mehrere Planschmöglichkeiten. Schwimmer:innen können im 50 Meter-Becken sporteln. *Prinzenstr. 113-119, 10969 Berlin-KR, T: 22190011, berlinerbaeder.de*

Sommerbad Neukölln

Unter Neuköllner:innen ist dieses Sommerbad vor allem als Columbiabad bekannt. In den Sommerferien wird es zum ersten Treffpunkt der Bezirksjugend. Hier gibt es allerdings nicht nur viel für Teenager viele Möglichkeiten, wie zum Beispiel die 83 Meter lange Wendelrutsche und die Sprunganlage, sondern für Familien mit kleinen Kindern. So können Nichtschwimmer:innen im Babybecken planschen, von der kleinen Kinderrutsche sausen oder sich unterm Wasserpilz vergnügen. *Columbiadamm 160, 10965 Berlin-NK, T: 22190011, berlinerbaeder.de*

Sommerbad Pankow

Rutschsüchtige haben im Pankower Sommerbad besonders viel Spaß, denn es ist gleich mit drei Rutschen ausgestattet – eine davon sogar mit High-Speed-Geschwindigkeit. Wem das noch nicht genug ist, lässt sich im Strömungskanal treiben und wagt anschließend einen Sprung aus schwindelerregender Höhe. Für die Kleinen gibt es ein Kinder-Planschbecken. Kommende Saison wird es hier ein besonderes Highlight geben: die markanten Stufenterrassen werden bis dahin saniert und sind nach zwanzig Jahren erstmals wieder zugänglich. *Wolfshagener Str. 91-93, 13187 Berlin-PA, T: 22190011, berlinerbaeder.de*

Stadtbad Lankwitz

Im Südwesten Berlins muss dank des Stadtbads im Sommer niemand schwitzen. Schwimmer:innen können im 25-Meter-Becken Strecke machen, während alle, die noch üben, im eigenen Bereich die ersten Schwimmversuche machen. Mutige sausen von der 60-Meter-Rutsche oder springen vom Drei-Meter-Brett. *Leonorenstr. 39, 12247 Berlin-ST, T: 22190011, berlinerbaeder.de*

Stadtbad Neukölln

Wer die Hallen des Rixdorfer Wassertempels betritt, fühlt sich wie in einem antiken Tempel. Das beeindruckende Gebäude, welches 1914 entstand und seitdem ein Stadtbad beherbergt, ist im Inneren mit sieben Meter hohen Säulen, Wandelgängen und kunstvollen Mosaiken geschmückt. Hier kann in einem großen und einem kleineren Becken mit Nichtschwimmer:innenbereich gebadet oder im Dampfbad entspannt werden. Direkt nebenan befindet sich übrigens das KinderKünsteZentrum, das mit tollen Mitmach-Ausstellungen begeistert. *Ganghoferstr. 3, 12043 Berlin-NK, T: 22190011, berlinerbaeder.de*

Stadtbad Schöneberg „Hans Rosenthal“

Direkt am Heinrich-Lassen-Park finden Wasserfans das Schöneberger Stadtbad mit tollem Außenschwimmbecken samt Strömungskanal und Großrutsche. Während Hobbyschwimmer:innen im angenehm warmen 25-Meter-Becken ihre Runden ziehen, genießen Wellnessfans das warme und entspannende Wasser des Solebeckens. Badeneulinge planschen im Kinderbecken mit eigener kleiner Rutsche. *Hauptstr. 39, 10827 Berlin -SB, T: 22190011, berlinerbaeder.de*

Thermen und Erlebnisbäder

tipp

blu

Familien, die einen Tag voller Wasserspaß erleben wollen, kommen in das Familienbad in Potsdam, planschen im 34 Grad warmen Becken, lassen sich durch den Strömungskanal treiben oder erklimmen die Kletterwand vom Wasser aus. Im Außenbereich kann man an Spiel- und Sportgeräten aktiv werden oder einfach nur die Sonne auf der Liegewiese genießen. Für besondere Begeisterung sorgt die Reifenrutsche mit drei Animationsprogrammen. Ein toller Ausflug egal ob Sommer oder Winter! *Brauhausberg 1, 14473 Potsdam, T: 0331-6619851, swp-potsdam.de*

Fläming-Therme Luckenwalde

Bereits seit 20 Jahren können Familien in der Fläming-Therme eine Auszeit vom Alltag genießen und das Element Wasser in spannenden Variationen erleben, denn die Badelandschaft hat einiges zu bieten. Während die Kinder viel Spaß im Erlebnisbecken oder in der Kleinkinderwelt haben, die Turbo-Rutsche hinuntersausen oder im Sportbad schwimmen üben, können die Eltern abwechselnd etwas Erholung in der riesigen Saunalandschaft finden. Die Therme ist von Berlin aus super mit dem RE erreichbar – knapp zehn Minuten Fußweg sind es vom Bahnhof. *Weinberge 40, 14943 Luckenwalde, T: 03371-40020, flaeming-therme.de*

tipp

Havel-Therme

Nicht weit von Berlin entfernt und ganz unkompliziert mit dem Regional-Express erreichbar, liegt diese schöne Thermenlandschaft am Rande des beschaulichen Werder (Havel) am Großen Zernsee, in dem Kinder- und Familienfeundlichkeit groß geschrieben wird. Das Freizeitbad ist eine gelungene Mischung aus Action und Wellness und damit einfach perfekt für die unterschiedlichen Bedürfnisse verschieden alter Kinder und deren Eltern. Wildwasserfluss, Breitwellenrutsche, Kleinkindbereich, Actionrutschen Sportbecken, Sprunganlagen, Saunabereich sind nur einige Schlagworte, die das vielfältige Angebot beschreiben. *Zum Großen Zernsee 15, 14542 Werder (Havel), T: 03327-724920, havel-therme.de*

Marienbad Brandenburg

Schwimmen, tauchen, planschen – während sich größere Kinder im Funbad auf den Wasserrutschen, im Gegenstromkanal oder mit den beliebten Wasserbällen vergnügen, können Babys und Kleinkinder gemeinsam mit ihren Familien im Planschbecken über die Elefantenrutsche sausen und mit verschiedenem Wasserspielzeug spielen. Aber auch Sonnenanbeter:innen kommen im Sommer dank der großen Liegewiese nicht zu kurz. Das Highlight: die 80-Meter-Röhrenrutsche mit Zeitmessanlage. *Sprengelstr. 1, 14770 Brandenburg an der Havel, T: 03381-322780, marienbad-brandenburg.de*

neu

NaturTherme Templin

In der familienfreundlichen Therme können große und kleine Menschen die Seele baumeln lassen, dem Alltagsstress entfliehen und jede Menge Wasserspaß genießen. Dank des großen Umbaus erscheint die NaturTherme Templin nun Stück für Stück in neuem Glanze und vor allem Familien dürfen sich freuen: Bis Ende 2022 wird das Kinderspielhaus als komplett neuer Bereich unter den vorhandenen Rutschen entstehen und direkt aus dem Solebad begehbar sein. Unter Einbeziehung des Themas „Natur“ wurde eine altersgerechte Gestaltung mit Erlebniselementen und Wasserspielgeräten für Kinder ab fünf Jahren entwickelt . Bis Sommer 2023 soll außerdem das Ottergehege sowie der neue Außenspielplatz fertig gestellt werden. Aber kein Grund, mit eurem Besuch zu warten, bereits jetzt könnt ihr die Badelandschaft mit Wellen- und Erlebnisbecken, Strömungskanal und Rutschen entdecken oder im Kleinkindbereich planschen. In „OTTIs Spielewelt“, einem Indoor-Spielplatz, können Kinder von vier bis zwölf Jahren klettern, hüpfen und toben. *Dargersdorfer Str. 121, 17268 Templin, T: 03987-201200, naturthermetemplin.de*

Schwimm- und Wasserparadies Schwapp

Ob Sonne, Regen oder Schnee – das Fürstenwalder Freizeitbad ist bei jedem Wetter und zu jeder Jahreszeit ein echtes Wasserparadies und heißt Familien herzlich willkommen. Im Spaßbad können Eltern mit ihren Kindern im Wärmebecken planschen, während Teenies durch die Turborutsche flitzen und sich durch den Strömungskanal trudeln lassen. Wer neue Energie tanken möchte, lässt es sich in der Familiensauna oder im Whirlpool gut gehen. Für Nichtschwimmer:innen sowie Schwimmanfänger:innen bietet das Schwapp verschiedene Kurse in denen das Schwimmen erlernt und gefestigt werden kann. *Große Freizeit 1, 15517 Fürstenwalde, T: 03361-36370, schwapp.de*

tipp

Spreewelten Bad Lübbenau

Wer mit Pinguinen um die Wette schwimmen möchte, muss dafür nicht extra bis zum Südpol reisen, sondern kommt nach Lübbenau. Nur durch eine Plexiglasscheibe getrennt, gibt es hier Einmaliges zu erleben, nämlich mit echten Pinguinen auf Tauchgang zu gehen. Für noch mehr Badespaß sorgt die interaktive Rutsche, die mit Lichteffekten und Musik ein ganz besonderes Vergnügen bereitet. Eine Besonderheit hier: Familien können nach einem langen Schwimmbadtag einfach ins Hotelbett plumpsen, denn das familienfreundliche Hotel ist gleich nebenan. Die Saunawelt mit 14 verschiedenen Themensaunen begeistert Wellnessfans. *Alte Huttung 13, 03222 Lübbenau, T: 03542-894160, spreewelten.de*

Tropical Islands

In der tropischen Erlebniswelt knapp 60 Kilometer südlich von Berlin gibt es eine neue Sensation: Mit Kraki Beach hat jetzt auch der Wasserspielplatz inklusive Rutschen und Wasserfällen für die ganz Kleinen eröffnet. Mutigere, größere Kinder sausen von Deutschlands größtem Rutschturm und der satte 35.000 Quadratmeter große Außenbereich lockt ganzjährig zum Schwimmen unter freiem Himmel. Ein Ausflug kann darüber hinaus mit Wasserscooter-Fahrten, einem Ballonflug oder Minigolf begeistern. Eigentlich reicht ein Tag gar nicht, um alle Attraktionen auszukosten. Gut also, dass es hier auch verschiedene Übernachtungsmöglichkeiten gibt. *Tropical-Islands-Allee 1, 15910 Krausnick, T: 035477-605050, tropical-islands.de*

tipp

Turm ErlebnisCity

Im Oranienburger Erlebnisbad sorgen ein 400 Quadratmeter großes Wellenbecken sowie aufregende Rutschen für jede Menge Spaß und Action. Die Jüngsten können im 32 Grad warmen Wasserspielgarten planschen, während sich die größeren Kinder im Erlebnisbecken mit Strömungskanal und Regenduschen oder auf den großen Rutschen vergnügen. Der Außenbereich mit großzügiger Liegewiese, Beachvolleyballfeld und Blick auf den See lockt auch bei warmen Temperaturen in das Schwimmbad nördlich von Berlin. *André-Pican-Str. 42, 16515 Oranienburg, T: 03301-57381111, erlebniscity.de*

Wonnemar

Das Erlebnisbad im Süden Brandenburgs bietet nicht nur großen Besucher:innen ein umfangreiches Sport- und Wellnessangebot, vor allem Kinder und Jugendliche kommen hier voll auf ihre Kosten. Die Kleinen locken Abenteuer-Wellenbecken, Piraten-Erlebnisschiff, Wasserfälle und eine Kinderrutsche. Auch Babys fühlen sich im eigenen Bereich bei einer Wassertemperatur von 34 Grad wohl. Ältere Kinder haben ihren Spaß auf dem Rutschentower oder lassen sich im Reifen durch den „Lazy River" treiben. *Am Kurzentrum 1, 04924 Bad Liebenwerda, T: 035341-49020, wonnemar.de*

Klettern und Bouldern

AbenteuerPark Potsdam

Ein unvergessliches Erlebnis mit viel Abenteuer und Spaß bietet der Naturkletterwald in Potsdam. Auf zehn verschiedenen Parcours mit 170 Elementen können Hobbykletter:innen ihre Kletterkünste erproben. Bereits ab einer Körpergröße von einem Meter dürfen Kinder auf dem Kidsparcours ihre ersten Klettererfahrungen sammeln, balancieren und hangeln. Auch das Feiern von Kindergeburtstagen in luftiger Höhe wird hier angeboten. *Albert-Einstein-Str. 49, 14473 Potsdam, T: 0331-6264783, kletterpark.info*

tipp

BergWerk.Berlin

Inmitten des Shoppingcenters Helle Mitte finden Familien Europas größten Indoorkletterpark, der mit einem Mix aus Bewegung, Abenteuer und jeder Menge Bauchkribbeln lockt. Auf diversen Parcours mit verschiedenen Schwierigkeitsgraden kommt jede:r auf seine:ihre Kosten. So dürfen Kinder bereits ab drei Jahren auf dem Mini-Parcours ihre ersten Klettererfahrungen machen. Je älter man ist, desto höher geht es hinauf. Ein prima Ausflug auch für Kinder- oder Teeniegeburtstage! Besonders Mutige können in den Schulferien an dem Event „Nacht-Klettern" teilnehmen und mit einer Helmlampe ausgerüstet durchs Dunkle klettern *Stendaler Str. 25, 12627 Berlin-HE, T: 99274373, bergwerk.berlin*

Berta Block Boulderhalle

Begeisterte Boulderfans, die auch in den kühlen Monaten nicht auf ihren Kletterspaß verzichten wollen, kommen in die Pankower Boulderhalle. Für Kinder unter 13 Jahren gibt es eine Kinderkletterwand, die sie in Begleitung eines Erwachsenen erklimmen können. Ältere Kinder können sich frei in den Hallen 1 und 2 bewegen und sich an verschiedenen Schwierigkeitsstufen probieren. *Mühlenstr. 62, 13187 Berlin-PA, T: 91424730, bertablock.de*

Boulderworx

Unweit des U-Bahnhofs Blissestraße können Kleine ab drei Jahren im Kinderbereich erste Bouldererfahrungen machen. Für das erste Herantasten kommen Eltern einfach mit ihren Sprösslingen vorbei. Wenn es dann gefällt, kann in Klettergruppen weitergeübt werden. Hier lernen die Kinder spielerisch die ersten Techniken, bevor es langsam aber sicher an die Wand geht. *Berliner Str. 46, 10713 Berlin-WI, T: 79784646, boulderworx.de*

WAS TEENS GEFÄLLT

Mit Pubertierenden ist das so eine Sache – anzutreffen sind sie häufig vor geöffneten Kühlschranktüren und in der Horizontalen herumlümmelnd. Ein paar Tipps, um Teens aus der Bude zu locken.

1 Klever kombinieren

Escape Games gelten als annehmbar cooler Zeitvertreib. Gute Chance also, mit dieser prima Teambuilding-Maßnahme für die ganze Familie auch bei den Teens zu punkten. Den richtigen Weg zu finden, Rätselaufgaben zu lösen und Hindernisse zu meistern, mag unterwegs auch mal für Zoff sorgen, aber das gemeinsame Erfolgserlebnis und die Erfahrung, dass jedes Teammitglied etwas dazu beizutragen hat und erst die verschiedenen Stärken und Talente kombiniert zum Ziel führen, schweißt zusammen.

Escape Games, Seite 187

2 Hoch hinaus

Es braucht schon ein wenig Mumm und Kletterkönnen, um die anspruchsvolleren Parcours in der riesigen Indoorkletterhalle zu bewältigen – genau das Richtige, um Halbwüchsige ihre Grenzen austesten zu lassen und ein Spaß für höhentaugliche Sportsfreund:innen jeden Alters.

BergWerk, Seite 179

3 Nervennahrung für alle

Ob wissenschaftlich bewiesen oder nicht – Schokolade macht gute Laune! Ein gemeinsamer Schokoladen-Workshop, bei dem die eigene Wunschsorte kreiert werden kann, lässt sich in der Bunten Schokowelt von Ritter Sport besuchen. Knappe 350 Meter weiter befindet sich am Gendarmenmarkt mit dem Rausch Schokoladenhaus ein weiterer Traum für Fans der süßen Nervennahrung – auf drei Etagen präsentiert das Berliner Familienunternehmen allerlei Köstlichkeiten. Ritter Sport Bunte Schokowelt, Französische Str. 24, 10117 Berlin-MI, ritter-sport.com, Rausch Schokoladenhaus, Charlottenstr. 60, 10117 Berlin-MI, rausch.de

4 Augen auf!

Schon der Titel der aktuellen Ausstellung im kostenlos zu besuchenden Museum für Urban Art „TALKING... & OTHER BANANA SKINS [Die Tücken der Kommunikation]“ weist darauf hin, dass sich hier Gesprächsanlässe zwischen den Generationen bieten. In jedem Fall aber lässt sich im und ums URBAN NATION coole Kunst entdecken, die nicht nur Graffittifans begeistert. Auch die Streetart-Führungen von Caro Eickhoff schärfen den Blick für die Kunstwerke in den Straßen von Berlin. URBAN NATION, Seite 79, und Streetart-Führungen, Seite 98

5 Daddeln wie damals

Wenn wir unseren Kids von einer Jugend ohne Smartphones, flächendeckendes Internet und mit einer überschaubaren Anzahl von TV-Sendern erzählen, klingt das für sie als wäre damals alles schwarzweiß und öde gewesen. Das dem nicht so war und unsere ersten Computer- und Konsolenspiele auch heute noch ihren Reiz ausüben, kann gemeinsam mit viel Vergnügen im coolen Museum an der Karl-Marx-Straße erkundet werden! Computerspielemuseum, Seite 59

Bright Site

Während Kinder ab drei Jahren in der Kinderhalle im Erdgeschoss erste Erfahrungen im Klettern machen können, dürfen größere in dem kinderfreundlichen Bereich der großen Halle an die Wand, bevor es Stück für Stück an die schwierigeren Routen geht. Bei gutem Wetter bietet sich auch der Außenbereich an, in dem Kinder ab sechs Jahren mitmischen. Auch Kindergeburtstage können hier gefeiert werden. *Wilhelm-Kabus-Str. 40, Naumannpark Haus 10, 10829 Berlin-CH, T: 49080707, brightsite.berlin*

Climb up – Kletterwelten

In Brandenburg gibt es gleich drei Kletterwälder, in denen Kinder ab sieben Jahren ihre Kletterkünste auf herausfordernden Parcours erproben können. Damit die kleinen Geschwister nicht leer ausgehen, gibt es auch einen Kids-Parcours, der von Kindern ab drei Jahren genutzt werden kann. Ein besonderes Highlight ist die Bergwelt, die direkt neben der Kletterwelt Strausberg liegt. Mutige können sich hier vor und hinter einem sieben Meter hohen Wasserfall entlang hangeln. *Sport- und Erholungspark 32, 15344 Strausberg, T: 0152-56788990; Glindower Str. 28, 14547 Klaistow, T: 0152-56788991; Ruppiner Chaussee 99, 16761 Hennigsdorf, T: 0152-56788992, climbup.de*

DAV Kletterzentrum

Ob klettern oder bouldern – das Kletterzentrum des Deutschen Alpenverein Sektion Berlin bietet Kurse für verschiedene Altersgruppen an unterschiedlichen Orten an. Neulinge zwischen zehn und 13 Jahren können im Toprope-Kurs erste Erfahrungen und alles Wichtige übers Sichern lernen, bevor es an die Wand geht. Mit dem JDAV gibt es zudem ein vielfältiges Angebot für Jugendliche. Aber auch beim Kindergeburtstag kann in die spannende Sportart geschnuppert werden. Wen das Kletterfieber gepackt hat, der kann Mitglied werden und Vergünstigungen erhalten. *Seydlitzstr. 1K, 10557 Berlin-MI, T: 213092600, dav-berlin.de*

Disati Kletterwald Grünheide

Nicht weit von Berlins Stadtgrenze entfernt können Kletterbegeisterte im schönen Naturhochseilgarten am Nordstrand des Werlsees auf sechs verschiedenen Parcours und 88 spannenden Elementen zeigen, was sie können. Während sich Anfänger:innen ab vier Jahren auf dem Kleinkinder-Parcours erproben, hangeln sich Profis in schwindelerregender Höhe über die Elemente und wagen anschließend den Sprung aus 15 Metern Höhe in ein sicheres Netz. *Friedrich-Engels-Str. 14B, 15537 Grünheide (Mark), T: 0151-10798181, kletterwald-gruenheide.de*

Kletterpark Bernau

Der Kletterpark Bernau bietet die Möglichkeit, sich unter freiem Himmel in schwindelerregende Höhen zu begeben. Kinder ab vier Jahren wagen in Begleitung ihre ersten Kletterversuche auf dem separaten Kids-Parcours, während sich große Kletter:innen bei variablen Routenführungen an den 80 herausfordernden Kletterelementen probieren und über die elf Seilrutschen sausen. Ein Highlight ist die 10 Meter hohe Riesenschaukel, die für einen ordentlichen Adrenalinschub sorgt. Besucher:innen, die lieber auf festem Boden bleiben wollen, probieren sich bei einer gebuchten Tour am Segwayfahren aus oder erlernen in einem Schnupperkurs das Bogenschießen. *Nikolaus-Otto-Str. 7, 16321 Bernau, T: 03338-7061349, vectoura.de*

Kletterwald am Wildpark Schorfheide

Direkt am Wildpark Schorfheide grenzt der Kletterwald an, der bereits Kindern ab fünf Jahren, die eine Mindestgriffhöhe von 1,25 Metern erreichen, auf ein munteres Kletterabenteuer mitnimmt. Dann heißt es nur noch festes Schuhwerk anziehen und schon kann der Kletterspaß losgehen – wer mag bis in Höhen von zwölf Metern. Absolut zu empfehlen ist, das Klettererlebnis mit einem Besuch in den naheliegenden Wildpark Schorfheide zu verbinden. *Prenzlauer Str. 16, 16244 Schorfheide OT Groß Schönebeck, T: 0176-21476112, kletterwald-schorfheide.de*

Kletterwald Bad Saarow

Nur eine Stunde Fahrt von Berlin entfernt liegt diese schöne Kletteranlage am Scharmützelsee, die bereits Sprösslingen ab drei Jahren die Möglichkeit bietet, ihre Höhentauglichkeit zu testen und erste Klettererfahrungen zu sammeln. Alle, die schon etwas geübter sind, überwinden vom Greta-Parcours bis hin zum Araweg viele herausfordernde Hindernisse. Wer danach noch Energie hat, kann den Tag mit einer Runde Bogenschießen abrunden. *Seestr. 47, 15526 Bad Saarow, T: 033631-404831, kletterwald-badsaarow.de*

tipp

Kletterwald Wuhlheide

Inmitten des Volksparks Wuhlheide direkt am FEZ-Berlin bietet der Kletterwald Familien die Möglichkeit vom Boden abzuheben und den Wald aus der Vogelperspektive an 130 Kletterelementen und neun Parcours zu erleben. Während kleinere Kinder zwischen drei und sieben Jahren ihre ersten Erfahrungen auf den beiden Zwergenparcours sammeln, klettern alle ab sieben Jahren, die die 1,30 Meter Marke geknackt haben, auf dem großen Parcours. Neu: Wer noch mehr von der Kletterwelt haben will, kann ab sofort ein Abenteuerspiel auf dem Gelände spielen. Im Team von zwei bis fünf Personen wird bei der digitalen Schnitzeljagd getüftelt und natürlich auch geklettert. *An der Wuhlheide 199, 12459 Berlin-KÖ, T: 30135267, kletterwald-wuhlheide.de*

Magic Mountain

Wenn Bäume, Mauern oder Klettergerüste für die kleinen Kletterwütigen zu langweilig werden, dann geht es auf den Magic Mountain. Während die jüngeren Kinder spielerisch an den Klettersport herangeführt werden und nebenbei ihre Balance, Koordination und Ausdauer trainieren, können Größere ihre Fertigkeiten ausbauen. Wer noch Kletterneuling ist, probiert sich im Schnupperkurs aus. Auch Kindergeburtstagsgesellschaften hangeln sich hier die Wände hinauf. *Böttgerstr. 20, 13357 Berlin-WE, T: 88715790, magicmountain.de*

tipp

Mini Monkey Kletterwald

Die beiden Kletterwälder von Mini Monkey sind speziell auf die Fähigkeiten kleinerer Kinder zugeschnitten. Ab zwei Jahren können sie hier auf einer Höhe von maximal 1,5 Metern verschiedene Hindernisse überwinden – mal springend, mal schwingend, mal balancierend oder krabbelnd. Zu guter Letzt sausen sie an einer Seilbahn herunter. Im Angebot gibt es auch eine Schatzsuche und natürlich Kindergeburtstage. *August-Bebel-Str. 149, 15827 Blankenfelde-Mahlow; 16547 Birkenwerder OT Briese, T: 0172-3825443, minimonkey-kletterwald.de*

MountMitte

Der moderne Hochseilgarten nimmt Familien mit auf eine spannende Kletterpartie. Kinder ab sechs Jahren dürfen hier an den Start gehen. Dabei gibt es sechs verschiedene Parcours, die über mehr als 90 Hindernisse führen – unter anderem über einen nur an Seilen schwebenden Oldtimer. Ein besonderes Highlight ist der Skyfall, bei dem Waghalsige einen Sprung aus 13 Metern Höhe wagen. *Caroline-Michaelis-Str. 8, 10115 Berlin-MI, T: 555778922, beachmitte.de*

Ostbloc und Südbloc Boulderhallen

Beim Bouldern klettert man in Absprunghöhe – ganz ohne Klettergurt und Seil, dafür aber mit dicken Matten. Wer sich an diesem Sport probieren möchte, kommt in die Südbloc Boulderhalle. Hier können sich Boulderneulinge in speziellen Trainingskursen für Kinder spielerisch dem Sport annähern. Auch die Ostbloc Halle in Lichtenberg hat Angebote für Kinder- und Jugendliche und richtet Kindergeburtstage aus. *Südbloc: Großbeerenstr. 2-10, 12107 Berlin-TE, T: 74001810, südbloc.de; Ostbloc: Hauptstr. 13, 10317 Berlin-LI, T: 55499422, ostbloc.de*

SportJugendZentrum Lychi

Versteckt unter einem der zahlreichen Dächer im Helmholtzkiez liegt die sieben Meter hohe Kletterwand der Kinder- und Jugenfreizeiteinrichtung, die neben einem allgemeinen Freizeitangebot auch zahlreiche sportliche Aktivitäten im Angebot hat. Eine davon ist das Klettern, das in den Kletterkursen unter professioneller Anleitung ausprobiert werden kann. *Lychener Str. 75, 10437 Berlin-PB, T: 44738833, sjzlychi.de*

tipp

Waldhochseilgarten Jungfernheide

Das Wald- und Heidegebiet ist ein absoluter Ausflugstipp für Familien und ein idealer Ort für alle naturliebenden Städter:innen. Der Waldhochseilgarten inmitten von Buchen, Birken, Eichen und Robinien ist ein echtes Highlight. Dort können Höhentaugliche ab sechs Jahren mit einer Greifhöhe von 1,45 Meter ihre ersten Klettererfahrungen auf dem Kinderparcours wagen, der ausschließlich jüngeren Kindern vorbehalten ist. Heranwachsende ab etwa zehn Jahren, deren Hände bereits die 1,90 Meter erreichen, erproben sich auf dem Großen Parcours. Knurrt der Magen, kehrt man am besten in den Sommergarten rund um den Wasserturm ein. Im Sommer kann man den Kletterausflug auch gut mit Wasserspaß im Strandbad Jungfernheide verknüpfen. *Heckerdamm 260, 13627 Berlin-CH, waldhochseilgarten-jungfernheide.de*

Skateparks

Flaeming-Skate

Auf insgesamt rund 230 Kilometern Glattasphalt ohne motorisierten Verkehr kann man es im Fläming südlich von Berlin ungestört rollen lassen. Entlang von Wiesen, Wald und idyllischen Dörfern bewegen sich Familien aktiv und nach individuellem Tempo, lassen sich vom Fahrtwind durchpusten und kehren dann ausgepowert aber glücklich in einem der Gasthöfe entlang der Strecke ein. *14943 Luckenwalde, T: 033204-62870, flaeming-skate.de*

Mellowpark

Für wen Spine, Box und Wallride keine Fremdwörter sind, der packt sein Skateboard oder BMX-Rad ein und kommt in den Mellowpark. Hier gibt es Rampen, Halfpipes, Basketballkörbe und die Möglichkeit, Graffiti auszuprobieren. Auf den Anlagen sind BMX, Dirtbikes, Stuntscooter, Skateboards, Rollerskates, Inlineskates und WCMX erlaubt, d.h. Plastik- oder Klappscooter, Laufräder oder Straßenfahrräder müssen zu Hause bleiben. *An der Wuhlheide 250, 12459 Berlin-KÖ, T: 64329841, mellowpark.de*

tipp

Skatehalle Berlin

Seitdem eine gemeinnützige Betreibergesellschaft die Skatehalle übernommen hat, werden alle Einnahmen in den Erhalt und die Verbesserung der Parklandschaft auf dem RAW-Gelände reinvestiert. Und diese hat einiges zu bieten! Eine 1.200 Quadratmeter große Street-Fläche, Park- und Outdoor-Skate-Area mit überdachter Minirampe, ein Café, ein eigenes Kino, Außenbar, Skate-Shop und vor allem Kurse und Ferienprogramme für Kinder und Jugendliche. *Revaler Str. 99, 10245 Berlin-FR, T: 92129755, skatehalleberlin.com*

Skatepark am Poststadion

Der Sportpark am Poststadion hält für Skater:innen einen rund 1.000 Quadratmeter großen Skatepark aus Ortbeton bereit. Auf dem Gelände des Sportpark Poststadion befindet sich zudem ein Familiensportbereich und ein Street-Workout-Park. *Lehrter Str. 59, 10557 Berlin-MI, sportparkpoststadion.de*

Kartbahnen

Berlinkart

Nur einen Katzensprung vom Rathaus Neukölln entfernt ist Berlins größte Kartbahn zu finden. Hier ist man eher mit älteren Teens gut aufgehoben. Auf einer Strecke von rund 750 Metern dürfen Hobbyrennfahrer:innen ab zwölf Jahren und mindestens 1,55 Meter Körpergröße in das Kart steigen und durch die Kurven flitzen. An Samstagen liegt die Mindestaltergrenze bei 15 Jahren. *Werbellinstr. 50, 12053 Berlin-NK, T: 68053565, berlin-kart.de*

Kartland

Die Reinickendorfer Kartbahn ist auf jüngere Fahrer:innen eingestellt. Hier können alle ab acht Jahren und mit einer Mindestgröße von 1,30 Metern über die Piste sausen. Vor allem für Kindergeburtstage ist ein Besuch auf der Kartbahn eine beliebte Feiermöglichkeit. Nachdem die Geburtstagsgesellschaft zunächst eine ausführliche Einführung bekommt, geht es dann in speziellen Kinderkarts, die für jede Menge Spaß sorgen, auf die Strecke. *Miraustr. 62-66, 13509 Berlin-RE, T: 43566841, kartland.de*

Mobikart Fun Racing

Geschwindigkeitsfans aufgepasst! Wer sich wie Michael Schumacher, Lewis Hamilton oder Nico Rosberg fühlen und über die Rennstrecke brausen möchte, ist auf Berlins schnellster Kartbahn genau an der richtigen Stelle. Hobbyrennfahrer:innen ab einer Körpergröße von 1,30 Meter können auf 430 Metern durch sieben Links- und drei Rechtskurven gleiten und so ein Rennfeeling wie bei den Profis genießen. Auch Geburtstagskinder können hier gemeinsam mit ihren Freund:innen über die Kartbahn sausen und ihren Ehrentag zu einem ganz besonderem Erlebnis machen. *Plauener Str. 161, 13053 Berlin-HO, T: 98638749, mobi-kart.de*

Trampolinhallen

JUMP3000

Wer an grauen Regentagen nicht weiß, wo er mit all der Energie hin soll, kommt ins JUMP3000 nach Mahlsdorf. Hier können sich junge Hupfdohlen auf den 50 Sprungtüchern so richtig auspowern und coole Tricks wagen. Für junge Hüpfende von eins bis sechs gibt es einmal die Woche die Möglichkeit, in der MiniMover-Stunde über die Trampoline zu hopsen, ohne von den Großen gestört zu werden. Auch Geburtstagskinder, die hier eine aktive Party mit ihren Freund:innen zelebrieren wollen, sind herzlich eingeladen. Wer möchte, kann an einem der Fitness-, Parkour- und Trampolinkurse teilnehmen, bei denen professionelle Trainer:innen, die Teilnehmenden so richtig zum Schwitzen bringen. *Landsberger Str. 217/218, 12623 Berlin-HE, T: 92030003, jump3000.de*

tipp

JUMP HOUSE Berlin

Die größte Trampolinhalle im Norden Berlins öffnet seine Türen für Kinder ab sechs Jahren. Auf mehr als 120 Trampolinen in neun verschiedenen Spaß- und Actionbereichen kann hier gehüpft werden, was das Zeug hält. Besonders spannend ist der VideoJUMP in der Challenge Area. Hier wird man Teil eines Videogames und muss sich verschiedenen Herausforderungen stellen. In der JUMP Academy können Trampolinkurse bei zertifizierten Trainer:innen gebucht werden. Absolutes Highlight ist der Sky Ninja – ein Kletterparcours in elf Metern Höhe mit Zip-Lines quer durch die Halle! *Miraustr. 38, 13509 Berlin-RE, T: 040-5407012, jumphouse.de*

MyJump

Springen, hüpfen, hopsen und spielen – in den Trampolinhallen von MyJump können sich große und kleine Sprungfreund:innen mal so richtig auspowern, coole Tricks ausprobieren und sich auf den verschiedenen Sprungtüchern üben. Dabei kann man zwischen den 60-, 90- und 120 Minuten Zeit-Paketen wählen. Auch Kindergeburtstagsgesellschaften sind hier herzlich willkommen. Von Trampolin zu Trampolin springen, durch den Ninja-Parcours hüpfen und spektakuläre Körbe in der MYJUMP Slamdunk-Zone versenken: Das wird sicher eine unvergessliche Party für alle. *Allee der Kosmonauten 30, 12681 Berlin-MA, T: 629386; Caroline-Michaelis-Str. 8, 10115 Berlin-MI, T: 555724 myjump.de*

SPRUNG RAUM

Im Süden Berlins gibt es einen Sprung Raum für Trampolinfans und alle, die sich mal richtig auspowern wollen. In der Trampolinhalle in Marienfelde werden rund zehn verschiedene Sprungflächen zum selbst Hüpfen angeboten, es können aber auch Kurse gebucht werden. Ist nach all dem Gehopse mal die Luft raus, kann man sich in der Sprung Bar stärken oder den Ausblick vom Kletterturm genießen. Auch aktive Geburtstage können hier gefeiert werden. *Malteser Str. 139-142, 12277 Berlin-TE, T: 754488090, sprungraum.de*

KINDER-
TIPP

Als Kinderfarm und Bauspielplatz in einem ist der Kinderbauernhof Pinke-Panke in Pankow einzigartig in Berlin.

Greta
4 Jahre

LANDLEBEN IN DER GROSSSTADT

Ein Nachmittag auf dem Kinderbauernhof an der Panke ist wie ein Ausflug raus aufs Land, findet Greta. Esel, Schafe, Enten, Kaninchen und Wollschweine zum Anfassen, Stockbrot am Lagerfeuer, hausgemachte Kuchen im Fachwerkhaus und natürlich spielen, bauen, basteln. Alte Handwerkstechniken können ausprobiert, Tiere gefüttert und gepflegt werden. Als sozialer und ökologischer Lernort richtet sich Pinke-Panke in erster Linie an Schulkinder, steht aber vor allem an Wochenenden allen offen. *Kinderbauernhof Pinke-Panke, Seite 166*

Indoorballsport

East61

Angrenzend an den Park am Gleisdreieck liegt ein wahrer Beachvolleyball-Traum – und zwar für jedes Wetter. Denn neben den etlichen Outdoor-Feldern, die man auf dem weitläufigen Sportareal bespielen kann, gibt es auch Indoor Courts, bei denen niemand auf die für Beachvolleyball obligatorische sandige Unterlage verzichten muss. Verfügbarkeiten können online gecheckt und der Platz auch gleich digital gebucht werden. *Wilhelm-Kabus-Str. 42, 10829 Berlin, T: 0176 99852515, beach61.de*

KICKERWorld

Die speziellen Courts in der Spandauer Kickerhalle ermöglichen schnelle Spiele. Wer einmal selbst der Ball sein möchte, schlüpft in eine riesige Gummiblase und kugelt herum. Möglich ist Bubble-Fußball ab einer Größe von 1,20 Metern. Neben Fußball kann man hier auch Kinder-Paintball mit ungefährlichen Schussgeräten spielen oder Kindergeburtstag feiern. *Kleine Eiswerderstr. 1, 13599 Berlin-SP, T: 74744224, kickerworld-berlin.de*

Soccerworld

Die Indoor-Soccer-Halle ist nicht nur offizieller Hertha BSC-Fan-Treffpunkt, sondern auch ein guter Regen-Ort für aktive Hauptstädter:innen. Ob zum Kindergeburtstag oder in der Freizeit – hier kann auf Kunstrasen gekickt werden. Auf jeden Fall sollte man das Bubble Soccer ausprobieren, bei dem zehn Spieler:innen in übergroßen Airbags stecken und so Fußball spielen – Lachmuskeltraining inklusive. *Richard-Tauber-Damm 36, 12277 Berlin-TE, T: 0151-11210110, soccerworld-berlin.de*

Escape Games

Cat in the Bag

Bereits ab sieben Jahren können Kinder mit ihren Eltern bei diesem Escape Game auf gemeinsame Rätseltour gehen und in den Räumen von Cat in the Bag spannende Aufgaben lösen. Dabei ist das Ziel, sich mit Hilfe der Rätsel möglichst schnell den Weg nach draußen zu bahnen. Dafür wird nicht nur Geschick und Spürsinn benötigt, sondern auch auf Team Work kommt es an, denn die Zeit läuft gegen die Spieler:innen. Wer auch zu Hause spannende Rätsel lösen möchte, kann sich das Spiel „Piratennest" per Post zuschicken lassen. *Chausseestr. 15, 10115 Berlin-MI, T: 62930727, catinthebag.de*

Escape Berlin

Rätselfans können in einer der größten Escape Locations weltweit auf spannende Missionen gehen, Schlösser knacken und Geheimwege finden. Doch nur wer auch gut zusammenarbeitet, findet den Weg hinaus. Dabei haben alle angebotenen Spiele auch eine Altersbeschränkung über die sich Eltern vorab auf der Website informieren können. Tipp: Wem das einmalige Spielerlebnis nicht reicht, kann sich auch Escape Games nach Hause senden lassen, die teilweise über mehrere Wochen in Echtzeit laufen. *Landsberger Allee 117A, 10407 Berlin-PB, T: 346558033, escape-berlin.de*

Exit – Live Adventures

Während in den Escape Rooms von Exit spannende Missionen gegen die Zeit gespielt werden, um den Weg aus dem rätselhaften Raum zu finden, gehen Entdeckungslustige bei der Outdoor-Mission auf eine Schnitzeljagd mitten durch das Herz von Berlin. Eine Mission richtet sich speziell an Kinder, die zusammen mit Captain Casimir die Stadt entern und den Goldschatz suchen. Für ein besonderes Erlebnis sorgen die Virtual Reality-Spiele. *Klosterstr. 62, 10179 Berlin-MI, exit-vr.de*

Final Escape

Die Tür fällt ins Schloss – nun seid ihr auf euch gestellt ... Wer dem Alltag entfliehen und in eine andere Welt eintauchen möchte, ist bei den Live Escape Games genau richtig. Hier können Kinder ab zehn Jahren gemeinsam mit ihren Eltern vielfältige Rätsel lösen, um den Ausweg aus dem geheimnisvollen Raum zu finden. Dabei kann euch fast alles, was in dem Exit Room zu finden ist, bei der Flucht helfen. Arbeitet im Team und erlebt ein atemberaubendes 60 Minuten-Abenteuer. *Prenzlauer Allee 23, 10405 Berlin-PB, T: 914 418 86, final-escape.com*

House of Tales

Fünf außergewöhnliche Geschichten versetzen Rätselfreund:innen ab acht Jahren im House of Tales in eine andere Welt. Pharaonen und Pyramiden, Spion:innen am Checkpoint Charlie – die Themenwelten könnten unterschiedlicher nicht sein. Neben den Escape Rooms und Online Games erweitern auch viele neue Outdoor-Aktivitäten die Angebotspalette. Bei der Stadtralley „Operation Fuchsbau" legt man dem Meisterdetektiv Fuchs am besten schnell das Handwerk, um das Versteck des kostbaren Diamanten zu finden. Ausgestattet mit einem Tablet und einem Missionskoffer haben die Nachwuchsdetektiv:innen drei Stunden Zeit, um das mysteriöse Rätsel zu knacken. *Zimmerstr. 90, 10117 Berlin-MI, T: 233274540, houseoftales.de*

Labyrintoom

60 Minuten Zeit, zahlreiche Rätselaufgaben und jede Menge Überraschungen – wer die Escape Räume des Labyrintoom betritt, geht auf eine spannende Knobeltour, die nur mit gemeinsamer Arbeit zu meistern ist. Versucht gemeinsam aus dem magischen Kabinett zu flüchten, den Heiligen Gral zu finden oder die verborgenen Geheimnisse des Würfels zu entschlüsseln. Dabei müsst ihr schnell sein, denn die Zeit läuft gegen euch. *Wartenberg Str. 35/36, 10365 Berlin-LI, T: 97862954, labyrintoom.berlin*

Smart Room

In sieben Räumen auf 400 Quadratmetern kann geknobelt, kombiniert und gezockt werden. Eine besonders fantasievolle Spielvariante für Familien mit Kindern ist eine Rätselreise ins Wunderland. Bei „Alice im Smartland" sind lauter verrückte und merkwürdige Wesen unterwegs. *Nöldnerstr. 1, 10317 Berlin-LI, T: 0172-4142209, smartroom-berlin.com*

The Room

Der Heilige Gral – in Berlin? Bei Reparaturarbeiten im Keller der Humboldt-Uni wurde ein Geheimraum entdeckt. Jetzt wird natürlich gemunkelt, was sich dort alles für Schätze und vergessene Kostbarkeiten befinden. Hobby-Archäolog:innen ab zwölf Jahren sind hier gefragt, das Geheimnis zu lüften. Dieses und mehr spannende Escape Games gibt es bei The Room in Lichtenberg. Für jüngere Kinder gibt es das Spiel „Go West", das auf nostalgische Reise nach Ost-Berlin führt. *Ruschestr. 64-66, 10365 Berlin-LI, T: 37306511, the-room-berlin.com*

Erlebnisorte

Barfußpark Beelitz-Heilstätten

tipp

Vor den Toren Berlins in direkter Nachbarschaft zum Baumkronenpfad und den ehemaligen Beelitzer Heilstätten befindet sich der Barfußpark. Hier heißt es raus aus den Schuhen und rein ins Vergnügen. Entdeckt die drei Kilometer lange Wegstrecke mit über 60 Stationen und wandert über Bucheckern, Kieferzapfen, oder Lehm. Die verschiedenen Untergründe regen die Füße an und lassen euch einen herrlichen Tag in der Natur erleben. Wem bei all dem Barfuß-Spaß der Magen knurrt, kehrt in die Waldlounge ein und genießt die Ruhe. Wer es etwas turbulenter mag, besucht das Barfuß-Café mit dem angrenzenden Spielplatz. *Straße nach Fichtenwalde 13, 14547 Beelitz, T: 0162-2909999, derbarfusspark.de*

Baum & Zeit

In den Baumwipfeln flanieren und fantastische Ausblicke genießen – das geht auf dem rund 700 Meter langen Baumkronenpfad Beelitzer-Heilstätten. Auf dem Pfad können Höhentaugliche wandern, wo sonst nur Vögel fliegen. Von hier aus könnt ihr euren Blick bis nach Berlin und hinüber zum Fläming schweifen lassen. Durch den extrabreiten Pfad und den barrierefreien Zugang können auch Menschen im Rollstuhl an diesem Erlebnis teilnehmen. *Straße nach Fichtenwalde 13, 14547 Beelitz, T: 033204-60580, baumundzeit.de*

Berlin Dungeon

Wer auf die düstere Reise durch 800 Jahre Berliner Geschichte gehen möchte, ist im Dungeon gut aufgehoben. Da stockt euch schon mal der Atem, wenn ihr mit dem Fahrstuhl des Grauens in die Tiefe fahrt und durch die Folterkammer wandelt. Auf Mutige wartet der Freifallturm mit einem Sturz ins Ungewisse. Nicht zu empfehlen ist der Besuch für Kinder unter zehn Jahren. *Spandauer Str. 2, 10178 Berlin-MI, T: 300148600, thedungeons.com*

Burg Storkow

Das Besucherzentrum des Naturparks Dahme-Heideseen in der Burganlage Storkow lädt zur Besichtigung ein. Ein Teil der Anlage ist die Erlebnisausstellung „Mensch und Natur – Eine Zeitreise", die Besucher:innen die abwechslungsreiche Natur- und Kulturgeschichte in der Region näher bringt. *Schloßstr. 6, 15859 Storkow (Mark), T: 033678-73108, natur-schau-spiel.com*

El Dorado Templin

In Templin erleben Besucher:innen ein echtes Abenteuer, denn hier geht es zu wie im Wilden Westen. Lasso werfen wie ein Cowboy, Gold suchen und mit der Postkutsche den Park erkunden – ein Tag in El Dorado gleicht einer Zeitreise. Zudem gibt es ein spannendes Showprogramm, das unter anderem eine aufregende und actiongeladene Stuntshow zeigt. *Am Röddelinsee 1, 17268 Templin, T: 03987-20840, eldorado-templin.de*

Erlebnisbahn

Im Fläming kann man auf einer echten Hebeldraisine über stillgelegte Schienen rauschen. Dabei ist die Muskelkraft der ganzen Familie gefragt, denn ohne kommt man hier garantiert nicht vorwärts. Auch zum Kindergeburtstag sind die ausgelassenen Draisinenfahrten sehr beliebt. Die beiden Drainsinenbahnhöfe Zossen und Mellensee liegen 40 Minuten südlich von Berlin. *An den Wulzen 23, 15806 Zossen; Am Bahnhof Mellensee 3, 15838 Am Mellensee, erlebnisbahn.de*

tipp

Familiengarten Eberswalde

Etwa 40 Kilometer nördlich von Berlin gelegen, befindet sich ein wahrer Erlebnisort für die ganze Familie, der sich für einen Tagesausflug bestens eignet. Auf dem weiträumigen Gelände gibt es allerhand spannende Attraktionen wie Tretauto-Parcours, einen verwunschenen Märchenwald, die größte Taschenuhr der Welt, einen Sportplatz zum Austoben, die Gartenwelt, die Mitmachstation Nautilus oder den Aussichtskran für Höhentaugliche. Wem bei all der Action der Magen knurrt, kehrt ins Haus am Walzwerk ein und genießt leckere Speisen. *Am Alten Walzwerk 1, 16227 Eberswalde, T: 03334-384910, familiengarten-eberswalde.de*

Filmpark Babelsberg

In Babelsberg können Besucher:innen hinter die Kulissen des berühmten Löwenzahn-Bauwagens gucken, einen Blick ins Hexenhaus werfen, durch die Straße der Giganten wandeln, auf dem Jim Knopf Abenteuerspielplatz toben oder eine kleine Bootstour in Janoschs Traumland unternehmen. Für jede Menge Action sorgt die Stuntshow im Vulkan, in der atemberaubende Stunts präsentiert werden. *Großbeerenstr. 200, 14482 Potsdam, T: 0331-7212345, filmpark-babelsberg.de*

neu

Holland Park

„Een hartelijk welkom" wünscht der neu eröffnete Holland Park in Schwanebeck seinen Besucher:innen seit April 2022. Im Avonturenhuis gibt es ein riesiges Angebot für Familien, wie die Klimhal mit 45 verrückten Kletterwänden oder die Indoor-Spielhalle mit Riesenrutsche, Ninja-Parcours und Softballshootarena. Vom knapp 21 Meter hohen Rutschenturm schaut man herrlich über das Panketal, bevor es auf einem der sechs flotten Wege nach unten geht. Auch einige niederländische Leckereien gibt es hier und weitere Attraktionen sind geplant. *Dorfstr. 30, 16341 Panketal OT Schwanebeck, T: 5156540, hollandpark.de*

Hurricane Factory

Wer selbst das Gefühl vom Fliegen erleben möchte, stattet der Hurricane Factory einen Besuch ab. Kinder ab dem fünften Lebensjahr können im größten Windkanal Deutschlands gemeinsam mit erfahrenen Instruktor:innen in die Lüfte abheben. Ein außergewöhnliches Erlebnis, bei dem sie Wind, Aerodynamik und das Phänomen des Fliegens am eigenem Körper spüren. *Waßmannsdorfer Allee 3, 12529 Schönefeld OT Waßmannsdorf, T: 03379-3217380, hurricanefactory.com*

Irrlandia

Suchen, verirren, entdecken – in den Labyrinthen und Irrgärten von Irrlandia haben Familien jede Menge Spaß. Zudem gibt es mehr als 50 Attraktionen, die zum gemeinsamen Spielen einladen sowie sportliche Herausforderungen bieten. Allerlei verschiedene Feste, zum Beispiel zum Kindertag oder mit Rittermotto, finden hier über das Jahr verteilt statt und in den Sommerferien gibt es betreute Spiel- und Bastelangebote. *Lebbiner Str. 1, 15859 Storkow (Mark), T: 033678-41732, irrlandia.de*

JetSim

Wo fliegen wir heute mal hin? Nachdem diese Frage am Frühstückstisch geklärt wurde, kann sich die ganze Familie zu Berlins Flugsimulator aufmachen. Aus 24.000 Zielen wählt man hier, bevor alle ab acht Jahren dann selbst abheben. Wer mag, nimmt seine ganze Kindergeburtstagsgesellschaft mit an Bord. Nach einer Einweisung dürfen das Geburtstagskind und seine:ihre Freund:innen nacheinander eine Flugroute fliegen. Dabei führt jedes Kind einen Start und eine Landung durch. *Reuchlinstr. 10/11, 10553 Berlin-Tl, T: 34350650, jetsim.de*

Karls Erlebnis-Dorf

Das Erlebnis-Dorf im Elstal garantiert einen Tag voller Abenteuer. Auch außerhalb der Erdbeer-Saison warten viele spannende Attraktionen auf euch. Ob Achterbahn fahren, die Schatzhöhle erforschen, auf dem Wasserspielplatz toben, die spannende Eiswelt erleben, Mini-Go-Kart fahren, im Irrgarten wandeln, auf dem Hüpfkissen springen, auf den Spielplätzen toben, Stockbrotbacken oder die Kartoffelsackrutsche hinuntersausen – hier wird es niemals langweilig. Wem bei all dem Spaß dann mal der Hunger überkommt, kehrt ins Hofrestaurant ein und genießt allerhand Leckereien. *Döberitzer Heide 1, 14641 Elstal, T: 033234-243030, karls.de*

LEGOLAND Discovery Centre

Seit Generationen spielen große und kleine Kinder gerne mit LEGO. Ein Highlight für kleine Fans ist daher mit Sicherheit das LEGOLAND Discovery Centre am Potsdamer Platz. Im ultimativen Indoorspielplatz, in dem es über vier Millionen LEGO-Steine gibt, warten verschiedene aufregende Bereiche wie die Drachenbahn, den Bauernhof oder Ninjago City auf euch. Hier dreht sich alles um die kleinen bunten Steine und natürlich das Toben, Spielen und Entdecken. Wer gerne wissen möchte, wie ein LEGO DUPLO-Stein entsteht, kommt in die LEGO-Fabrik und sieht den fleißigen LEGO-Figuren bei der Arbeit zu. *Potsdamer Str. 4, 10785 Berlin-Tl, T: 3010400, legolanddiscoverycentre.com*

Little BIG City Berlin

tipp

Berlins Geschichte ist spannend und vielfältig. Im Little BIG City können große und kleine Besucher:innen in die letzten 750 Jahre der Stadt eintauchen und historische Momente in Form von kleinen Geschichten nacherleben. In der Miniaturwelt begegnet man so mittelalterlichen Bewohner:innen Berlins, Revolutionär:innen späterer Jahrhunderte und bekannten Geschichtsfiguren wie Erich Honecker vor dem Palast der Republik oder John F. Kennedy auf dem Balkon des Schöneberger Rathauses. Dabei werden durch die aufwendigen Projektionen, Hologramme und 3D-Modelle selbst die größten Geschichtsmuffel erreicht. *Panoramastr. 1A, 10178 Berlin-MI, T: 01806-257106, littlebigcityberlin.de*

Madame Tussauds Berlin

Wo kann man in Berlin Lady Gaga und Albert Einstein an einem Ort begegnen? Unter den Linden präsentiert das berühmte Wachsfigurenkabinett eindrucksvolle Wachsfiguren in Lebensgröße von Berühmtheiten aus den Bereichen Musik, Politik, Fashion, Film oder Kultur. In einem neuen Bereich tauchen Besucher:innen in die Welt der Goldenen Zwanziger ein. Hier glitzert und funkelt alles und der Flair des Zeitalters, das Berlin einst so prägte, kann hautnah erlebt werden. *Unter den Linden 74, 10117 Berlin-MI, T: 40004620, madametussauds.com*

Malchower Labyrinthpark

Familien, die in den uckermärkischen Park kommen, genießen eine ausgiebige Pause vom schnelllebigen Alltag. Gemeinsam gilt es hier, Wege durch verschiedene Irrgärten zu entdecken. Schließlich kann im Sandhexagon ein eigenes Labyrinth entworfen werden. Für noch mehr Spiel und Spaß sorgen das Riesensudoku und das Tangram. Auf Anfrage ist es auch möglich, mit mitgebrachtem Picknick hier Kindergeburtstag zu feiern. *Dorfmitte 1A, 17291 Göritz OT Malchow, T: 039851-629942, malchower-labyrinthpark.de*

Modellpark Berlin-Brandenburg

Habt ihr schon mal die Goldelse aus nächster Nähe gesehen oder von oben in die Reichstagskuppel hineingeschaut? Im Modellpark Berlin-Brandenburg in der Wuhlheide kann man gemütlich innerhalb einer Stunde einige der wichtigsten Sehenswürdigkeiten Berlins und Brandenburgs betrachten. Von April bis Oktober stehen die 80 Gebäude, die in einem Verhältnis von 1:25 nachgestellt wurden, zur Besichtigung bereit. Bei Kreativbastel- und Ferienkursen werden Kinder in den Modellbau eingeführt. *An der Wuhlheide 81, 12459 Berlin-KÖ, T: 36446019, modellparkberlin.de*

KINDER-
GEBURTSTAG

FEIERN MIT HAND UND FUSS

Beherzt Bogenschießen

Die Kreuzberger Bogenakademie widmet sich dem intuitiven Bogenschießen, bei dem Erwachsene weit mehr als den Umgang mit Pfeil und Bogen kennenlernen. Inzwischen werden dort auch Kinderkurse und Kindergeburtstage angeboten, bei denen es nicht nur ums Treffen der Zielscheiben geht. Die Kinder lernen präsent, stark und konzentriert zu sein und schulen ihre Reaktionsfähigkeit. *Bogenakademie Berlin, Tanzschule Maxixe, Fidicinstr., Hofaufgang 3, Gebäude B, 10965 Berlin-KR, bogenakademie.de*

Liebevolles Landleben

Man hat nicht das Gefühl, noch in Berlin zu sein, wenn man einen Tag auf dem Vierfelderhof in Gatow verbringt. Der ganzjährig geöffnete Erlebnisbauernhof ist voll auf Familien eingestellt, die hier jederzeit willkommen sind. Für Kindergeburtstage gibt es verschiedene Angebote von Bauernhof-Olympiade über eine wilde Schnitzeljagd bis hin zu diversen Kreativwerkstätten. Immer dabei: frische Landluft, liebenswerte Hoftiere und der tolle Bauernhof-Spielplatz „Spiele-Acker“. *Vierfelderhof Gatow, Seite 167*

Wundervoll Werkeln

Holz ist ein wunderbares Material. In den Holzklasse-Workshops, die man auch als Kindergeburtstagsfeier buchen kann, lernen Kinder, es nach den eigenen Vorstellungen zu formen und gestalten und so etwas Besonderes zu erschaffen. Auch der gekonnte Umgang mit dem Werkzeug wird Kindern ab fünf Jahren dabei vermittelt. Legendär: die Schokokusswurfmaschine! *Holzklasse Berlin, Stubenrauchstr. 73, 12161 Berlin-SB, holzklasse.berlin*

Wonniger Wasserspass

Die Surf- und Segelschule liegt direkt neben dem Strandbad Wannsee und bietet SUP, Segeln, Windsurfen an. Auch Kayaks und Tretboote könnt ihr hier ausleihen. Der 1.000 Quadratmeter große Privatstrand des Wassersportcenters ist die perfekte Kulisse für einen ebenso sportlichen wie dem Wasser. Drei Stunden sind vorgesehen, davon eine Stunde für die Wassersportaktivität mit mindestens zehn Kindern ab sieben Jahren. Zwei weitere Stunden könnt ihr den Strand für euch zum Feiern nutzen, allerdings ist Baden dort nicht gestattet, da kein:e Rettungsschwimmer:in vor Ort ist. *Wassersportcenter Berlin, Wannseebadweg 25, 14129 Berlin-ZE, wassersportcenter-berlin.de*

Bolzen, Bowlen, Bälle werfen

Denkt man an die Füchse Berlin, hat man sofort Bundesliga-Handball vor dem inneren Auge. Doch der Traditionsverein hat viel mehr als den Profileistungssport zu bieten – der Reinickendorfer Sportpark rund ums Vereinsheim der Füchse zeugt auf 12.000 Quadratmetern vom breiten Angebot auch für Nichtmitglieder. Sportliche Kindergeburtstage können hier eben nicht nur mit Handball, sondern auch mit Tennis, Fuß- oder Volleyball gefeiert werden. Sogar einen Pádel-Court und eine vereinseigene Bowlingbahn gibt es, die für Feiern ebenfalls genutzt werden dürfen. *Sportpark Füchse Berlin, Kopenhagener Str. 33, 13407 Berlin-RE, fuechse-berlin-reinickendorf.de*

tipp

Museumspark Rüdersdorf

Direkt vor den Toren Berlins gelegen, ist das Freilichtmuseum und Industriedenkmal gut mit öffentlichen Verkehrsmitteln zu erreichen. Das 17 Hektar große Gelände lässt Geschichte lebendig werden. Ausstellungsstücke wie die Rumfordöfen oder Schachtofenbatterien erlauben einen Blick in lange zurückliegende Zeiten. Noch weiter in die Vergangenheit können Besucher:innen bei den geologischen Führungen reisen: Tatsächlich finden sich im Steinbruch versteinerte Tiere des einstigen Trias-Meeres, die man bei den Touren selbst bergen kann. *Heinitzstr. 9, 15562 Rüdersdorf, T: 033638-799797, museumspark.de*

neu

Peter Pans Indoor Abenteuer

In Joachimsthal liegt ein wahrer Schatz für Ausflügler:innen, die einen Regentag gut nutzen wollen. In den Hallen von Peter Pans Indoor Abenteuer gibt es Adventure Golf mit außergewöhnlichen Bahnen sowie die ValoJump Air – eine interaktive Sprungmatte, die euch in virtuelle Welten befördert. Die Mission Rooms halten knifflige Rätsel bereit, die als Gruppe geknackt werden müssen. In Hook's Food Lounge wird sich anschließend für die Heimreise gestärkt. *Töpferstr. 47, 16247 Joachimsthal, bungis.de/peter-pans-indoor*

Sommerrodelbahn Scharmützelbob

Auch wenn kein Schnee fällt oder dieser schon geschmolzen ist, muss auf den Rodelspaß nicht verzichtet werden. Auf der Sommerrodelbahn Scharmützelbob bei Bad Saarow geht es ganzjährig mit Action und Nervenkitzel bergab. Per Lift fährt man auf die Rauenschen Berge, von wo man durch zahlreiche Kurven und mit ordentlich Speed bis ins Tal flitzt. Mitfahren dürfen alle, die das dritte Lebensjahr erreicht haben. Ohne eine erwachsene Begleitung darf man ab einer Größe von 1,45 Metern die Bahn heruntersausen. Neben der Sommerrodelbahn könnt ihr euch auf der mehrstufigen Holzmurmelbahn, Goldwaschanlage, dem Abenteuerspielplatz sowie in der Duellarena beim Baumstammspringen, dem großen Kletterparcours, der großen Hüpfburg, oder beim Air Kicker vergnügen. *Am Fuchsbau 7, 15526 Bad Saarow, T: 03361-736035, scharmuetzelbob.de*

Spargel- und Erlebnishof Klaistow

Ob Erdbeer-, Heidelbeer-, Spargel- oder Kürbissaison – in Klaistow ist das ganze Jahr was los. Kinder können auf der riesigen Rutsche runtersausen, auf dem Hüpfkissen um die Wette springen, zahme Ziegen auf der Streichelwiese liebkosen, und im Wildgehege Damwild beobachten. Höhentaugliche klettern im Kletterwald herum, sausen mit der Seilrutsche durch den Wald oder vergnügen sich auf dem Kidsparcours. Sehenswert ist im Herbst die Kürbisausstellung. Von Mitte Juli bis Oktober lockt das große Maislabyrinth. *Glindower Str. 28, 14547 Beelitz OT Klaistow, T: 033206-61070, spargelhof-klaistow.de*

Spiegellabyrinth

Im Spiegellabyrinth am Checkpoint Charlie werden Familien durch optische Täuschungen auf Irrwege geleitet. Gemeinsam gilt es, den Weg herauszufinden. Doch Achtung, nicht alles ist so, wie es scheint. Neu ist die Verknüpfung mit virtueller Realität, die für noch mehr Verwirrung sorgt. *Friedrichstr. 207, 10969 Berlin-KR, spiegellabyrinth.com*

Studio of Wonders

Teenies, die beispielsweise für ihr Social Media-Kanäle ganz besondere Fotos machen wollen, kommen in das Studio of Wonders in der Mall of Berlin. Ob Bällebad, ein Raum voller optischer Täuschungen oder U-Bahnwaggon – hier warten auf über 700 Quadratmetern 30 interaktive Erlebniswelten auf euch, die zum kreativen Foto-Spaß einladen. Wer besonders gute Fotos haben möchte, kann vorab eine:n professionelle:n Fotograf:in buchen. *In der Mall of Berlin, 2. OG, Leipziger Platz 12, 10117 Berlin-MI, studioofwonders.com*

WINDOBONA Berlin

Im Lichtenberger Windkanal können Besucher:innen ab vier Jahren ihrem Traum vom Fliegen ganz nah kommen. Einfach einen Termin buchen, saubere Sportschuhe mitbringen und schon kann das Flugerlebnis starten. Nach einer Einweisung geht es mit der richtigen Schutzkleidung in die 4,3 Meter breite und 17 Meter hohe verglaste Flugkammer, die dank des künstlichen Luftstroms das Abheben ermöglicht. *Landsberger Allee 268, 10367 Berlin-LI , T: 809334140, windobona.berlin*

tipp

Ziegeleipark Mildenberg

Während hier früher Milliarden Ziegel für Berlins Bauten hergestellt wurden, können Familien heute auf spannende Entdeckungstour gehen. Dort warten multimediale Ausstellungen zur Ziegelei- und Technikgeschichte, spannende Führungen, Fahrten mit den Schienenfahrrädern, eine große Spielwiese mit Kleintierzoo sowie tolle Events. Darüber hinaus kann man an den alten Streichtischen ausprobieren, wie das mit der Ziegelherstellung damals genau ablief. Wem der große Hunger überkommt, kann sich auf der Picknickwiese am Wasser niederlassen und eine Pause einlegen. *Ziegelei 10, 16792 Zehdenick, T: 03307-310410, ziegeleipark.de*

Abenteuer-Spielplätze

AKiB-Landesverband

Der AKiB ist der Landesverband der Abenteuerspielplätze und Kinderbauernhöfe und hat sich unter anderem als pädagogisches Ziel gesetzt, ein Verständnis für ökologische Zusammenhänge zu entwickeln sowie die Entfaltung von individuellen Fähigkeiten, wie beispielsweise handwerkliche Betätigungen und den verantwortungsvollen Umgang mit Tieren, zu fördern. Auf der Website findet man eine nach Bezirken geordnete Liste von Berliner Abenteuerspielplätzen und Kinderbauernhöfen, die darauf warten, erkundet zu werden. *T: 0157-39673479, akib.de*

Abenteuer- und Bauspielplatz Forcki

Abenteuer, Spannung, Action – die Freizeiteinrichtung hält für Besucher:innen zwischen sechs und 14 Jahren ein tolles Angebot bereit, bei dem sie frei spielen, Hütten bauen oder sich an der Lehmarbeit ausprobieren können. Bei den täglichen Angeboten spielt der Umgang mit den vier Elementen Erde, Wasser, Luft und Feuer eine tragende Rolle. Die Aktivitäten finden vornehmlich im Freien statt und orientieren sich an den Bedürfnissen der Kinder. *Eldenaer Str. 12/Forckenbeckplatz, 10247 Berlin-FR, T: 453056690, forcki.de*

Abenteuer- und Bauspielplatz Kuhfuß

Auf dem Abenteuerspielplatz können Kinder zwischen sieben und 14 Jahren vielfältigen Angeboten nachgehen, experimentieren und ihrer Fantasie freien Lauf lassen. Ein besonderes Augenmerk liegt auf dem gemeinsamen Hüttenbau. Durch den Umgang mit Werkzeug und Baumaterialien sowie beim Planen und Konstruieren erfahren die Kinder mathematisch-physikalisches Denken, soziale Kommunikation und handwerkliche Fähigkeiten. Darüber hinaus wird hier gegärtnert, gespielt, in der Werkstatt gebastelt. *Karl-Kunger-Str. 29, 12435 Berlin-TR, T: 53699069, kinderring-berlin.de*

tipp Abenteuerlicher Bauspielplatz Kolle 37

Kinder brauchen Freiräume, in denen sie sich entfalten können, um eigene Erfahrungen zu sammeln. Diesen Freiraum bietet ihnen der Kolle 37. Von Dienstag bis Freitag können Kinder und Jugendliche zwischen sechs und 16 Jahren nach der Schule durch Spielen und

tipp

Minigolf Hasenheide

Seit mehr als 30 Jahren können Hobby-Minigolfer:innen auf der Anlage am Nordrand des Neuköllner Volksparks Hasenheide unter begrünten Bäumen eine Partie spielen. Für besonders schnelle Spieler:innen sind einige Bahnen doppelt angelegt, sodass es auch die Möglichkeit gibt, zu überholen. Der Ausflug lässt sich super mit einem Besuch im naheliegenden Tierpark Neukölln verbinden! *Hasenheide 81, 10967 Berlin-NK, T: 6931362, minigolfplatz-hasenheide.de*

Minigolf im Stadtpark Steglitz

Besucher:innen ab vier Jahren können hier unter den Schatten spendenden Bäumen den Schläger schwingen und ihr Glück versuchen, den Ball schnell ins Loch zu befördern. Für eine Verschnaufpause sorgt das Gartencafé, in dem man kühle Erfrischungen bekommt. Kinder, die nach der Partie noch genug Energie haben, toben sich auf den Spielplätzen im Stadtpark aus. In der Saison von Mai bis September finden auch Specials wie „Minigolf Meets Flohmarkt" statt. *Albrechtstr. 44, 12167 Berlin-ST, T: 0179-1056027, minigolf-steglitz.de*

Nuture Mini ART Golf

Auf dem Tempelhofer Feld trifft Kunst auf Sport. Mit einem grandiosen Blick in die Weite des Feldes, können hier die Minigolfschläger geschwungen werden. Dabei steht nuture für „nature and future" und ist eine interaktive Kunstausstellung, die bespielt werden kann. Mitten auf dem Tempelhofer Feld stehen auf einer Fläche von rund 1800 Quadratmetern 18 Bahnen bereit, die die Themen Kunst, Klima, Nachhaltigkeit, Energie und Ressourcen auf eine einzigartige Weise verbinden. Dabei reagieren die Installationen auf die Spielzüge, bewegen sich, leuchten, machen Töne oder speien Wasser. *Tempelhofer Feld, Eingang Columbiadamm, 10965 Berlin-TE, T: 0176-42273369, nuture-art.de*

Schwarzlichtinsel Berlin

Draußen regnet es und ihr sucht nach einer passenden Idee, um euch aktiv zu betätigen? Wer die Hallen der Lichterfelder Indoor-Minigolf-Anlage betritt, darf sich auf eine Partie der ganz besonderen Art freuen. Einmal die 3D-Brille auf der Nase, fangen die Objekte auf den 18 künstlerisch gestalteten Bahnen an, sich zu bewegen und zum Greifen nah zu erscheinen. Eine zusätzliche Herausforderung, wenn es darum geht, möglichst wenige Schläge zu brauchen. Besucher:innen können in der Schwarzlichtwelt auch bowlen, Lasertag spielen oder mit einer VR-Brille in eine virtuelle Welt eintauchen. *Goerzallee 190, 14167 Berlin-ZE, T: 86203180, schwarzlicht-insel.de*

IMPRESSUM

Erscheinungsdatum: 11.11.2022, Redaktionsschluss: 01.10.2022
1. Auflage, ISBN 978-3-8321-7257-2

Herausgeberin

HIMBEER Verlag UG, Käthe-Niederkirchner-Str. 7, 10407 Berlin, himbeer-verlag.com
Redaktionsleitung: Anja Ihlenfeld (V.i.S.d.P.), Artdirektion: Claudia Steigleder, Anzeigenleitung: Doro Boettcher, Druck: Thieme Meißen GmbH, Zeschendorfer Str. 91, 01662 Meißen

Mitwirkende

Grafik: Miriam Kadel, Bildredaktion: Susanne Ikes, Foto: Nina Lüth, Manuel Miethe, Silke Weinsheimer, Text: Vanessa Cwiklinski, Anja Ihlenfeld, Susanne Ikes, Juliane Jacoby, Elisa Rosenthal, Eva Schneider, Carolin Wolfart, Sales: Doro Boettcher, Jenny Garcia, Sophie Gottschall, Julietta Kittelmann, Mildred Schmidbauer, Wenke Vendt, Backoffice: Anett Regensburger

Bildnachweise

Cover: © Sophia Martineck; 2: © visitBerlin, Foto: Wolfgang Scholvien; 3: o.r.: © Claudia Steigleder; u.l.: © Manuel Miethe; 4: o.l.: © Ivan Babydov, Pexels; u.r.: © Theater Strahl, Zuckerland, Foto: Jenkins Photography; 5: © Silke Weinsheimer; 6-14: © Manuel Miethe; 15: © Anja Ihlenfeld; 16-17: © Manuel Miethe; 18: © visitBerlin, Foto: Mo Wüstenhagen; 19: © Degewo Skywalk; 20: o.: © Stiftung Humboldt Forum im Berliner Schloss, Foto: Alexander Schippel; u.l.: © Panoramapunkt; 21: © Yannes Kiefer, Unsplash; 22: o.l.: © BVG, Foto: Oliver Lang; u.l.: © BVG, Foto: Jürgen Heinrich; 23: © Tempelhof Projekt GmbH, thf-berlin.de; 24: © Anja Ihlenfeld; 25: © Su Ikes; 26: © Deutscher Bundestag, Foto: Thomas Trutschel / photothek; 27: © Ricardo Gomez Angel, Unsplash; 28 u.: © Claudia Steigleder; 29: © Su Ikes; 30/31: © Claudia Steigleder; 32/33: © Philipp Wolfart; 34: © Josh Willink, Pexels; 35: © Familiencafé Rubens; 36: © Lullula Music, Foto: Anja Santl; 37: © Naturkundemuseum Potsdam, Foto: David Marschalsky; 38: o.l.: © Depositphotos, Romrodinka, o.r.: © Berliner Bäder, Kindersommerbad Monbijou; 39: © StrollMe; 40: © Ackerdemie, Nadine Stenzel; 41: © Futurium, David von Becker; 42: © Manuel Miethe; 43: © Ackerdemie, Nadine Stenzel; 44: © Depositphotos, Rawpixel; 45: o.r.: © Damien Tupinier, Unsplash; u.l.: © Shelley Pauls, Unsplash; 46: © mamelo; 47: © Lena Scherer; 48: © Andras Joo, Unsplash; 49: © Jules B-Part; 50: © Adrian Grunert; 51: © Kaden Kugelbahncafé; 52: © Ron Lach, Pexels; 53: © Natascha Zivadinovic; 54: © Janek Grahmann; 55: © Sophia Martineck; 57: o.r.: © Samurai Museum Berlin, Foto: Alexander Schippel; u.l.: © Claudia Steigleder; 60: © Kinderzauberin Jella; 61: © Illuseum Berlin; 65: o.r.: © Berlinische Galerie, Pascal Rohe; u.l.: © Claudia Steigleder; 68/69: © Cottonbro, Pexels; 71: u.l.: © Jenny Garcia, u.r.: © Museum für Naturkunde Berlin, Carola Radke; 77: o.r.: © Komische Oper Berlin, Monika Rittershaus; u.l.: © Anett Regensburger; 82-84: © Nina Lüth; 88: o.r.: © Theater Strahl, Jörg Metzner, u.l.: © Claudia Steigleder; 90/91: © Yan Krukov, Pexels; 95: u.l.: © Claudia Steigleder, u.r.: © Little BIG City Berlin; 99: © Sophia Martineck; 101: © Gretas Schwester; 106: © Antoni Shkraba, Pexels; 107: o.l.: © Very French Gangsters; u.r.: © Alice Marchand, Pexels; 108: © Orbasics; 112: © Anna Cor-Zumbansen, filipok GmbH; 113: o.r.: © Kleine Fabriek; u.l.: © Cam Cam Copenhagen; 116: © Wildling, Cherie Birkner; 119: u.l.: © Rigg AdobeStock; 120: © Barbara Fellner; 121: o.r.: © Selfmade; u.l.: © Анна Аверьянова, Pexels; 123: © Liv Emaille; 126: © Kindsgut; 130: o.l.: © woom GmbH; o.m.: © Liron Leibu; o.r.: © GMT for Kids; m.l.: © Telyoh; m.m. u. m.r.: © Olaf Schroeder - Fotografin Nadine Zilliges; u.l.: © Nabio; u.m.: © Kundschafter; u.r.: © Carry Products GmbH; 131: o.l.: © PERI Cosmetics; o.m. u. o.r.: © Natürlich Quatschköpfe GbR; m.l.: © Studio ROOF; m.m.: © Silvia Philipp/Frau Gold; m.r.: © Marion Wenzel; u.l.: © Cosy Roots; u.m.: © HÄNSKA; u.r.: © Souleway; 134: © Zuckersüß Verlag; 137: © Sophia Martineck; 139: o.r.: © Depositphotos, NeydtStock; u.l.: © Claudia Steigleder; 142-144: © Stadtmuseum Berlin, Christian Kielmann; 145: o.r.: © Stadtmuseum Berlin; u.l.: © Stadtmuseum Berlin, Melanie Huber; 150/151: © Rodnae Productions, Pexels; 156/157: © Kanuliebe; 158: © SPB, Foto: Natalie Toczek; 159: o.r.: © Vitor Fontes, Unsplash; u.l.: © Depositphotos, Puhimec; 162-164: © Nina Lüth; 168/169: © Janko Ferlic, Pexels; 172/173: © TMB, Frank Liebke; 174: o.: Anton van Dyck (Werkstatt): Die fünf ältesten Kinder Karls I. © SPSG/Wolfgang Pfauder; u.: Artistokraten auf dem Orangefest © TKO gGmbH/Robert Röske; 175: © bestzoom; 180/181: © Depositphotos, Igor Vetushko; 185: © Claudia Steigleder; 186: o.r.: © Spielraum Pankow e.V.; u.l.: © Claudia Steigleder; 192: © Rodnae Productions, Pexels; 193: © Depositphotos, Hay Dmitriy; 196/197: © Zen Chung, Pexels; 198: o.: © Tourismusverband Havelland e.V.; u.: © Depositphotos, yana-komisarenko@yandex.ru; 199: © Kazuend, Unsplash; 204/205: © privat; Illustrationen: © Sophia Martineck

WIR

Auch dieses Jahr hat sich unser HIMBEER-Team wieder auf den Weg gemacht, für euch die kinderfreundlichsten Seiten der Stadt in diesem Guide zu versammeln – mit an Bord ein paar unserer liebsten Weggefährt:innen!

Silke Weinsheimer (links)
Mit Silke sind wir schon über Stock und Stein gewandert, halsbrecherisch Abhänge heruntergesaust und durch hohe Wellen getaucht – klar, dass wir sie auch auf diese Reise mitnehmen und niemandem sonst lieber unser Editorial-Bild anvertrauen. *silkeweinsheimer.de*

Nina Lüth (zweite v. links)
Kaum ein HIMBEER-Guide ohne Ninas spitzenmäßige Bilder! Und das natürlich nicht nur, weil wir die Fotografin so gerne bei unserem Mitmacher:innen-Fest dabei haben … Diesmal hat sie für uns die Stadtgestalten von Ephra und TUMO Berlin porträtiert. *ninalueth.de*

Manuel Miethe (dritter v. links)
Auch Manuel ist uns ein gerngesehener langjähriger Begleiter und mit kaum jemand anders würden wir lieber auf Kieztouren gehen als mit dem Berliner Fotografen und Musiker. *manuelmiethe.de*

Eva Schneider (vierte v. links)
Bevor unsere einstige HIMBEER-Redakteurin Ende des Jahres Berlin Adieu sagt und mit Mann und Söhnchen nach Hessen verschwindet, haben wir sie und ihre Schreibkünste nochmal an Bord geholt. Schön war's!

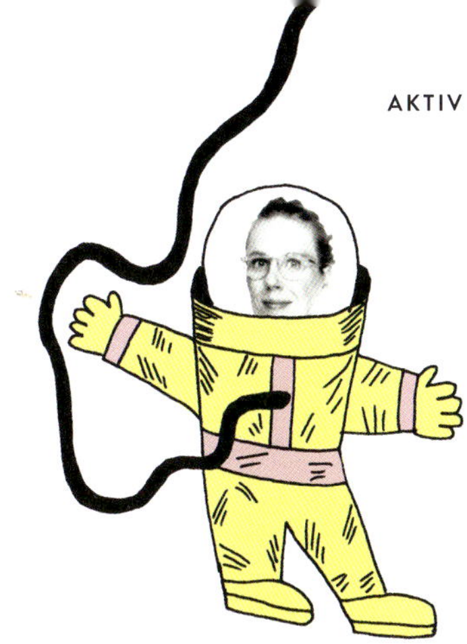

Miriam Kadel (fünfte v. links)
Eigentlich fühlt es sich nach drei gemeinsam gestalteten Guides so an, als sei die freie Grafikerin längst fester Bestandteil des HIMBEER-Teams und doch müssen wir nach dem intensiven gemeinsamen Trip leider erstmal wieder Abschied nehmen. Bis zum nächsten Buch! *miriamkadel.de*

Sophia Martineck (Astronautin)
Wir sind überglücklich, dass die ausgezeichnete Illustratorin, deren Kosmos fantastischer Figuren wir sehr schätzen, einen Ausflug in die HIMBEER-Welt unternommen und das Cover der immerhin zwölften Ausgabe unseres Familienguides so überirdisch gut und neu gestaltet hat! *martineck.com*

Das HIMBEER-Team (v. links n. rechts)
Immer eine tolle Reisetruppe, auch in trubeligen Zeiten: Anett Regensburger, Jenny Garcia, Claudia Steigleder, Anja Ihlenfeld, Doro Böttcher, Juliane Jacoby, Julietta Kittelmann, Mildred Schmidbauer, Elisa Rosenthal, Sophie Gottschall, Carolin Wolfart, Su Ikes, Vanessa Cwiklinski, Wenke Vendt

Index